∷ 中華文化促進會主持編纂

∷ 國家"十一五"~"十四五"重點圖書出版規劃項目

∷ 中國社會科學院哲學社會科學創新工程學術出版資助項目

出品人 王石 段先念

今注本二十四史

遼史

元　脱脱等　撰

李錫厚　劉鳳翥　主持校注

中國社會科學出版社

六

志〔四〕　表〔一〕

遼史　卷五一

志第二十

禮志三

軍儀

皇帝親征儀：常以秋冬，應敵制變或無時。[1]將出師必先告廟，乃立三神主祭之：曰先帝，曰道路，曰軍旅。刑青牛白馬以祭天地。[2]其祭常依獨樹，無獨樹，即所舍而行之。或皇帝服介冑祭諸先帝宮廟，乃閱兵。將行，牝牡麃各一爲禳祭。[3]將臨敵，結馬尾，祈拜天地而後入。下城克敵祭天地，牲以白黑羊。班師以所獲牝馬、牛各一祭天地。出師以死囚、還師以一諜者植柱縛其上，于所向之方亂射之，矢集如蝟，謂之“射鬼箭”。[4]

[1]常以秋冬，應敵制變或無時：这一句话无主语，主语应是“皇帝親征”。

[2]青牛白馬：契丹祭祀天地用青牛白馬，表示不忘祖先。本

書卷三七《地理志一・上京道》："相傳有神人乘白馬，自馬盂山浮土河而東，有天女駕青牛車由平地松林泛潢河而下。至木葉山，二水合流，相遇爲配偶，生八子。其後族屬漸盛，分爲八部。每行軍及春秋時祭，必用白馬青牛，示不忘本云。"

[3]麃（páo）：獸名。似鹿而小。

[4]射鬼箭：契丹人的巫術、刑罰。皇帝出征及祭祀先帝時，都要行這種巫術。即取死囚一人，置於所要前往之方向，以亂箭射殺，名爲射鬼箭。契丹人認爲，以此可以祓除不祥。班師歸來則以俘虜射鬼箭。後來則以此作爲刑罰的一種。

臘儀：臘，十二月辰日。前期一日詔司獵官選獵地。其日，皇帝、皇后焚香拜日畢，設圍，命獵夫張左右翼。[1]司獵官奏成列，皇帝、皇后升輦。敵烈麻都以酒二尊、盤飱奉進，北、南院大王以下進馬及衣。[2]皇帝降輿，祭東畢，乘馬入圍中。皇太子、親王率群官進酒，分兩翼而行。皇帝始獲兔，群臣進酒上壽，各賜以酒。至中食之次，親王、大臣各進所獲。及酒訖，賜群臣飲，還宮。應曆元年冬漢遣使來賀，自是遂以爲常儀。統和中罷之。

[1]張左右翼：應曆元年（951）冬，北漢遣使來賀，穆宗當即進行了這樣一場演習：先是焚香拜日，然後"設圍，命獵夫張左右翼"，皇帝乘馬入圍中，參加演習者分兩翼而行。這的確是一場實戰演習。兵分三路，皇帝率中路，張左、右翼，這是契丹"南伐"的經典戰法。本書卷三四《兵志》："既入南界，分爲三路，廣信軍、雄州、霸州各一。駕必由中道，兵馬都統、護駕等軍皆從。"這一戰法也爲女真人繼承。鄧廣銘（恭三）先生指出，宋人所說的

"拐子馬就是指遼金方面的左右翼騎兵"（《鄧廣銘治史叢稿》，北京大學出版社 1997 年版，第 606 頁）。統和二十二年（宋景德元年，1004）遼宋訂立澶淵之盟，實現了南北雙方長期和平，故自此以後，遼接待南朝來使不再展示這種軍事演習的場面。

[2]北、南院大王：官名。是五院部和六院部的首領，屬於北面官。太祖析迭剌部爲五院部和六院部。太宗會同元年（938）改夷離堇爲大王。

出軍儀：制見《兵志》。

禮志四

賓儀

常朝起居儀：[1]昧爽，臣僚朝服入朝，各依幕次。內侍奏"班齊"。先引京官班於三門外，[2]當直舍人放起居，[3]再拜，各祗候。次依兩府以下文武官於丹墀內面殿立，豎班諸司并供奉官於東西道外相向立定。當直閣使、副贊"放起居，再拜，各祗候"。退還幕次，公服。帝昇殿坐，兩府并京官丹墀內聲"喏"，各祗候。教坊司同北班起居畢，[4]奏事。

燕京嘉寧殿、西京同文殿朝服：幞頭、袍笏；公服：紫衫、帽。[5]

[1]常朝起居儀：百官集體朝見並向皇帝問安的禮儀。《玉海》卷八〇引衛宏《漢舊儀》云："皇帝起居儀，宮司馬內百官所傳，按籍而後出入，營衛周廬，晝夜誰何，殿外門屬衛尉，殿內郎舍屬光祿勳，黃門鉤盾屬少府。輦動則左右帷幄者稱警，車駕則衛官填街、騎士塞路，出殿則傳蹕止人，清道建五旗，丞相、九卿執兵奉引。先置索清宮而後往，所以重威、防未然也。乘輿冠高山冠，飛羽之纓幘耳，赤丹素裏，帶七尺，斬蛇劍履虎尾絢履。"後唐明宗定五日一起居。《宋史》卷一一六《禮志一九》："起居儀有常朝與大朝之分。凡常起居兩拜，大起居則七拜。"

[2]京官：遼朝的朝會——常朝起居儀，太宗初行於燕京。本書卷六《穆宗本紀上》載，應曆元年（955）冬十一月"乙亥，詔朝會依嗣聖皇帝故事，用漢禮"。後來多行於遼中期以後的禮儀性的都城——中京。本書卷三二《營衛志中·行營》載："皇帝四時巡守，契丹大小內外臣僚并應役次人，及漢人宣徽院所管百司皆從。漢人樞密院、中書省唯摘宰相一員，樞密院都副承旨二員，令史十人，中書令史一人，御史臺、大理寺選摘一人扈從。""宰相以下還於中京居守，行遣漢人一切公事。"所謂"京官"，即指這些官員。參見本卷"正座儀"三門：遼中京大定府"擬神都之制"，即仿唐東都洛陽，城分爲外城、內城和皇城三部分。此三門是指中京皇城的三個門。

[3]舍人：據《新唐書》卷四七《百官志二》，中書舍人六人，"掌侍進奏、參議表章，……大朝會，諸方起居，則受其表狀"。意思是說，當京官於三門外排班之時，舍人方向皇帝行起居——問安。

[4]教坊：官署名。負責宮廷中表演的機構。有衆多樂舞表演者，《唐會要》卷三載：貞元二十一年（805）三月"出後宮及教坊女妓六百人，聽其親戚迎於九仙門，百姓莫不叫呼大喜"。

[5]"燕京嘉寧殿"至"公服，紫衫、帽"：這一段是《遼史》中的注文，意思是說，燕京嘉寧殿和西京同文殿的常朝起居儀也大

體與中京同。遼朝皇帝有時在燕京和西京上朝，當地的京官絕大多數是漢人，這条注文是規定這些漢官上殿參加起居儀時，應當着"朝服"，其下不應用句號。

正座儀：[1]皇帝升殿坐，警聲絕。契丹、漢人殿前班畢，各依位侍立。次教坊班畢，捲退。京官班入拜畢，揖"於右橫街西依位班立"。次武班入拜畢，依位立。文班入拜畢，依位立。北班入，起居畢，於左橫街東序班立。次兩府班入，鞠躬，通宰臣某官已下起居，拜畢，引上殿奏事。已上六班起居並七拜。内有不帶節度使，班首止通名，亦七拜。捲班，與常朝同。直院有旨入文班。留守司、三司、統軍司、制置司謂之京官。都部署司、宮使、副宮使，都承以下令史，北面主事以下隨駕諸司爲武官。館、閣、大理寺，堂後以下，御史臺、隨駕閑員、令史、司天臺、翰林、醫官院爲文官。天慶二年冬，教坊並服袍。

[1]正座儀：即大朝會時的起居儀，臣下並七拜。

臣僚接見儀：皇帝御座，奏見牓子畢，臣僚左入，鞠躬。通文武百僚宰臣某官以下祗候見。引面殿鞠躬，起居，凡七拜。引班首出班，謝面天顔，復位。舞蹈，五拜，鞠躬。宣答問制，再拜。宣訖，謝宣諭，五拜。各祗候畢，可矮墩以上引近前，[1]問"聖躬萬福"。傳宣問"跋涉不易"，鞠躬。引班舍人贊各祗候畢，引右上，准備宣問。其餘臣僚並於右侍立。

宣答云：“卿等久居鄉邑，來奉乘輿。時屬霜寒（或云炎蒸），諒多勞止。卿各平安好。想已知悉。”

[1]可矮墩以上：言契丹官員級別。據本書卷一一六《國語解》：“遼《排班圖》，有高墩、矮墩、方墩之列。自大丞相至阿札割只，皆墩官也。”朝會時，臣僚有坐有立，所謂墩官，即在朝會時可就座者，因此，宋人陸游《老學庵筆記》卷八徑稱高墩官爲高座官：“契丹僭號有高坐官。”地位顯然比侍立者高。矮墩官地位則在高墩之下。宋使路振於大中祥符元年（遼統和二十六年，1008）使遼，遼聖宗在中京大內武功殿上接見。他在《乘軺録》（《宋朝事實類苑》卷七七）中記載聖宗見宋使的儀式説聖宗“左右侍立凡數人，皆胡豎。黃金飾抏案，四面懸金紡絳絲結網而爲案帳。漢官凡八人，分東西偏而坐，坐皆繡墩”。

問聖體儀：皇帝行幸，車駕至捺鉢，[1]坐御帳。臣僚公服，問“聖躬萬福”。贊再拜，各祗候。奏事。宣徽以下常服，教坊與臣僚同。

保大元年夏，特旨通名再拜，不稱宰臣。

[1]捺鉢：契丹語音譯詞。意爲“行在所”。

車駕還京儀：前期一日，宣徽以下橫班，諸司、閤門並公服，於宿帳祗候。至日詰旦，皇帝乘玉輅，[1]閤門宣諭軍民訖，導駕。時相以下進至內門，閤副勘箭畢，[2]通事舍人鞠躬，奏“臣宣放仗”。[3]禮畢。

[1]玉輅：皇帝所乘專車，祀天、祭地、享宗廟、朝賀、納后

用之。詳本書卷五五《儀衛志一》。

　　[2]閤副勘箭畢：【劉校】"箭"原作"前"，中華修訂本據下文《勘箭儀》改。今從改。

　　[3]放仗：儀仗結束。

　　勘箭儀：[1]皇帝乘玉輅，至內門。北南臣僚於輅前對班立。勘箭官執雌箭門中立。[2]東上閤門使詣車前，執雄箭在車左立，[3]勾勘箭官進。勘箭官揖進，至車約五步，面車立。閤使言"受箭行勘"。勘箭官拜，跪受箭；舉手勘訖，鞠躬，奏"內外勘同"。閤使言"准勅行勘"。勘箭官平立，退至門中舊位立，當胷執箭，贊"軍將門仗官近前"。門仗官應聲開門，舉聲兩邊齊出，並列左右立。勘箭官舉右手贊"呈箭"，次贊"內出喚仗御箭一隻，[4]准勅付左金吾仗行勘"。贊："合不合？"應："合、合、合。"贊："同不同？"應："同、同、同。"訖。勘箭官再進，依位立，鞠躬，自通全銜臣某對御勘箭同，退門中立。贊："其箭謹付閤門使進入。"事畢，其箭授閤使，轉付宣徽。

　　[1]勘箭儀：此儀宋初行之，後廢。《宋會要輯稿·禮》二之三四真宗咸平二年（999）八月二十九日，禮儀使言："皇帝自朝元門（出）[乘]玉輅出乾元門，至太廟門，禮畢，回（伏）[仗]至南熏門，入乾元門。四處並左右金吾仗，與合門對鑾駕前勘箭。請編入儀注施行。"從之。《宋會要輯稿·禮》二之三五又載：元豐元年（1078）七月二十三日，禮院言："按儀注，親祠，皇帝所過之門皆勘箭契。自熙寧四年始罷勘箭，而猶存勘契之禮。若車駕入太廟、皇城、京城門，鹵簿前仗已從門入，而天子將至，則復閉

中門，稽留玉輅。竊詳此禮於衆人則通之，於至尊則限之，非所以爲順也。所有太廟及宣德、朱雀、南熏門勘契伏請不行。明堂文德殿門亦乞准此。”從之。

[2]勘箭官執雌箭：【劉校】“勘”原作“場”，中華修訂本據上下文改。今從改。

[3]執雄箭在車左立：【劉校】“執”原作“諸”，中華修訂本據明抄本、南監本、北監本、殿本改。今從改。

[4]唤仗：召唤儀仗至皇帝所在的便殿。宋人高似孫《緯略》卷七《入閤》：“唐故事，天子日御殿見群臣，曰‘常參’。朔望薦食諸陵寝，有思慕之心，不能臨前殿，則御便殿見群臣，曰‘入閤’。宣政，前殿也，謂之‘衙’，衙有仗；紫宸，便殿也，谓之‘入阁’，其不御前殿而御紫宸也，迺自正衙唤仗。”

宋使見皇太后儀：宋使賀生辰、正旦。至日臣僚昧爽入朝，使者至幕次。臣僚班齊，皇太后御殿坐。宣徽使押殿前班起居畢，捲班。次契丹臣僚班起居畢，引應坐臣僚上殿就位立，其餘臣僚不應坐者退於東面侍立。漢人臣僚東洞門入，面西鞠躬。舍人鞠躬，通某以下起居，凡七拜畢，贊“各祇候”。引應坐臣僚上殿，就位立。中書令、大王西階上殿，[1]奏宋使并從人牓子訖，[2]就位立。其餘臣僚不應坐者退於西面侍立。次引宋使、副六人於東洞門入，丹墀内面殿齊立。閤使自東階下，受書匣，使人捧書匣者皆跪，閤使揩笏，立受書匣。[3]自東階上殿，欄內鞠躬，奏“封全”訖，授樞密開封。宰臣對皇太后讀訖，引使副六人東階上殿，欄內立。使者揩生辰節大使少前，[4]使者俛伏跪附起居訖，起，復位立。次引賀皇太后正旦大使附起居，如前儀。皇太后

宣問"南朝皇帝聖躬萬福?"[5]舍人揖生辰大使并皇太后
正旦大使少前,皆跪,唯生辰大使奏"來時聖躬萬福",
皆俛伏興。引東階下殿,丹墀內面殿齊立。引進使引禮
物於西洞門入,殿前置擔牀。控鶴官起居,四拜,擔牀
於東便門出畢,揖使副退於東方西面,皆鞠躬。舍人鞠
躬,通南朝國信使某官某以下祇候見,舞蹈,五拜畢;
不出班奏"聖躬萬福",再拜。揖班首出班,謝面天顏
訖,復位,舞蹈,五拜畢,贊各上殿祇候,引各使副西
階上殿就位。勾從人兩洞門入,面殿鞠躬,通名,贊
拜,[6]起居,四拜畢,贊"各祇候",分班引兩洞門出。
若宣問使副"跋涉不易",引西階下殿,丹墀內舞蹈,
五拜畢,贊"各上殿祇候",引西階上殿,就位立。契
丹舍人、漢人閤使齊贊拜,[7]應坐臣僚并使、副皆拜,
稱"萬歲"。贊"各就坐",行湯、行茶。供過人出殿
門,揖"臣僚并使、副起,鞠躬"。契丹舍人、漢人閤
使齊贊,皆拜,稱"萬歲"。贊"各祇候"。先引宋使
副西階下殿,西洞門出,次揖臣僚出畢,報閤門無事。
皇太后起。

[1]中書令:官名。中書省的長官。隋、唐以中書令、侍中、
尚書令俱爲宰相,但僅存虛名,而以他官之同中書門下平章事者爲
宰相之職。遼之中書令亦屬授予勳望卓著者的加官。
[2]牓子:唐時文書名。用於臣下奏事,即宋人所謂"劄子"。
是一種比較簡單的、非表非狀的文書。《通鑑》卷二七九《後唐紀
六》潞王清泰二年(935)載:"或事應嚴密,不以其日;或異日聽
於閤門奏牓子。"

[3]閤使搢笏，立受書匣：閤使將笏板插於腰帶，立身接受書匣。"笏"是官僚上朝拿着的手板，用玉、象牙或竹片製成，上面可以記事。

[4]使者搢生辰節大使少前：【劉校】中華點校本校勘記云，"使者"疑是"閤使"或"舍人"之誤。

[5]南朝：契丹對宋朝的稱呼。遼宋和好之後，契丹主張與宋互稱南北朝，爲兄弟之國。

[6]贊拜：古代舉行朝拜、祭祀或婚禮儀式時由贊禮的人唱導行禮。《隋書·百官志上》："鴻臚卿，位視尚書左丞，掌導護贊拜。"

[7]契丹舍人：官名。當屬北面官，但《百官志》失載。《欽定歷代職官表》卷三三《鴻臚寺表》注意到契丹舍人一職："以《遼史·禮志》考之，當時殿廷行禮，凡引群臣合班北向起居、引宋使入門及通名衹侯、贊謝、宣諭，皆通事舍人之職。祭祀讀祝、贊帝后詣拜位、受宋使國書、奏牓子、引高麗使至殿下、引新進士至丹墀，皆閤門使之職，而贊拜一節則舍人與閤門使通掌之。是今鴻臚職事在進時亦專屬此二官也。惟是拜起之節，只應以一人傳唱，而《遼史》載宋使見皇太后、皇帝諸儀，有契丹舍人、漢人閤使齊贊拜之文，未喻其故。殆以宋之使臣不諳國語，故別令漢人贊唱，與他禮不同耳"。其實不僅宋使不諳契丹語，遼的漢人臣僚也未必通曉胡語，故當大臣進酒、皇帝飲酒時，"契丹通、漢人贊：'殿上臣僚皆拜'。"即漢人贊唱"殿上臣僚皆拜"的同時，契丹人還要將此節翻譯成契丹語。擔任翻譯者，即是契丹舍人。

宋使見皇帝儀：宋使賀生辰、正旦，至日臣僚昧爽入朝，使者至幕次。奏"班齊"，聲警，皇帝升殿坐。宣徽使押殿前班起居畢，捲班出。契丹臣僚班起居畢，引應坐臣僚上殿就位立，其餘臣僚不應坐者並退於北面

侍立。次引漢人臣僚北洞門入，面殿鞠
躬，[1]通"某官某以下起居"，皆七拜畢，引應坐臣僚上
殿就位立。引首相南階上殿，奏宋使并從人牓子就位
立。臣僚並退於南面侍立。教坊入，起居畢，引南使、
副北洞門入，丹墀内面殿立。閣使北階下殿，受書匣。
使人捧書匣者跪，閣使摺笏立受，於北階上殿，欄内鞠
躬，奏"封全"訖，授樞密開封。宰相對皇帝讀訖，舍
人引使、副北階上殿，欄内立。揖"生辰大使少前"，
俛伏跪附起居，俛伏興，復位立；大使俛伏跪，奏訖，
俛伏興，退。引北階下殿，揖"使、副北方南面鞠躬"。
舍人鞠躬，通"南朝國信使某官某以下祗候見"，起居，
七拜畢。揖"班首出班"，謝面天顏，舞蹈，五拜畢；
出班，謝遠接、御筵、撫問、湯藥，舞蹈，五拜畢。贊
各祗候，引出，歸幕次。閣使傳"宣賜對衣、金帶"。
勾從人以下入見。舍人贊班首姓名以下再拜，不出班，
奏"聖躬萬福"，贊"再拜"，稱"萬歲"。贊"各祗
候"。引出。舍人傳宣賜衣，使、副并從人服賜衣畢，
舍人引使、副入，丹墀内面殿鞠躬。舍人贊"謝恩，
拜，舞蹈"，五拜畢，贊"上殿祗候"。引使、副南階
上殿就位立。勾從人入，贊"謝恩，拜"，稱"萬歲"。
贊"有勅賜宴"，再拜，稱"萬歲"。贊"各祗候"。承
受官引北廊下立。[2]御牀入，大臣進酒，皇帝飲酒。契
丹舍人、漢人閣使齊贊拜，應坐并侍立臣僚皆拜，稱
"萬歲"。贊"各祗候"。卒飲，贊拜，應坐臣僚皆拜，
稱"萬歲"。贊"各就坐行酒"，親王、使相、使、副

共樂曲。若宣令“飲盡”，並起立飲訖。放琖，[3]就位謝。贊“拜”，並隨拜，稱“萬歲”。贊各就坐。次行方茵地坐臣僚等官酒。若宣令飲盡，贊謝如初。殿上酒一行畢，贊“廊下從人拜”，稱“萬歲”。贊“各就坐”。若傳宣令“飲盡”，並拜，稱“萬歲”。贊“各就坐”。殿上酒三行，行茶、行殽、行膳。酒五行，候曲終，揖“廊下從人起”，贊拜，稱“萬歲”。贊“各祗候”，引出。曲破，[4]臣僚并使、副並起，鞠躬。贊“拜”，應坐臣僚并使、副皆拜，稱“萬歲”。贊“各祗候”。引使、副南階下殿，丹墀內舞蹈，五拜畢，贊“各祗候”。引出。次引衆臣僚下殿出畢，報閣門無事。皇帝起，聲蹕。

[1]鞠躬：【劉校】“躬”原本誤作“射”，明抄本、南監本、北監本和殿本均作“躬”。中華點校本、修訂本徑改。今據改。

[2]承受官：官名。宋屬東宮官。據《宋史》卷一六二《職官志》：“承受官一人，以內侍充。仁宗、神宗升儲，並置。中興後置官並同”。

[3]琖：同“盞”。

[4]曲破：唐宋樂舞名。大面的第三段稱“破”，單演唱此段稱“曲破”。“曲破”亦成爲獨立曲種，《宋史》卷一四二《樂志》記載宋有“曲破二十九”，包括“大石調轉春鶯、小石調舞霓裳”等，表演時當是歌舞配合。遼宮廷中上演的“曲破”當是有歌有舞的樂舞。此外上引《樂志》還記載有“琵琶獨彈曲破”十五首。

曲宴宋使儀：昧爽，臣僚入朝，宋使至幕次。皇帝升殿，殿前、教坊、契丹文武班皆如初見之儀。宋使、

副綴翰林學士班東洞門入，面西鞠躬。舍人鞠躬，通
"文、武百僚臣某以下起居"，七拜。謝宣召赴宴，致詞
訖，舞蹈，五拜畢，贊"各上殿祇候"。舍人引大臣、
使相、臣僚、使、副及方茵朵殿應坐臣僚並於西階上殿
就位立，其餘不應坐臣僚並於西洞門出。勾從人入，起
居、謝賜宴，兩廊立，如初見之儀。二人監琖，教坊再
拜，贊"各上殿祇候"。入御床，大臣進酒。舍人、閤
使贊拜、行酒，皆如初見之儀。次行方茵朵殿臣僚酒，
傳宣"飲盡"如常儀。殿上酒一行畢，兩廊從人行酒如
初。殿上行餅、茶畢，教坊致語，揖臣僚、使副并廊下
從人皆起立，候口號絕，揖臣僚等皆鞠躬。贊拜，殿上
應坐并侍立臣僚皆拜，稱"萬歲"。贊"各就坐"。次
贊"廊下從人拜"，亦如之。歇宴，揖"臣僚起立"，
御牀出，皇帝起，入閤。引臣僚東西階下殿，[1] 還幕次
內，賜花。承受官引從人出，賜花亦如之。簪花畢，[2]
引從人復兩廊位立。次引臣僚、使副兩洞門入，復殿上
位立。皇帝出閤，復坐。御牀入，揖"應坐臣僚、使、
副及侍立臣僚鞠躬"。贊"拜"，稱"萬歲"，贊"各就
坐"。贊兩廊從人亦如之。行單茶，行酒，行膳，行果。
殿上酒九行，使相樂曲聲絕，[3] 揖"兩廊從人起"，贊
"拜"，稱"萬歲"，贊"各好去"，承受引出。曲破，
殿上臣僚、使、副皆起立，贊"拜"，稱"萬歲"。贊
"各祇候"。引臣僚、使、副東西階下殿。契丹班謝宴
出，漢人并使、副班謝宴，舞蹈，五拜畢，贊"各好
去"。引出畢，報閤門無事。皇帝起。

[1]引臣僚東西階下殿：據下文"次引臣僚、使副兩洞門入"，可知"引臣僚東西階下殿"之"臣僚"二字後應有"等"字或"使副"二字。【劉校】中華點校本校勘記云，"臣僚"下疑脱"使副"二字。

[2]簪花：逢喜慶，百官插花於冠之謂。《宋史》卷一一二《禮志》："淳熙二年十一月詔太上皇帝聖壽無疆，新歲七十，以十一日冬至加上尊號册寶，十二月十七日立春行慶壽禮，是日早文武百僚並簪花赴文德殿立班，聽宣慶壽赦。"

[3]使相樂曲聲絶：宴會上爲使相演奏的樂曲結束。宋派往遼的大使有人帶宰相銜，故稱"使相"。

賀生辰正旦宋使朝辭太后儀：臣僚、使副班齊如曲宴儀。皇太后升殿坐，殿前、契丹文武起居、上殿畢。[1]宰臣奏宋使、副、從人朝辭牓子畢，就位立。舍人引使、副北洞門入，面南鞠躬。舍人鞠躬，通南朝國信使某官某以下祗候辭，再拜；不出班奏"聖躬萬福"，再拜；出班，戀闕致詞訖，[2]又再拜。贊"各上殿祗候"。舍人引南階上殿，就位立。引從人贊姓名再拜，奏"聖躬萬福"，再拜，稱"萬歲"。贊"各好去"，引出。殿上，揖"應坐臣僚并使、副就位鞠躬"。贊"拜"，稱"萬歲"。贊"各就坐"。行湯、行茶畢，揖"臣僚并南使起立"，與應坐臣僚鞠躬。贊"拜"，稱"萬歲"。贊"各祗候"，立。引使副六人於欄内拜，跪受書匣畢，直起立。揖"少前"，鞠躬，受傳答語訖，退。於北階下殿，丹墀内面殿鞠躬。舍人贊"各好去"，引出。臣僚出。

[1]殿前：是指殿前班。爲皇帝的警衛——近衛軍。宋人王應麟《玉海》卷一四五《兵制》："五代承唐，衛兵雖衆未嘗訓練，太祖首議教閱，或召近臣觀陣伍，幸殿前班。馬射所過池苑，多令衛士射雕、截柳，其後常加訓習弓力。"皇帝上朝，衛士在殿上依班位侍立，待命。他們不屬於契丹文、武班。

[2]戀闕致詞："南朝國信使"臨別戀闕致詞——表示依依不捨之情。《金史》卷三八《禮志·朝辭儀》也有"使出班，戀闕致詞"。"戀闕"是說明"致詞"内容的。

賀生辰正旦宋使朝辭皇帝儀：臣僚入朝如常儀，宋使至幕次，於外賜從人衣物。皇帝升殿，宣徽、契丹文武班起居上殿如曲宴儀。中書令奏宋使、副并從人朝辭牓子畢，臣僚並於南面侍立。教坊起居畢，舍人引使、副六人北洞門入，丹墀北方面南鞠躬。舍人鞠躬，通南朝國信使某官某以下祇候辭，再拜、起居、戀闕如辭皇太后儀。贊"各祇候"，平身立。揖"使、副鞠躬"。宣徽贊"有勅"，使、副再拜，鞠躬，平身立。宣徽使贊"各賜卿對衣、金帶、疋段、弓箭、鞍馬等，想宜知悉"，使、副平身立，揖"大使三人少前"，俛伏跪，搢笏。閤門使授別録。賜物過畢，[1]俛起，復位立；揖"副使三人受賜"，亦如之。贊"謝恩"，舞蹈，五拜。贊"上殿祇候"，舍人引使、副南階上殿就位立。引從人贊"謝恩"，再拜、起居、再拜，贊"賜宴"，再拜，皆稱"萬歲"。贊"各祇候"，承受引兩廊立。御牀入，皇帝飲酒，舍人、閤使贊"臣僚、使、副拜"，稱"萬歲"，皆如曲宴。應坐臣僚拜，稱"萬歲"。就坐、行酒、樂曲，方茵、兩廊皆如之；行殽、行茶、行膳亦如之。行饅頭畢，從人起，如登位使之儀。曲破，臣僚、使、副皆起立，拜，稱"萬歲"，如辭太后之儀。使、副下殿，舞蹈，五拜。贊"各上殿祗候"，引北階上殿，欄內立。揖生辰、正旦大使二人："少前，齊跪，受書畢，起立。"揖："磬折，受起居畢，退。"[2]引北階下殿，丹墀內並鞠躬。舍人贊"各好去"，引南洞門出。次引殿上臣僚南北洞門出畢，報閣門無事。

[1]別録：賜物的目録或清單。"閣門使授別録，賜物過畢"這句話的意思是閣門使將賜物的清單交給宋使，然後將"賜物"在朝廷上展示一遍。

[2]磬折：言站立姿勢。朱熹《儀禮經傳通解》卷一一引《曲禮》曰"因以磬折曰肅立，因以垂佩曰卑立。立容也"。

高麗使入見儀：臣僚常服，[1]起居，應上殿臣僚殿上序立。閣門奏牓子，引高麗使、副面殿立。引上露臺拜，[2]跪附奏起居訖，拜，起立。閣門傳宣"王詢安否？"[3]使、副皆跪，大使奏："臣等來時詢安。"引下殿，面殿立。進奉物入，列置殿前。控鶴官起居畢，引進使鞠躬，通"高麗國王詢進奉"。宣徽使殿上贊"進奉赴庫"，馬出，擔牀出畢，引使、副退，面西鞠躬。舍人鞠躬，通高麗國謝恩進奉使某官某以下祗候見：舞蹈，五拜；不出班奏"聖躬萬福"，再拜；出班謝面天顏，五拜；出班謝遠接、湯藥，五拜。贊各祗候。使、副私獻入，列置殿前。控鶴官起居，引進使鞠躬，通

"高麗國謝恩進奉某官某以下進奉"。宣徽使殿上贊如初。引使、副西階上殿序立。皇帝不入御林，臣僚伴酒。契丹舍人通，漢人閣使贊"再拜"，稱"萬歲"，各就坐。酒三行，肴膳二味。若宣令"飲盡"，就位拜，稱"萬歲"，贊"各就坐"。肴膳不贊"起，再拜，稱'萬歲'"。引下殿，舞蹈，五拜。[4]贊"各祗候"。引出，於幕次內，別差使臣伴宴。起，宣賜衣物訖，遙謝，五拜畢，歸館。

[1]常服：古指軍服。《詩·小雅·六月》："四牡騤騤，載是常服。"毛傳："常服，戎服也。"因軍情緊急，著裝不講究，故引申爲通常之服。高麗爲大遼藩屬，遼臣僚服常服見高麗使節，以示遼尊而高麗位卑。

[2]露臺：露天臺樹。《史記》卷一〇《孝文本紀》："嘗欲作露臺，召匠計之，直百金。上曰：'百金中民十家之産，吾奉先帝宮室，常恐羞之，何以臺爲！'"後遂以"露臺"爲帝王節儉之典。引高麗使臣上露臺拜跪，示輕慢。

[3]王詢：高麗王朝第八任君主。字安世，公元992年至1031年在位。廟號顯宗。

[4]肴膳不贊"起，再拜，稱'萬歲'"：肴膳祇有二味，故很快吃罷，然後舍人不贊唱"起，再拜，稱'萬歲'"，而是直接引使節下殿，在殿內舞蹈，五拜。舍人贊"各祗候"。引出。在幕次內，另差使臣伴高麗使赴宴。宴罷起立，宣佈賜使節衣物，然後高麗使就在幕次內遙謝，向皇帝五拜完畢，歸館。禮儀進行中，司儀"贊"與"不贊"，都與禮拜動作有關連。如《五禮通考》卷一二三《禮·賢臣祀典》引《明會典》神宗十二年"又令条將見朝，在京營者照京官儀不贊跪，在外者照外官儀贊跪，失儀俱面糾"。

同样，"高麗使入見儀"中"不贊"是指看膳後免除的一系列禮節，直接引高麗使下殿。

曲宴高麗使儀：臣僚入朝，班齊，皇帝升殿。宣徽、教坊、控鶴、文、武班起居，皆如常儀。謝宣宴，如宋使儀。贊"各上殿祗候"。契丹臣僚謝宣宴。勾高麗使入，面南鞠躬。舍人鞠躬，通"高麗國謝恩進奉使某官某以下起居"，"謝宣宴"，共十二拜。贊"各上殿祗候"，臣僚、使、副就位立。大臣進酒，契丹舍人通，漢人閣使贊："上殿臣僚皆拜。"贊"各祗候"，進酒大臣復位立，贊"應坐臣僚拜"，贊"各就坐"。行酒。若宣令"飲盡"，贊"再拜"，贊"各就坐"。教坊致語，臣僚皆起立。口號絕，贊"再拜"，贊"各就坐"。凡拜，皆稱"萬歲"。曲破，臣僚起，下殿。契丹臣僚謝宴，中書令以下謝宴畢，引使、副謝，七拜。贊"各好去"。控鶴官門外祗候，報閣門無事。供奉官捲班出。來日問聖體。

高麗使朝辭儀：臣僚起居、上殿如常儀。閣門奏高麗使朝辭牓子，起居、戀闕，如宋使之儀。贊"各上殿祗候"，引西階上殿立。契丹舍人贊"拜"，稱"萬歲"。贊"各就坐"，中書令以下伴酒三行，看膳二味，皆如初見之儀。既謝，贊"有勑宴"，五拜。贊"各好去"，引出，於幕次內別差使臣伴宴。畢賜衣物，跪受。遙謝，五拜。歸館。

西夏國進奉使朝見儀：臣僚常朝畢，引使者左入，至丹墀面殿立。引使者上露臺立。揖"少前"，拜，跪附奏起居訖，俛興，復位。閤使宣問："某安否?"鞠躬聽旨，跪奏"某安"。[1]俛伏興，退，復位。引左下，至丹墀，面殿立。禮物右入左出畢，閤使鞠躬，通某國進奉使姓名候見，共一十七拜。贊"祇候"，平立。有私獻，過畢，揖使者鞠躬，贊"進奉收訖"。贊"祇候"，引左上殿，就位立。臣僚、使者齊聲"喏"。酒三行，引使左下，至丹墀謝宴，五拜。畢，贊"有敕宴"，五拜。祇候，引右出。禮畢。於外賜宴，客省伴宴，[2]仍賜衣物。

[1]此處是指遼皇帝問夏國在位國王安否。"某"即皇帝直接稱呼夏國在位君主的姓名。因夏對遼稱臣。

[2]客省：官署名。會同元年（938）置，掌接待諸國使節。設官有都客省、客省使、左右客省使等。

西夏使朝辭儀：常朝畢，引使者左入，通某國某使祇候辭，再拜。不出班，起居，再拜。出班，戀闕致詞，復再拜。賜衣物，謝恩如常儀。若賜宴，五拜。畢，贊"好去"，引右出。

（李錫厚注　劉鳳翥校）

遼史　卷五二

志第二十一

禮志五

嘉儀上

皇帝受册儀：前期一日，尚舍奉御設幄，[1]於正殿北墉下南面設御坐。奉禮郎設官僚、客使幕次於東西朝堂。[2]太樂令設宮懸於殿庭，舉麾位在殿第二重西階上，東向。乘黃令陳車輅，[3]尚輦奉御陳輿輦，[4]尚舍奉御設解劍席于東西階。設文官六品已上位橫街南，東方西向；武官五品已上位橫街南，西方東向。皆北上重行，每等異位。將士各勒所部六軍仗屯諸門。金吾仗、黃麾仗陳于殿庭。[5]至日，押册官引册自西便門入，置册案西階上。通事舍人引侍從班入，就位。侍中東階下解劍履，上殿，欄外俛伏跪，奏“中嚴”；下殿，劍履，復位立。閤使西階上殿，欄外跪請木契，面殿鞠躬，奏“奏勅喚仗”。殿中監、少監、殿中丞等押金吾四色仗入，[6]位臣僚後。協律郎入，就舉麾位。符寶郎詣閤奉迎。[7]通事舍人引文官四品至六品、武官三品至五品就門外位。皇帝御輦至宣德門，宣徽使押內諸司班起居，引皇帝至閣，服衮冕。[8]侍中東階下解劍履，上殿，版奏“外辦”。太常博士引太常卿，太常卿引帝［即御座，南向立］。[9]內諸司出。協律郎舉麾，太樂令令撞黃鍾之鍾，[10]左五鍾皆應，工人鼓柷，樂作；皇帝即御坐，宣徽使贊“扇合”，樂止；贊“簾捲”，扇開。符寶郎奉寶進，左右金吾報平安。通事舍人引文官三品、武官二品已上入門，樂作；就相向位畢，樂止。通事舍人引侍從班、南班文官三品、武官二品已上合班，北向。東班西上，西班東上起居，七拜。分班，各復位。通事舍人引押册官押册自西階下，至丹墀，當殿置香案、册案。置册訖樂作，就位樂止。捧册官近後東西相對立。舍人引侍從班並南班合班，北向如初。贊“再拜”，在位者皆再拜，舞蹈，五拜。分班，各復位如初。捧册官就西階下解劍席解劍履，捧册西階上殿，樂作，置册御坐前，東西立，北向；捧册官西墀下立，北上，樂止。讀册官出班當殿立，贊“再拜”，三呼“萬歲”。就西階下解劍席解劍履，西階上殿欄內立，當御坐前。侍中取册，捧册官捧册匣至讀册官前跪，相對捧册。讀册官俛伏跪讀訖，俛伏興。捧册官跪左膝，以册授侍中。侍中受册，以册授執事者，降自西階，劍履訖，復當殿位。贊“再拜”，三呼“萬歲”，復分班位。舍人引侍從班、南班合班，北向如初。贊拜，在位者皆拜，舞蹈、鞠躬如初。通事舍人引班首西階下解劍履上殿，

樂作；就欄內位，樂止。俛伏跪，通全銜臣某等致詞稱
賀訖，俛伏興。降西階下，帶劍、納舄，[11]樂作；復
位，樂止。贊"拜"，在位者皆再拜，舞蹈，五拜，鞠
躬。侍中臨軒西向稱"有制"，皆再拜。侍中宣荅訖，
贊"皆再拜"，舞蹈，五拜，分班各復位。三品已上出，
樂作；出門畢，樂止。侍中當御坐俛伏跪，通全銜奏
"禮畢"，俛伏興。退，東階下殿，帶劍、納履，復位。
宣徽使贊"扇合，下簾"。太常博士、太常卿引皇帝起，
樂作；至閤，樂止。舍人引文官四品、武官三品以下
出，門外分班立；次引侍從班出，次兵部、吏部出，次
金吾出，次起居郎、舍人出，次殿中監、少監押金吾細
仗出，仍位臣僚後。次東西上閤門使於丹墀內鞠躬，奏
"銜內無事"，捲班出。閤門使丹墀內鞠躬，揖"奉勅
放仗"。[12]出，門外文武班中間立，喚承受官。承受官
聲"喏"，至閤使後，鞠躬，揖。閤使鞠躬，稱"奉勅
放仗"。承受聲"喏"，鞠躬，揖，平身立，引聲"奉
勅放仗"。[13]聲絕，趨退。文武合班，再拜。舍人一員
攝詞令官，[14]殿前鞠躬，揖，稱"奉勅放黃麾仗"，出。
放金吾仗亦如之。翼日，文武臣僚入問聖躬。

　　[1]尚舍奉御設幄："尚舍奉御"是唐官，遼代沿置。其職
"掌殿庭張設，供其湯沐而潔其灑掃。直長爲之貳，凡大駕行幸，
預設三部帳幕"。"幄"即是尚舍奉御爲皇帝設的帳幕，不能設在
殿上，本書卷五〇《禮志·凶儀·上謚冊儀》："先一日，於菆塗
殿西廊設御幄并臣僚幕次。"如果是設在殿外北牆下，皇帝進出
"幄"就得走正殿的東、西兩洞門。因此帳幕只能搭在殿前面廊下，

以便於皇帝從正門出入。"御坐"則設在正殿北牆下的南面,因此是南向的。皇帝的坐位總是南向的,絕不能面北坐。

[2]東西朝堂:遼隋唐制。唐代宮城南門稱"承天門",東西朝堂在承天門外。

[3]乘黃令陳車輅:皇帝乘黃令陳車輅,本於唐"開元禮",其制未詳。【靳注】乘黃令,遼南面官名。掌皇帝乘輿及御廄諸馬。

[4]尚輦奉御:官名。據《唐六典‧殿中省》載,其職"掌輿輦、繖扇之事,分其次序而辨其名數。直長為之貳,凡大朝會則陳於庭,大祭祀則陳於廟"。

[5]黃麾仗:皇帝出行的儀仗。據范文瀾、蔡美彪等《中國通史》第四編第五章第二節記載:"皇帝用黃麾仗(出行時的一種儀仗)一萬零八百餘人,騎三千九百餘,共分八節,皇帝、皇太后、皇后等在第六節。"

[6]金吾四色仗:金吾衛士兵組成的儀仗。遼禁軍有金吾衛。

[7]符寶郎:官名。唐改符璽郎為符寶郎,遼代沿置。據《文獻通考‧職官考‧門下省》載:"其符節並納於宮中,有行從則請之。郎掌諸進符寶、出納幡節也。"

[8]袞冕:古代帝王與上公的禮服和禮冠。《國語‧周語中》:"棄袞冕而南冠以出,不亦簡彝乎。"韋昭注:"袞,袞龍之衣也;冕,大冠也。"亦單指穿袞服時所用的冕。《新唐書‧車服志》:"首飾大小華十二樹,以象袞冕之旒。"《宋史‧輿服志四》:"袞冕十有二旒,其服十有二章,以享先王。"

[9]太常博士引太常卿,太常卿引帝:這句話不完整。據《通典》卷一二二《臨軒行事》:"皇帝出自西房。太常博士引太常卿、太常卿引皇帝即御座,南向立。樂止。(太常卿與博士退,立於皇帝之左)"《遼史‧禮志》編者從《通典》中抄出這段不完整的話,漏掉了引皇帝"即御座,南向立"。這一省略,使下面文字均費解。因為皇帝在御座前南向站立,然後內諸司出現在殿庭上,協律郎舉麾,太樂令下令撞黃鍾之鐘,當音樂再奏響時,皇帝即御

坐。宣徽使贊“扇合”，樂止；贊“簾捲”。

　　[10]黃鍾之鍾：宮廷樂器名。《通典》卷一二二《臨軒行事》載，“皇帝將出，太樂令令撞黃鍾之鐘，右五鐘皆應。協律郎舉麾，鼓吹奏，太和之”。

　　[11]納舄：即“納履”，意爲穿鞋，引申爲辭別之意。

　　[12]閤門使丹墀內鞠躬，揖“奉勑放仗”：中華點校本校勘記認爲，“揖”字，按前後情節及文例似應作“奏”。下文《册皇太后儀》：“閤使奏‘放仗’，皆如皇帝受册之儀。”即指此。此言非是。按，此時皇帝已下殿至閤，閤門使“揖‘奉勑放仗’”是向承受官傳令，因此，“揖”字不誤。

　　[13]引聲：故意放長説話聲音。

　　[14]攝：代理，兼理。

　　太平元年，行此儀，大略遵唐、晉舊儀。[1]又有《上契丹册儀》，以阻午可汗柴册禮合唐禮雜就之，又有《上漢册儀》，與此儀大同小異，加以《上寶儀》。

　　[1]晉：此指石敬瑭創立的後晉（936—946），係五代時期的第三個王朝。初，石敬瑭獲得契丹耶律德光支持，並向德光割地、稱臣、稱兒。少帝石重貴繼位後，與契丹交惡，爲契丹所滅。

　　册皇太后儀：前期，陳設於元和殿如皇帝受册之儀。至日，皇帝御弘政殿。册入，侍從班入。門外金吾列仗、文武分班、侍中解劍奏“中嚴”、宣徽使請木契喚仗皆如之。[1]樂工入，閤使門外文武班中間立，喚承受官。聲“喏”，趨至閤使後立。[2]閤使鞠躬，揖，稱“奉勑喚仗”。承受官鞠躬，聲“喏”，揖，引聲“奉勑唤仗"。文武合班，再拜。殿中監押仗入、文武班入，亦如之。宣徽使押内諸司供奉官天橋班，候皇太后御紫宸殿，乘平頭輦，[3]童子、女童隊樂引至金鑾門。閣使奏内諸司起居訖，贊"引駕"，自下先行至元和殿。皇太后入西北隅閣内更衣。侍中解劍上殿奏外辦，宣徽受版入奏。侍中降，復位。協律郎舉麾，樂作。太樂令、太常卿導引皇太后升坐。宣徽使贊"扇合"，簾捲；"扇開"，樂止。符寶郎奉寶置皇太后坐右。左右金吾大將軍對揖，鞠躬，奏"軍國内外平安"。東上閣門副使引丞相東門入、西上閣門副使引親王西門入、通事舍人引文武班入，如儀樂作，至位樂止。文武班趨進，相向再拜，退，復位。東西上閣門使、宣徽使自弘政殿引皇帝御肩輿至西便門下，[4]引入門樂作，至殿前位樂止。宣徽使贊"皇帝拜"，問皇太后"聖躬萬福"，拜。皇帝御西閣坐，合班，起居如儀。北府宰相押册，[5]中書、樞密令史八人舁册，[6]東西上閣門使引册，宣徽使引皇帝送册，樂作，至殿前置册位樂止。宣徽使贊"皇帝再拜"，稱"萬歲"，群臣陪位。揖：翰林學士四人、大將軍四人舁册。[7]皇帝捧册行，三舉，武授册，舁之，[8]西階上殿樂作，[9]置太后坐前樂止。皇帝册西面東立。舍人引丞相當殿再拜，[10]三呼"萬歲"，解劍，西階上殿樂作，至讀册位樂止。俛伏跪讀册訖，俛伏三呼"萬歲"，復班位。宣徽使引皇帝下殿樂作，至殿前位樂止。皇帝拜，舞蹈，拜訖，引皇帝西階上殿，至皇太后坐前位，俛跪致詞訖，俛伏興。引西堦下，至殿前位拜，舞蹈，拜，鞠躬。侍中臨軒，宣太后答稱"有制"，皇帝再拜。宣訖，引皇帝上殿樂作，至西閣，樂止。丞相、親王、侍從、文、武合班，贊"拜"，舞蹈，三呼"萬歲"如儀。丞相上賀，侍中宣答如儀。丞相以下出，舉樂；出門，樂止。侍中奏"禮畢"，宣徽索扇，扇合，下簾。皇太后起，舉樂；入閣，樂止。文、武官出，門外分班。侍從、兵部、吏部起居，金吾仗出，如儀。閣使奏"放仗"，皆如皇帝受冊之儀。

[1]木契：木製的符信或憑證。《舊唐書》卷四三《職官志二》云："木契所以重鎮守、慎出納。"契分雌、雄，各執其一，合而後放行。顧炎武《日知錄》卷三二《雌雄牝牡》云："符契亦可稱雌雄。《隋書·高祖紀》：頒木魚符於總管、刺史，雌一、雄一。《唐六典》：太府寺置木契九十五隻，雄付少府將作監，雌留太府寺是也。""宣徽使請木契喚仗"，謂請求頒給木契，以便召儀仗上殿。

[2]聲"喏"，趨至閣使後立：中華點校本校勘記認爲，"聲喏"上疑脫"承受官"三字。按，前已有"喚承受官"，故下文省略。

[3]平頭輦：本爲皇帝平常出行所乘的車。《宋史》卷一四九《輿服志一》載："平輦，又名平頭輦，亦曰太平輦。飾如逍遙輦而無屋。輦官十二人，服同逍遙輦。常行幸所御。"同書卷一五〇《輿服志二》又載："神宗嗣位，尊皇太后爲太皇太后，其行幸依治平元年之制，而皇太后、皇后常出止用副金塗銀裝白藤輿，覆以櫻櫚屋，飾以鳳。輦官服同乘輿平頭輦之制。"平頭輦原是皇帝常行所乘，遼則以之作爲皇太后乘輿。

[4]肩輿：即轎。明人方以智《通雅》卷三五謂："凡器有橫梁者，匠皆呼曰'橋'，今之肩輿亦謂其如橋也。山行之橋本是轎。"

優禮老臣，准其"肩輿入宮"，則肩輿是君臣通用之交通工具。

[5]北府宰相：官名。爲契丹部族官。契丹可汗之下有北、南二府，各部族則分屬二府，並分設宰相統之。五院部、六院部、品部、烏隗部、涅剌部、突呂不部等隸北府。阿保機取代遙輦氏後，世以后族爲北府宰相。遼聖宗以後，漢人也有任此官者。

[6]樞密令史：本書《百官志》未載。漢代蘭臺尚書屬官有令史，居郎之下，掌文書事務，歷代因之。隋唐以後，三省、六部及御史臺都置令史，爲低級事務員。

[7]翰林學士：唐代始設翰林學士，以專知制誥。此外，遼代尚有宣政殿、觀書殿諸學士，其職掌不見於《遼史》，當亦如宋之雜學士以爲加銜，並不司文翰之事。遼又稱學士爲"林牙"。

[8]皇帝捧册行，三舉，武授册，昇之：皇帝捧册行進過程中三次上舉，"武授册，昇之"即皇帝將册授予大將軍，用手抬着。

[9]西階上殿樂作：【劉校】"樂作"二字原闕，中華修訂本據北監本、殿本補。今從。

[10]丞相：即大丞相韓德讓（941—1011），韓匡嗣第四子。統和初年，承天稱制，韓德讓以南院樞密使的身份"總宿衛事"。統和十七年（999），北院樞密使、魏王耶律斜軫病故，承天太后以韓德讓兼知北院樞密使事，至此，遼朝的蕃漢軍政大權就集於一身了。統和二十二年，承天太后又賜韓德讓姓耶律，徙封晉王，並且仍舊爲大丞相，事無不統。次年十一月，她又詔德讓"出宮籍，屬於橫帳"。二十八年更名耶律隆運。即與遼聖宗耶律隆緒是一個字輩。本書卷八二有傳。

册皇后儀：至日，北、南臣僚、內外命婦詣端拱殿幕次。皇后至閣，侍中奏"中嚴"，引命婦班入，就東西相向位立。皇帝臨軒，命使發册，使、副押册至端拱殿門外幕次。侍中奏外辦。所司承旨索扇，扇上。舉麾，樂作，皇后出閤升坐，扇開，簾捲；偃麾，樂止。
引命婦合班面殿起居，八拜。皇后降坐，樂作；至殿下
褥位，樂止。引冊入，置皇后褥位前。侍中傳宣，皇后
四拜，命婦陪位皆拜。引讀冊官至皇后褥位前，俛伏跪
讀訖，皇后四拜，陪位者皆拜。引皇后升殿，使臣引冊
置皇后坐前冊案，退，西向侍立。命婦當殿稱賀，四
拜。引班首東階上殿，致詞訖，東階下殿，復位，四
拜。侍中奏宣答稱“有教旨”，[1]四拜。宣答訖，四拜。
班首上殿進酒，皇后賜押冊使、副等酒訖，侍中奏“禮
畢”。承旨索扇，樂作；皇后起，入閤，樂止。分引命
婦等東、西門出。

　　[1]教旨：上對下的告諭，如皇后、皇太后的命令。宋人司馬
光《傳家集》卷三二《言任守忠第三劄子》：“皇后正位尚新，天下
聳觀令德。守忠輒爲皇后畫策，並不稟問皇太后，矯傳教旨，開祖
宗寶藏，擅取金珠數萬兩，以獻皇后。既取悦一時，又坐享厚賜。
逆婦姑之禮，開驕侈之源，使皇后受其惡名而已身收其重利。爲臣
姦邪孰甚於此。”

　　册皇太子儀：前期一日，設幄坐于宣慶殿，設文武
官幕次于朝堂，并殿庭板位，太樂令陳宮縣，皆如皇帝
受册儀。守宮設皇太子次于朝堂北，西向；[1]乘黃令陳
金輅朝堂門外，西向；皇太子儀仗、箎簫、鼓吹等陳宣
慶門外；[2]典儀設皇太子板位于殿橫街南，近東，北向；
設文武官五品以上位於樂縣東、西；餘官如常儀。至
日，門下侍郎奉册，中書侍郎奉寶綬，各置于案。[3]令

史二人絳服，對舉案立。寶案在橫街北，西向，册案在北。門下侍郎、中書侍郎並立案後。侍中板奏“中嚴”，皇太子遠遊冠、絳紗袍，秉珪出。[4] 太子舍人引入，就板位北面殿立。東宫官三師以下皆從，立皇太子東南，西向。太子入門樂作，至位樂止。典儀贊“皇太子再拜”，在位者皆再拜。中書令立太子東北，西向。[5] 門下侍郎引册案，中書侍郎取册進授中書令，退復位。傳宣官稱“有制”，皇太子再拜。傳宣訖，再拜。中書令跪讀册訖，俛伏興。皇太子再拜，受册，退授左庶子。[6] 中書侍郎取寶進授中書令，皇太子進受寶，退授左庶子。中書令以下退，復位。异案者以案退。典儀贊“再拜”，皇太子拜，在位者皆再拜。太子舍人引皇太子退，樂作，出門樂止。侍中奏“禮畢”。皇太子升金輅，左庶子以下夾侍，儀仗、鼓吹等並列宣慶門外，三師、三少、諸宫臣於金輅前後導從，鳴鐃而行，還東宫。宫庭先設仗衛如式，至宫門，鐃止。皇太子降金輅，舍人引入就位坐，文、武宫臣序班稱賀。禮畢。

[1] 守宫設皇太子次于朝堂北：依上文“設文武官幕次于朝堂”，疑“次”前或脱一“幕”字。

[2] 鼓吹：即鼓吹樂，古代的一種器樂合奏曲。亦即《樂府詩集》中的鼓吹曲。用鼓、鉦、簫、笳等樂器合奏。源於我國古代民族北狄。漢初邊軍用之，以壯聲威，後漸用於朝廷。宋人姜夔《白石道人歌曲》卷一《聖宋鐃歌鼓吹曲十四首》詩序：“臣聞鐃歌者，漢樂也。殿前謂之鼓吹，軍中謂之騎吹。”此則謂編入儀仗隊中演奏鼓吹曲的樂隊。宋人司馬光《傳家集》卷二六《論董淑妃諡議

策禮劄子》："鹵簿本以賞軍功，未嘗施於婦人。唯唐平陽公主有舉兵佐高祖定天下之功，方給鼓吹。"

[3]門下侍郎：官名。本書卷四七《百官志三》門下省有門下侍郎，品秩、職掌未詳。據《唐六典·門下省》有黃門侍郎二人，正四品上。"掌貳侍中之職，凡政之弛張，事之與奪，皆參議焉。若大祭祀則從升壇以陪禮。皇帝盥手，則奉巾以進；既帨，則奠巾於篚。奉匏爵以贊獻。凡元正、冬至，天子視朝則以天下祥瑞奏聞。"天寶元年（742）黃門侍郎改門下侍郎。唐初以三省之長中書令、侍中、尚書令爲宰相，後罷尚書令不置，而左右僕射亦爲宰相。自中葉以後，則以他官之同平章事者獨預機務，而中書令、侍中、僕射遂僅存虛名。唐宋侍中、僕射爲二三品，而中書、門下侍郎之同平章事者僅四品，卻是真宰相。據本書卷七六《張礪傳》，滅後晉後，太宗德光曾以張礪爲右僕射，兼門下侍郎、平章事。但這是在張礪受契丹權貴攻擊而失勢之後的虛職。　中書侍郎：官名。據本書卷四七《百官志三》，遼中書省置中書侍郎。品秩、職掌未詳。《唐六典·中書省》置中書侍郎二人，正四品上。作爲中書令之副職，凡邦國之庶務、朝廷之大政，皆參議焉。凡臨軒冊命大臣，令爲之使，則持冊書以授之。若自內冊，則以冊書授使者；冊后，則奉琮璽及綬；冊太子則奉璽，皆以授使者。凡四夷來朝，臨軒則授其表疏，升於西階而奏之。若獻贄幣則受之，以授於所司。宋承唐制，以同中書門下平章事爲宰相。

[4]遠遊冠：古代冠名。據《通典》卷五七《禮典》，遠遊冠係"秦採楚制。楚莊王通梁組纓，似通天冠而無山述，有展筩橫之於前"。《晉書》卷二五《輿服志》："遠游冠，傅玄云秦冠也。似通天而前無山述，有展筩橫於冠前。皇太子及王者後、帝之兄弟、帝之子封郡王者服之。諸王加官者自服其官之冠服，惟太子及王者後常冠焉。太子則以翠羽爲綏，綴以白珠，其餘但青絲而已。"秉珪：以示對上天的敬畏。《史記》卷三三《魯周公世家》載："周公於是乃自以爲質，設三壇，周公北面立，戴璧秉圭告於大王、王

季、文王，史策祝曰……"《集解》引孔安國曰："璧以禮神，圭以爲贄。"所謂"贄"者，見面禮也。

[5]中書令：官名。中書省的長官。隋、唐以中書令、侍中、尚書令俱爲宰相，但僅存虛名，而以他官之同中書門下平章事者爲宰相之職。遼之中書令亦屬授予勳望卓著者的加官。

[6]左庶子：官名。即太子左庶子，東宮官。遼沿唐制，左春坊置左庶子。據本書卷四七《百官志三》，凡東宮官多見《遼朝雜禮》。《唐六典·東宮三師府》，太子左春坊置左庶子二人，正四品上。據《禮記》，古者周天子有"庶子"之官，負責諸侯、卿、大夫之庶子事務，"掌其戒令、與其教理，別其等、正其位"。至秦漢因之置中庶子員，主管宮中並諸吏之適子及支庶版籍。隋門下坊置左庶子二人領之，典書坊置右庶子二人領之。唐朝因之，龍朔二年改門下坊爲左春坊，左庶子爲太子左中護。咸亨元年復故。左庶子在東宮，職擬侍中，職掌侍從、贊相禮儀、駁正啟奏、監省封題等事。

册王妃公主儀：至日，押册使、副并讀册等官押册東便門入，持節前導至殿。册案置橫街北少東。引使、副等面殿立而鞠躬。侍中臨軒稱"有制"，皆再拜，鞠躬。宣制訖，舞蹈，五拜，引册於宣慶門出。使、副等押領儀仗、册案，赴各私第廳前，向闕陳列。設傳宣受册拜褥，册案置褥左，去羃蓋。使、副案右序立。受册者就位立，傳宣稱"有制"，再拜。宣制畢，舁册人舉册匣於褥前跪捧，引讀册者與受册者皆俛伏跪，讀訖，皆俛伏興。受册者謝恩，國王五拜，王妃、公主四拜。若册禮同日，先上皇太后册寶，次臨軒同制，遣使册皇后、諸王妃、主，次册皇太子。[1]

[1]次臨軒同制，遣使冊皇后、諸王妃、主，次冊皇太子：若冊禮在同一天舉行，先上皇太后冊寶，然後皇帝頒同一制命，冊皇后、諸王、皇妃以及公主，再次頒制冊立皇太子。

皇帝納后之儀：擇吉日，至日，后族畢集。詰旦，后出私舍坐于堂。皇帝遣使及媒者，以牲、酒、饔餼至門。執事者以告，使及媒者入謁，再拜，平身立。少頃，拜，進酒于皇后，次及后之父母、宗族、兄弟。酒徧再拜。納幣、[1]致詞、再拜訖，后族皆坐。惕隱夫人四拜，請就車。后辭父母、伯叔父母、兄，各四拜；宗族長者皆再拜。皇后升車，父母飲后酒，致戒詞，徧及使者、媒者、送者。發軔，伯叔父母、兄飲后酒如初。教坊遮道贊祝，后命賜以物。后族追拜，[2]進酒，遂行。將至宮門，宰相傳敕，賜皇后酒，徧及送者。既至，惕隱率皇族奉迎，再拜。皇后車至便殿東南七十步止，惕隱夫人請降車。負銀甖、捧縢履黃道行。[3]後一人張羔裘若襲之，前一婦人捧鏡却行。置鞍于道，后過其上。[4]乃詣神主室三拜：南北向各一拜；酹酒，向謁者一拜；起居訖，再拜。次詣舅姑御容拜，奠酒，選皇族諸婦宜子孫者再拜之，授以甖、縢。又詣諸帝御容拜，奠酒，神賜襲衣、珠玉、珮飾，拜受服之。后姊若妹、陪拜者各賜物。皇族迎者、后族送者徧賜酒，皆相偶飲訖，后坐別殿，送后者退食于次。媒者傳旨，命送后者列于殿北。竢皇帝即御坐，選皇族尊者一人當奧坐，[5]主婚禮。命執事者往來致辭于后族，引后族之長率送后者升當御坐，皆再拜；又一拜，少進，附奏送后之詞；

退復位，再拜。后族之長及送后者向當奧者三拜，南、北向各一拜，向謁者一拜。后族之長跪問"聖躬萬福"，再拜；復奏送后之詞，又再拜。當奧者與媒者行酒三周，命送后者再拜，皆坐，終宴。翼日，皇帝晨興，詣先帝御容拜，奠酒訖，復御殿，宴后族及群臣，皇族、后族偶飲如初，百戲、角觝戲、馬較勝以爲樂。[6]又翼日，皇帝御殿，賜后族及賻送后者各有差。受賜者再拜，進酒，再拜。皇帝御別殿，有司進皇后服飾之籍。酒五行，送后者辭訖，皇族獻后族禮物；后族以禮物謝當奧者。禮畢。

[1]納幣：男方向女方致送聘禮。以上基本上采漢禮。《後漢書》卷一〇《梁皇后紀》載："桓帝懿獻梁皇后……依孝惠皇帝納后故事，聘黃金二萬斤，納采鴈、璧、乘馬、束帛，一如舊典。建和元年六月始入掖庭，八月立爲皇后。"李賢注："《漢書》舊儀：'聘皇后，黃金萬斤'。呂后爲惠帝娶魯元公主女，故特優其禮也。"《儀禮》曰"納采用鴈"，鄭玄注曰："納其采擇之禮。用鴈，取順陰陽往來也。"《周禮》"王者穀圭以聘女"。

[2]后族：即與皇族通婚的蕭氏。隋唐時期，與契丹可汗通婚的乙室己部和拔里部，被稱爲"審密"，又稱孫氏，后來的蕭氏爲其異譯。參蔡美彪《遼代后族與遼季后妃三案》（《歷史研究》1994年第2期）。　皇太后：指阿保機母宣簡皇太后。

[3]負銀罌，捧縢（téng）履黃道行：皇后背負銀罌、捧着香囊，在黃道吉日入宮。銀罌，器皿。唐制，臘日宣賜口脂、面藥。清人仇兆鰲《杜詩詳注》卷五《臘日》載："口脂面藥隨恩澤，翠管銀罌下九霄。"注云，"口脂、面藥以禦寒凍"，"翠管、銀罌，指所盛之器"。捧縢，捧着香囊之類的袋子。縢，通"縢"。《後漢

書》卷七九《儒林傳》："大則連爲帷蓋，小乃制爲縢囊。"所謂"履黄道行"，因爲入宮與皇帝成婚，事前必選定大吉之日、大吉之時。長期以來就有"黄道吉日"之説，"黄道"即是良辰吉日所經之道。

[4]置鞍于道，后過其上：可從當時北宋民間婚俗朔源。《東京夢華録》卷五《娶婦》載："新婦下車子，有陰陽人執斗，内盛穀豆、錢、菓、草節等，呪祝望門而撒，小兒輩争拾之，謂之撒穀豆。俗云厭青羊等，殺神也。新人下車、簷，踏青布條或氊席，不得踏地。一人捧鏡倒行，引新人跨鞍驀草及秤上過。"過"鞍"，取其諧音"安"——平安之義。《舊唐書》卷一八五下《强循傳》載，睿宗時，突厥默啜請尚公主，和逢堯充使報命。默啜對所送金鏤鞍檢乃銀胎金塗，不悦，欲罷和親。逢堯謂曰："漢法重女壻，令送鞍者，祗取平安長久之義，何必以金銀爲升降耶？"遼朝皇帝納后之儀，多參雜漢族民間婚禮習俗，多與皇帝大婚禮儀不合。

[5]當奥：即西南隅坐，主持婚禮。

[6]角觝戲：類似現在的摔跤，宋人稱之爲"相撲"。《舊五代史》卷一二四《唐景思傳》："唐景思，秦州人也，幼以屠狗爲業，善角觝戲。初事僞蜀爲軍校。" 馬較勝：當是賽馬。

公主下嫁儀：選公主諸父一人爲婚主，凡當奥者、媒者致詞之儀，自納幣至禮成大略如納后儀。擇吉日，詰旦媒者趣尚主之家詣宮，竢皇帝、皇后御便殿，率其族入見。進酒訖，命皇族與尚主之族相偶飲。翼日，尚主之家以公主及壻率其族入見，致宴于皇帝、皇后。獻贐送者禮物訖，朝辭。賜公主青幰車，二螭頭、蓋部皆飾以銀，駕馳；[1]送終車一，車樓純錦，銀螭、懸鐸、後垂大氊，駕牛，載羊一，謂之祭羊，擬送終之具，至覆尸儀物咸在。賜其婿朝服、四時襲衣、鞍馬，凡所須無不備，選皇族一人，送至其家。

親王女封公主者婚儀：倣此，以親疏爲差降。

[1]賜公主青幰車，二螭頭，盖部皆飾以銀，駕馳：據本書卷五五《儀衛志一》："青幰車，二螭頭、蓋部皆飾以銀，駕用馳，公主下嫁以賜之。古者王姬下嫁，車服不繫其夫，下王后一等。此其遺意歟。"公主相當於上古的"王姬"，她們用以代表自己身份等級的車、服不受其服身份限制，是按着低於王后一等實行。"青幰車"有"二螭頭"，即有兩個螭龍頭像，這是代表公主身份。公主"車服不繫其夫"，即其車服高過其夫的等級。其夫受賜"鞍馬"，出行時，公主乘青幰車，其夫騎馬隨行。

（李錫厚注　劉鳳翥校）

遼史　卷五三

志第二十二

禮志六

　　嘉儀下

　　皇太后生辰朝賀儀：至日，臣僚入朝、國使至幕、班齊如常儀。[1]皇太后昇殿坐，皇帝東面側坐。契丹舍人殿上通名，[2]契丹、漢人臣僚、宋使副綴翰林學士班東西兩洞門入，[3]合班稱賀，班首上殿祝壽，分班引出，皆如正旦之儀。教坊起居，[4]七拜，契丹、漢人臣僚入，進酒，皆如正旦之儀，[5]唯宣答稱“聖旨”。皇帝降御座，進奉皇太后生辰禮物過畢，皇帝殿上再拜，殿下臣僚皆再拜。皇帝昇御座。引臣僚分班出，引中書令、北大王西階上殿，奏契丹臣僚進奉。次漢人臣僚并諸道進奉。控鶴官置擔牀，起居，四拜畢，引進使鞠躬，通文武百僚某官某以下、高麗、夏國、諸道進奉。[6]宣徽使殿上贊“進奉各付所司”，控鶴官聲喏。擔牀過畢，契丹、漢人臣僚以次謝，五拜。贊“各祗候”，引出。教

坊、諸道進奉使謝如之。契丹臣僚謝宣宴，引上殿就位
立。漢人臣僚并宋使、副東洞門入，面西謝宣宴，如正
旦儀。贊"各上殿祗候"，臣僚、使副上殿就位立，亦
如之。監琖教坊上殿，從人入東廊立，皆如之。御牀
入，皇帝初進酒，臣僚就位陪拜。皇太后飲酒，殿上應
坐、侍立臣僚皆拜，稱"萬歲"。贊"各祗候，立"。
皇太后卒飲，手賜皇帝酒。皇帝跪，卒飲，退就褥位，
再拜，臣僚皆陪拜。若皇帝親賜使相、臣僚、宋使副
酒，皆立飲。皇帝昇坐，贊應坐臣僚并使、副皆拜，稱
"萬歲"。贊"各就坐"。行方裀朵殿臣僚酒，如正旦
儀。一進酒，兩廊從人拜，稱"萬歲"，各就坐。親王
進酒，如正旦儀。若皇太后手賜親王酒，跪飲訖，退露
臺上，五拜。贊"祗候"。殿上三進酒，行餅茶訖，教
坊跪致語，揖臣僚、使副、廊下從人皆立。口號絕，贊
拜亦如之。[7]行茶、行殽膳皆如之。大饌入，行粥盌。
殿上七進酒，使相、臣僚樂曲終，揖廊下從人起，拜，
稱"萬歲"。"各好去"，承受官引兩門出。曲破，[8]揖
臣僚、使副起，鞠躬。贊拜，皆拜，稱"萬歲"。贊
"各祗候"，引臣僚、使副下殿。契丹臣僚謝宴畢，出。
漢人臣僚、使副舞蹈，五拜畢，贊"各好去"。出洞門
畢，報閣門無事，皇太后、皇帝起。

應聖節，[9]宋遣使來賀生辰、正旦，始制此儀，故
詳見《賓儀》。

凡五拜：拜，興。再拜，興。跪，揎笏，[10]三舞
蹈，三扣頭，出笏，就拜，興。拜，興。再拜，興。其

就拜，亦曰俛伏興。

《賓儀》，臣僚皆曰坐，於此儀曰高裀，與方裀別。

[1]常儀：即"常朝起居儀"，是百官集體朝見並向皇帝問安的禮儀。《玉海》卷八〇引衛宏《漢舊儀》云："皇帝起居儀，宮司馬內百官所傳，按籍而後出入，營衛周廬，晝夜誰何，殿外門屬衛尉，殿內郎舍屬光禄勳，黃門鉤盾屬少府。輦動則左右帷幄者稱警，車駕則衛官填街、騎士塞路，出殿則傳蹕止人，清道建五旗，丞相、九卿執兵奉引。先置索清宮而後往，所以重威、防未然也。乘輿冠高山冠，飛羽之繆幘耳，赤丹素裏，帶七尺，斬蛇劍履虎尾絢履。"後唐明宗定五日一起居。《宋史》卷一一六《禮志》："起居儀有常朝與大朝之分。凡常起居兩拜，大起居則七拜。"

[2]契丹舍人：官名。當屬北面官，但本書《百官志》失載。《欽定歷代職官表》卷三三《鴻臚寺表》注意到契丹舍人一職，"以《遼史·禮志》考之，當時殿廷行禮，凡引群臣合班北向起居、引宋使入門及通名祇候、贊謝、宣諭，皆通事舍人之職。祭祀讀祝、贊帝后詣拜位、受宋使國書、奏牓子、引高麗使至殿下、引新進士至丹墀，皆閤門使之職，而贊拜一節則舍人與閤門使通掌之。是今鴻臚職事在進時亦專屬此二官也。惟是拜起之節，只應以一人傳唱，而《遼》載宋使見皇太后、皇帝諸儀，有契丹舍人、漢人閤使齊贊拜之文，未喻其故。殆以宋之使臣不諳國語，故別令漢人贊唱，與他禮不同耳。"其實不僅宋使不諳契丹語，遼的漢人臣僚也未必通胡語，故當大臣進酒、皇帝飲酒時，"契丹通、漢人贊：'殿上臣僚皆拜'。"即漢人贊唱"殿上臣僚皆拜"的同時，契丹人還要將此節翻譯成契丹語。擔任翻譯者，即是契丹舍人。

[3]翰林學士：唐代始設翰林學士，以專知制誥。此外，遼代尚有宣政殿、觀書殿諸學士，其職掌不見於《遼史》，當亦如宋之雜學士以爲加銜，並不司文翰之事。遼又稱學士爲"林牙"。

[4]教坊：官署名，負責宮廷中表演的機構。有衆多樂舞表演者，《唐會要》卷三載：貞元二十一年（805）三月“出後宮及教坊女妓六百人，聽其親戚迎於九仙門，百姓莫不叫呼大喜”。

[5]皆如正旦之儀：【劉校】“旦”字原闕，中華修訂本據明抄本、南監本、北監本、殿本補。今從。

[6]諸道：遼有五京，各自統轄下的地區稱“道”，全境計有上京道、東京道、中京道、南京道和西京道。

[7]贊拜：古代舉行朝拜、祭祀或婚禮儀式時由贊禮的人唱導行禮。《隋書》卷二六《百官志上》：“鴻臚卿，位視尚書左丞，掌導護贊拜。”

[8]曲破：唐宋樂舞名。大曲的第三段稱“破”，單演唱此段稱“曲破”。“曲破”亦成爲獨立曲種，《宋史》卷一四二《樂志十七》記載宋有“曲破二十九”，包括“大石調轉春鶯、小石調舞霓裳”等，表演時當是歌舞配合。遼宮廷中上演的“曲破”當是有歌有舞的樂舞。另外上引《樂志》還記載有“琵琶獨彈曲破”十五首。

[9]應聖節：開泰十一年（1031）聖宗駕崩，興宗即位，其生母蕭耨斤殺害齊天皇后，自立爲皇太后，攝政，以其生辰爲應聖節。

[10]搢笏：“笏”是官僚上朝拿着的手板，用玉、象牙或竹片製成，上面可以記事。“搢笏”即將笏板插於腰帶。

皇帝生辰朝賀儀：臣僚、國使班齊，皇帝昇殿坐。臣僚、使副入，合班稱賀，合班出，皆如皇太后生辰儀。中書令、北大王奏諸道進奉表目。教坊起居，七拜。臣僚東西門入，合班再拜。贊“進酒”，班首上殿進酒。宣徽使宣答，群臣謝宣諭，分班；奏樂，皇帝卒飲，合班；班首下殿，分班出皆如正旦之儀。進奉皆如皇太后生辰儀。皇帝詣皇太后殿，近上皇族、外戚、大臣並從，[1]奉迎太后即皇帝殿坐。皇太后御小贊，皇帝贊側步從，臣僚分行序引，宣徽使、諸司、閤門攢隊前引。教坊動樂，控鶴起居，四拜。引駕臣僚並於山樓南方立候。[2]皇太后入閤，揖使、副并臣僚入幕次。皇太后昇殿坐，皇帝東方側坐。引契丹、漢人臣僚、使副兩洞門入，合班起居，舞蹈，五拜。贊"各祗候"，面殿立。皇帝降御坐，殿上立，進皇太后生辰物過畢，皇帝殿上再拜，殿上下臣僚皆拜。皇帝昇御座，引臣僚分班出。契丹臣僚入，謝宣宴。漢人臣僚、使副入，通名謝宣宴，上殿就位。不應坐臣僚出、從人入皆如儀。御牀入，皇帝初進皇太后酒，皇太后賜皇帝酒，皆如皇太后生辰儀。贊"各就坐"，行酒。宣"飲盡"，就位謝如儀。殿上一進酒畢，從人入，就位如儀。親王進酒，行餅、茶，教坊致語如儀。行茶、行肴膳如儀。七進酒，使相樂曲終，[3]從人起。曲破，臣僚、使副起，餘皆如正旦之儀。

[1]近上皇族：指皇族三父房。契丹以玄祖之後爲皇族，分爲三房：玄祖伯子麻魯無後，次子巖木之後曰孟父房；叔子釋魯曰仲父房；季子爲德祖，德祖之元子是爲太祖天皇帝，謂之橫帳；次曰剌葛，曰迭剌，曰寅底石，曰安端，曰蘇，皆曰季父房。

[2]山樓：當是在皇城上所建觀景的樓閣。

[3]使相：宋派往遼的大使。因多帶宰相銜，故稱"使相"。

皇后生辰儀：臣僚昧爽朝。皇帝、皇后大帳前拜日，[1]契丹、漢人臣僚陪拜。皇帝昇殿坐，皇后再拜，臣僚殿下合班陪拜。[2]皇帝賜皇后生辰禮物，皇后殿上謝，再拜，臣僚皆拜。契丹舍人通名，契丹、漢人臣僚以次入賀。璟入，舍人贊"舞蹈，五拜"，起居不表"聖躬萬福"。贊"再拜"。班首上殿拜，跪自通全銜祝壽訖，引下殿，復位，鞠躬。贊"舞蹈"，五拜。贊"各祗候"。引宰臣一員上殿復奏百僚諸道進表目。[3]教坊起居，七拜，不賀。控鶴官起居，四拜。諸道押衙附奏起居，賜宴，共八拜。契丹、漢人合班進壽酒，舞蹈，五拜。引大臣一員上殿，欄外褥位搢笏，執臺璟進酒，皇帝、皇后受璟。退，復褥位。授臺出笏，欄內拜，跪自通全銜祝壽"臣等謹進千萬歲壽酒"訖，[4]引下殿，復位，舞蹈，五拜，鞠躬。宣徽使奏宣答如儀，引上殿，搢笏，執臺。[5]皇帝、皇后飲，殿下臣僚分班，教坊奏樂，皆拜，稱"萬歲"。卒飲，皇帝、皇后授璟。引下殿，舞蹈，五拜。贊"各祗候"，引出。臣僚進奉如儀，宣宴如儀。教坊監璟，臣僚上殿祗候如儀。皇后進皇帝酒，殿上贊拜，侍臣僚皆拜。皇帝受璟，皆拜。皇后坐，契丹舍人、漢人閤使殿上贊拜，皆拜，稱"萬歲"。贊"各就坐"。大臣進皇帝、皇后酒，行酒如儀。酒三行，行殽，行膳。又進皇帝、皇后酒。酒再行，大饌入，行粥。教坊致語，臣僚皆起立。口號絕，贊拜，稱"萬歲"，引下殿謝宴，引出，皆如常儀。

[1]拜日：即拜日禮。爲契丹故俗。遼朝有拜日儀，在宋人詩中多有反映。劉攽有詩云："飲冰重見古人心，絕幕仍當暮雪深。

朝出穹廬隨拜日，夜鳴刁斗候橫參。胡兒射鴈爭娛客，羌女聽箎卻走林。聞說虜情親博望，一言珍重萬黃金。"（《彭城集》卷一三《次韻和張舍人使北歸》）他的另一首詩，也言及契丹人拜日："朝雪如沙萬里程，幽陰戴斗正嚴凝。終軍何必功橫草，沈尹無煩夕飲冰。茗粥邇來誇渾酪，氈裘仍自愧綿繒。歲寒拜日穹廬外，想見東南瑞氣升。"（《彭城集》卷一三《王仲至使北》）

[2]臣僚殿下合班陪拜：【劉校】"班"原作"以"，中華修訂本據北監本、殿本改。今從改。

[3]進表目：【劉校】據中華點校本校勘記，當作"進奉表目"。今據補。

[4]臣等謹進千萬歲壽酒：皇后稱"千歲"，疑"萬"字當衍。

[5]揩笏執臺：【劉校】後面有"卒飲，皇帝、皇后授琖"語句。本書卷五三《正旦朝賀儀》有"揩笏，執臺琖"語句。疑此處"臺"字下脫"琖"字。

進士接見儀：其日，舉人從時相至御帳側，[1]通名牓子與時相牓子同奏訖，[2]時相朝見如常儀。畢，揩"進士第一名以下丹墀內面殿鞠躬"，通名，四拜。贊各"祗候"，皆退。若有進文字者不退，奉卷平立。閤門奏受，跪左膝授訖，直起退。禮畢。

[1]時相：當時的宰相。《建炎以來朝野雜記》甲集卷九《渡江後改諡》載："韓師樸丞相初請諡王剛中爲博士曰'文禮'，取其爲禮官時不主王荆公坐講之議也。而韓氏子謂自來未有以禮爲諡者，以白時相范覺民。"另據《文獻通考·郊社考·明堂》載："紹興元年，上在會稽，將行明堂禮，命邇臣議之。王剛中居正爲禮部郎官，首建合祭之議。宰相范覺民主之。"可證范覺民者，乃高宗時宰相。

[2]牓子：唐時文書名。用於臣下奏事，即宋人所謂"劄子"。是一種比較簡單的、非表非狀的文書。《通鑑》卷二九後唐潞王清泰二年（935）載："或事應嚴密，不以其日；或異日聽於閣門奏牓子。"

進士賜等甲勑儀：[1]臣僚起居畢，讀卷官奏訖，於左方依等甲唱姓名序立。閤門交收勑牒，閤使奏，引至丹墀，依等甲序立。閤使稱"有勑"，再拜，鞠躬。舍人宣勑"各依等甲賜卿勑牒一道，想宜知悉"。揖"拜"，各跪左膝，受勑訖，鞠躬，皆再拜。各祗候，分引左右相向侍立。候奏事畢，引兩階上殿，就位，齊聲"喏"，賜坐。酒三行，起，聲"喏"如初。退，揖"出"，禮畢。牌印郎君行酒，[2]閤使勸飲。

[1]等甲：即名次。據《松漠記聞》，金會試"凡六人取一，牓首曰勑頭，亦曰狀元。分三甲，曰上甲、中甲、下甲"。每甲再分名次。

[2]牌印郎君：契丹官名。屬北面著帳官。遼在著帳郎君院下設牌印局，有牌印郎君，掌符牌印信的收藏。

進士賜章服儀：[1]皇帝御殿，臣僚公服引進士入，東方面西再拜。揖"就丹墀位"，面殿鞠躬。閤使稱"有勑"，再拜，鞠躬。舍人宣勑："各依等甲賜卿勑牒一道，兼賜章服，想宜知悉。"揖"再拜"，跪受勑訖，再拜。退，引至章服所，更衣訖。揖"復丹墀位"，鞠躬。贊"謝恩"，舞蹈，五拜。各祗候，殿東亭內序立。

聲"喏"，坐。賜宴，簪花。^[2]宣閤使一員、閤門三人或二人勸飲終日。^[3]禮畢。

[1]章服：用以標識身份的服飾。官員章服之制代有不同，據本書卷五五《儀衛志一·輿服》："遼國自太宗入晉之後，皇帝與南班漢官用漢服；太后與北班契丹臣僚用國服，其漢服即五代晉之遺制也。"宋人黃履翁《古今源流至論別集》卷八："唐制其服則三品紫，四品、五品朱，六品、七品綠，八品、九品青。其魚袋則高宗時五品以上用銀，三品以上用金。"按，遼漢服，五品以上服紫，佩金魚袋；六品、七品服緋，佩銀魚袋；八品、九品服綠，佩石魚。

[2]簪花：逢喜慶，百官插花於冠之謂。《宋史》卷一一二《禮志十五》："淳熙二年十一月詔太上皇帝聖壽無疆，新歲七十，以十一日冬至加上尊號册寶，十二月十七日立春行慶壽禮，是日早文武百僚並簪花赴文德殿立班，聽宣慶赦。"

[3]閤使一員、閤門三人：據本書卷四七《百官志三》，遼有東上閤門司和西上閤門司，分別設閤門使和閤門副使，其下屬員不見載。唐制，隸屬中書省如抽赴閤門，並稱"閤門祗侯"，後授通事舍人。

宰相中謝儀：皇帝常服昇殿坐，諸班起居如常儀。應坐臣僚上殿，其餘臣僚殿下東西侍立，^[1]皆如宋使初見之儀。引中謝官左入，至丹墀面西立。舍人當殿鞠躬，通新受具官姓名，祗候中謝。宣徽殿上索通班舍人就贊禮位，贊"某官至"。宣徽贊"通班舍人二人對立"，揖"中謝官鞠躬"。贊"就拜位"，舍人二人引面殿鞠躬。贊拜，中謝官舞蹈，五拜，不出班，奏"聖躬萬福"。贊"再拜"。揖"出班跪",敘官,[2]致詞訖,俛伏興,復位。贊拜,舞蹈,五拜。又出班,中謝致詞如初儀,共十有七拜。贊"祇候",引右階上殿,就位。揖:應坐臣僚聲"喏",坐。供奉官行酒。[3]傳宣"飲盡",臣僚搢笏,執琖起,位後立飲。[4]置琖,出笏。贊拜,臣僚皆再拜。贊"各坐",搢笏,執琖,授供奉官琖。酒三行,揖:應坐臣僚聲"喏"立。引中謝官右階下殿,至丹墀,面殿鞠躬。贊拜,舞蹈,五拜,引右出。臣僚皆出。丞相、樞密使同,餘官不升殿、賜酒。不帶節度使不通班,[5]止通名,七拜;衆謝,班首一人出班中謝。

[1]殿下東西侍立:宮殿坐北朝南,故臣僚在殿下東西侍立。此一情況,説明此儀行之中京,即聖宗建中京以後。因爲早年創建的遼上京"屋門皆東向,如車帳之法"。

[2]敘官:敘述爲官經歷,亦稱"敘官閥"。唐代封演《封氏聞見記》卷五《壁記》云:"朝廷百司諸廳皆有壁記,敘官秩創置及遷授始末。原其作意,蓋欲著前政履歷而發將來健羨焉。"然"敘官"多有不實。最常見者即爲年齡造假。《容齋四筆》卷三《實年官年》士大夫敘官閥有所謂"實年""官年"兩説,前此未嘗見於官文書。大抵布衣應舉,必減歲數,蓋少壯者欲藉此爲求昏地。不幸潦倒塌屋,勉從特恩,則年未六十,始許入仕,不得不豫爲之圖。至公卿任子,欲其早列仕籍,或正在童孺,故率增攙庚甲,有至數歲者。

[3]供奉官:遼、宋置供奉官是承唐之舊制。宮中作爲皇帝的侍從有西頭供奉官和東頭供奉官。本書卷八二《耶律隆運傳》載隆運早年"侍景宗,以謹飭聞,加東頭承奉官"。其弟韓德威,據墓

誌載早年曾授西頭供奉官。供奉官數量甚眾，宋代曾鞏在《元豐類稿》卷三一《再議經費劄子》中曾提及由供奉官和左、右班殿直構成的"三班"，"初三班吏員止於三百或不及之，至天禧之間，迺總四千二百有餘，至於今迺總一萬一千六百九十"。遼供奉官員額雖不可考，但據文獻記載，許多權貴子弟甚至尚未成年即授供奉官。

[4]執戔起，位後立飲：據《文獻通考·王禮考·元正冬至大朝·儀注》，宋舉行此儀，亦是"群官立於席後""百僚立於席後"。

[5]不帶節度使不通班：不帶節度使銜的官員雖獲得"平章事"等頭銜，因其不具有"使相"身份，故不入中謝班列，祇由司儀通報其姓名。

　　拜表儀：[1]其日，先於東上閣門陳設罍位，分引南北臣僚、諸國使副於罍位合班。通事舍人二人舁表案置班首前，[2]揖："鞠躬，再拜，平身。"中書舍人立案側，班首跪，搢笏，興，捧表，跪左膝，以表授中書舍人。出笏，就拜，興，再拜。中書舍人復置表案上。通事舍人舁表案於東上閣門入，捲班，分引出。禮畢。

　　元日，皇帝不御坐行此儀，餘應上表有故皆倣此。

[1]拜表：臣下上表的禮儀。據《朱子語類》卷一二八，宋時"進表者先拜卻跪進，其受者亦拜"。

[2]通事舍人：唐官名。唐於中書省置通事舍人十六人，從六品上，掌朝見引納，殿庭通奏。四夷入貢，也經由通事舍人轉呈皇帝。後，任此職者多通"四夷"語言。

賀生皇子儀：其日，奉先帝御容，設正殿，皇帝御八角殿昇坐。聲警畢，北、南宣徽使殿階上左右立，北、南臣僚金冠盛服，合班入。班首二人捧表立，讀表官先於左階上側立。二宣徽使東、西階下殿受表，捧表者跪左膝授訖，就拜，興，再拜。各祗候。二宣徽使俱左階上，授讀表官，讀訖。揖“臣僚鞠躬”。引北面班首左階上殿，欄內稱賀訖，引左階下殿，復位，舞蹈，五拜。禮畢。

賀祥瑞儀：[1]聲警，北、南臣僚金冠盛服合班立。班首二人各奉表賀，北、南宣徽使左階下殿受表，上殿授讀表大臣，讀訖。揖：殿下臣僚鞠躬，五拜畢，鞠躬。引班首二人左階上殿，欄內拜，跪稱賀致詞訖，引左階下殿，復位，五拜畢，鞠躬。宣答、聽制訖，再拜，鞠躬。謝宣諭，五拜畢，各祗候，分班侍立。禮畢，兩府奏事如常。

乾統六年木葉山瑞雲見，始行此儀。天慶元年天雨穀，[2]謝宣諭後，趙王進酒，[3]教坊動樂，臣僚酒一行。禮畢，奏事。

[1]祥瑞：即吉祥的徵兆。《後漢書》卷一三《隗囂傳》：“故新都侯王莽，慢侮天地，悖道逆理，鴆殺孝平皇帝，篡奪其位，矯託天命，僞作符書，欺惑衆庶，震怒上帝，反戾飾文以爲祥瑞。”李賢注：“大風毀莽玉路堂，又拔其昭寧堂，池東榆樹，大十圍。莽乃曰‘念紫閣仙圖，天意立太子，正其名。’乃立其子臨爲太子，以爲祥應也。”可見，所有異常的自然現象，統治者都可以隨心所欲地稱其爲祥瑞。天祚帝即位後，遼朝統治已是風雨飄搖，處於行

將覆滅之際，還一再行此儀讓臣下恭賀有祥瑞呈現，實在是自我麻醉的鬧劇。

[2]雨穀：指布穀鳥。天雨穀，指天空中出現很多布穀鳥。宋人盧祖皋《月城春·壽無爲趙秘書》詞："雨穀催耕，風簾戲鼓，家家歡笑。"【劉注】天雨穀，在"賀祥瑞儀"中的意思應是天上掉穀粒。

[3]趙王：據本書卷六五《皇子表》，天祚帝第四子習泥烈曾受封趙王，後"從天祚至白水濼，爲金師所獲"。

賀平難儀：皇帝、皇后昇殿坐，北、南臣僚并命婦合班，五拜。揖：班首二人出班，俛跪，搢笏，執表，舁案近前。閣使受表，置案上，皆再拜。通事舍人二人舁案，左階上殿，置露臺上。讀表官受，入讀表。對御讀訖，臣僚殿下五拜，鞠躬。引班首二人左右階上殿，欄內並立。先引北面班首少前，跪致詞訖，退，復褥位；次引南面班首亦如之，畢。分引左、右階下殿，復位，五拜，鞠躬。宣徽稱"有勅"，再拜，宣答"內難已平，與公等內外同慶"。謝宣諭，五拜。捲班。臣僚從皇帝、命婦從皇后，詣皇太后殿，見先帝御容，陪位皆再拜。皇太后正坐，稱賀，共十拜，並引上殿，賜宴如儀。

平難之儀，道宗清寧九年，太叔重元謀逆，[1]仁懿太后親率衛士與逆黨戰。[2]事平，因制此儀。

[1]太叔重元（1021—1063）：本名宗元，因避興宗諱，改重元，小字孛吉只，亦作孛己只，聖宗次子。太平三年（1023），封秦國王。聖宗死後，欽愛皇后稱制，曾密謀立重元。重元以所謀告

於興宗，封皇太弟。賜以金券誓書。道宗即位，册爲皇太叔，爲天下兵馬大元帥，復賜金券。清寧九年（1063），與其子涅魯古謀亂，事敗自殺。本書卷一一二有傳。

[2]仁懿太后：即興宗仁懿皇后蕭氏（？—1076），小字撻里，欽哀皇后弟孝穆之長女。重熙四年，立爲皇后。二十三年，號貞懿慈和文惠孝敬廣愛崇聖皇后。道宗即位，尊爲皇太后。本書卷七一有傳。

正旦朝賀儀：[1]臣僚并諸國使昧爽入朝，奏"班齊"。皇帝昇殿坐，契丹舍人殿上通訖，引契丹臣僚東洞門入；引漢人臣僚并諸國使西洞門入。合班，舞蹈，五拜，鞠躬，平身。引親王東階上殿，欄内褥位俛伏跪，自通全銜臣某等祝壽訖，伏興，退，引東階下殿，復位，舞蹈，五拜畢，鞠躬。宣徽使殿上鞠躬，奏"臣宣答"，稱"有勑"，班首以下聽制訖，再拜，鞠躬。宣徽傳宣云："履新之慶，與公等同之。"舍人贊"謝宣諭"，拜，舞蹈，五拜。贊"各祗候"，分班引出，引班首西階上殿，奏表目訖，教坊起居，賀，十二拜，畢，贊"各祗候"。引契丹、漢人臣僚并諸國使東、西洞門入，合班再拜。贊"進酒"，引親王東階上殿，就欄内褥位，搢笏，執臺琖，進酒訖，退，復褥位。置臺，出笏，少前俛跪，自通全銜臣某等謹進千萬歲壽酒。俛伏興，退，復褥位，與殿下臣僚皆再拜，鞠躬。俟宣徽使殿上鞠躬，奏"臣宣答"，稱"有制"，[2]親王以下再拜如初儀。傳宣云："飲公等壽酒，與公等内外同慶。"舍人贊"謝宣諭"如初。贊"各祗候"，親王揩笏，執臺，殿下臣僚分班。皇帝飲酒，教坊奏樂，殿上下臣僚皆拜，稱“萬歲”。贊“各祗候”。樂止，教坊再拜。皇帝卒飲，親王進受琖，復褥位，置臺琖，出笏。揖臣僚合班，引親王東階下殿，復位，鞠躬，再拜。贊“各祗候”，分班引出。皇帝起，詣皇太后殿，臣僚并諸國使皆從。皇太后昇殿，皇帝東方側坐。引契丹、漢人臣僚并諸國使兩洞門入，合班稱賀，進酒，皆如皇帝之儀。畢，引出。教坊入起居、進酒亦如之。皇太后宣答，稱“聖旨”。契丹班謝宣宴，上殿就位立。漢人臣僚并諸國使東洞門入，丹墀東方，面西鞠躬。[3]舍人鞠躬，通文武百僚宰臣某已下謝宣宴，再拜；出班致詞訖，退，復位，舞蹈，五拜。贊“各上殿祗候”，引宰臣以下并諸國使副、方裀朵殿臣僚西階上殿就位立。不應坐臣僚並於西洞門出。二人監琖，教坊再拜贊。各上階、下殿謝宴，[4]如皇太后生辰儀。

[1]正旦朝賀儀：據明代周祈《名義考》卷二《節令所起》：“正旦朝賀始於漢制朝賀儀……冬至朝賀始於魏，儀亞於歲朝。”正旦與冬至，是一年四季中最重要的節令。除了正旦，冬至朝賀，遼宋也基本相同。本書卷四二《曆象志》載：“大同元年，太宗皇帝自晉汴京收百司僚屬、伎術、曆象，遷於中京，遼始有曆……聖宗統和十二年，可汗州刺史賈俊進新曆，則大明曆是也。”遼初無曆，當然也就無正旦、立春、冬至等禮儀。後來遼宋雙方曆法不同，但正旦等朝賀儀式卻相似，因爲遼多摹仿宋。

[2]有制：【劉校】原本、殿本皆作“有制”。明抄本、南監本、北監本作“有勑”。

[3]面西鞠躬：太后胡服，東向坐，故臣僚面西鞠躬。

[4]贊"各上階、下殿謝宴"：因爲"不應坐臣僚"已經於西洞門退出，所以讓舍人"上階謝宣宴"，留在殿內者則"下殿謝"。

冬至朝賀儀：臣僚班齊如正旦儀。皇帝、皇后拜日，臣僚陪位再拜。皇帝、皇后昇殿坐，契丹舍人通，臣僚入，合班，親王祝壽、宣答，皆如正旦之儀。謝訖，舞蹈，五拜，鞠躬。出班奏"聖躬萬福"，復位，再拜，鞠躬。班首出班俛伏跪，祝壽訖，伏興，舞蹈，五拜，鞠躬。贊"各祗候"。分班，不出，合班。御牀入，再拜，鞠躬。贊"進酒"。臣僚平身。引親王左階上殿，就欄內褥位，搢笏，執臺琖進酒。皇帝、皇后受琖訖，退，就褥位，置臺，出笏，俛伏跪。少前，自通全銜臣某等謹進千萬歲壽酒。俛伏興，退，復褥位，再拜，鞠躬。殿下臣僚皆再拜，鞠躬。宣答如正旦儀。親王搢笏，執臺，分班。皇帝、皇后飲酒，奏樂；殿上下臣僚皆拜，稱"萬歲壽"，樂止。教坊再拜，臣僚合班。親王進受琖，至褥位，置臺琖，出笏，引左階下殿。御牀出。[1]親王復丹墀位，再拜，鞠躬。贊"祗候"。分班引出。班首右階上殿奏表目，進奉。諸道進奉、教坊進奉過訖，贊"進奉收"。班首舞蹈，五拜，鞠躬。贊"各祗候"。班首出，臣僚復入，合班謝，舞蹈，五拜，鞠躬。贊"各祗候"。分班引出。聲警，皇帝、皇后起，赴北殿。皇太后於御容殿，與皇帝、皇后率臣僚再拜。皇太后上香，皆再拜。贊"各祗候"。可矮墩以上上殿。皇太后三進御容酒，陪位皆拜。皇太后昇殿坐。皇帝就露臺上褥位，親王押北、南臣僚班丹墀內立。皇帝再

拜，臣僚皆拜，鞠躬。皇帝欄內跪，祝皇太后壽訖，復
位，再拜。凡拜皆稱"萬歲"。贊"各祗候"。臣僚不
出，皇帝、皇后側座，親王進酒，臣僚陪拜，皇太后宣
答皆如正旦之儀。臣僚分班，不出，班首右階上殿奏表
目，合班謝宣宴，上殿就位如儀。御牀入。皇帝進皇太
后酒如初，各就座行酒，宣"飲盡"，如皇太后生辰之
儀。皇后進酒如皇帝之儀。三進酒，行茶，教坊致語，
行殽饍，大饌，七進酒。曲破，臣僚起，御牀出，謝
宴，皆如皇太后生辰儀。

[1]御牀出：【劉校】原本作"出御牀"，中華修訂本據北監
本、殿本及上下文例改。今從改。

立春儀：皇帝出就內殿，拜先帝御容，北、南臣僚
丹墀內合班，再拜。可矮墩以上入殿，賜坐。帝進御容
酒，陪位并侍立皆再拜。一進酒，臣僚下殿，左右相向
立。皇帝戴幡勝，[1]等第賜幡勝。臣僚簪畢，皇帝於土
牛前上香，三奠酒，不拜。教坊動樂，侍儀使跪進綵
杖。皇帝鞭土牛，[2]可矮墩以上北、南臣僚丹墀內合班，
跪左膝，受綵杖，直起，再拜。贊"各祗候"。司辰報
春至，鞭土牛三匝。矮墩鞭止，引節度使以上上殿，撒
穀豆，擊土牛。撒穀豆，許衆奪之。臣僚依位坐，酒兩
行，春盤入。酒三行，畢，行茶。皆起。禮畢。

[1]幡勝：即綵勝。用金銀箔羅綵製成，在歡慶春日來臨之時，
用作裝飾或饋贈之物。宋人高承《事物紀原·歲時風俗·春幡》：

"《後漢書》曰：立春皆青幡幘。今世或剪綵錯緝爲幡勝，雖朝廷之制，亦鏤金銀或繒絹爲之，戴於首。"宋人孟元老《東京夢華錄·立春》："春日，宰執親王百官，皆賜金銀幡勝，入賀訖，戴歸私第。"

[2]鞭土牛：又稱擊土牛、鞭春牛、鞭春。此非契丹故俗。這種習俗甚爲久遠。《大唐開元禮》卷三載："凡立春前，兩京及諸州縣門外並造土牛。"宋元時鞭牛習俗盛行。孟元老《東京夢華錄·立春》："立春前一日，開封府進春牛入禁中，鞭春。開封、祥符兩縣置春牛於府前，至日絕早，府僚打春如方州儀。"元代馬端臨《文獻通考·郊社考》："立春前五日，於州大門外之東造青土牛兩頭、耕夫、犁具。立春有司迎春於東郊，豎青幡於青牛之旁。"以上記載可證，迎春造土牛乃各地官府之事，並無皇帝"鞭土牛"事。鞭打土牛亦是小兒遊戲，比如《宋詩抄》卷四〇七有楊萬里《觀小兒戲打春牛》詩。

重午儀：至日，臣僚昧爽赴御帳，皇帝繫長壽綵縷昇車坐，[1]引北、南臣僚合班如丹墀之儀。所司各賜壽縷，揖臣僚跪受，再拜。引退，從駕至膳所，酒三行。若賜宴，臨時聽勑。

[1]長壽綵縷：即壽縷。五月端五，繫壽縷，與紀念屈原有關。《御定歷代賦彙》卷一一一《歲時》有唐代闕名《五絲續寶命賦》："始鳴楝葉，結綵絲襸；祭彼三閭，蛟龍不竊。祭之水曰汨羅，祭之日曰端午。情既本乎楚俗，奉又告乎壽縷。"

重九儀：北、南臣僚旦赴御帳，從駕至圍場，賜茶。皇帝就坐，引臣僚御前班立，所司各賜菊花酒，跪受，再拜。酒三行，揖起。

藏鬮儀：[1]至日，北、南臣僚常服入朝，皇帝御天祥殿，臣僚依位賜坐。契丹南面，漢人北面分朋行鬮。或五，或七籌，賜饍。入食畢，皆起。頃之，復坐行鬮如初。晚賜茶，三籌或五籌，罷。教坊承應。若帝得鬮，臣僚進酒訖，以次賜酒。

大康十年十二月二十二日始行是儀。是日不御朝。

[1]藏鬮：俗稱"抓鬮"。宋人洪邁《夷堅志》丁集卷七《蕪湖龍祠》"紹熙五年春，江西安撫司將官林應趾部豫章米綱往金陵，抵蕪湖。內一舟最大，所載千斛。中夜忽漏，作水如湧，舟中之人惶窘無計。林具衣冠謁龍祠，拜禱曰：'應趾以貧爲此役，今若是，將大有損失，何力以償？勢須徙出，又非倉卒可辦。舟有七倉，輒用甲乙次敍書七鬮，以卜所向，願大神威靈曲垂昭告。'遂得第三鬮，水及舟運而漏自止。"

歲時雜儀：正旦，國俗以糯飯和白羊髓爲餅，[1]丸之若拳，每帳賜四十九枚。戊夜，各於帳內窓中擲丸於外。數偶，動樂，飲宴。數奇，令巫十有二人鳴鈴，執箭，繞帳歌呼，帳內爆鹽爐中，燒地拍鼠，謂之驚鬼，居七日乃出。國語謂正旦爲"迺捏咿呢"。"迺"，正也；"捏咿呢"，旦也。

[1]此事見於《契丹國志》卷二七《歲時雜記》，"國俗"作"國主"。其餘文字雖略有不同但大義不差。看來這是慶新年時宮廷舉辦的遊戲，故作"國主"爲是。將大量的糯米飯拋擲於地，如係一般民俗，在普遍不富裕的契丹殊難想象。

立春，婦人進春書，刻青繒爲幟，像龍御之，或爲蟾蜍，書幟曰"宜春"。[1]

[1]"立春，婦人進春書"一段文字，引自唐代段成式《酉陽雜俎》。該書卷一載："北朝婦人……立春進春書，以青繒爲幟，刻龍像銜之，或爲蝦蟇。"據《舊唐書》卷一六七《段文昌傳附成式傳》，其父爲宰相，故"以蔭入官爲秘書省校書郎，研精苦學，秘閣書籍披閱皆遍"。成式生當唐末，他披閱皆遍的秘閣藏書中所稱"北朝"是指隋統一以前的北朝，與遼宋時期所稱"北朝"無關。南宋末年書商以葉隆禮名義拼湊《契丹國志》時，見成式所記有"北朝"字樣，即作爲丹國俗編入書中。元修《遼史》不加考究，徑入《禮志》。《契丹國志》卷二七《歲時雜記》："立春日，婦人進春書：刻青繒爲幟，象龍象銜之，或爲蝦蟆書，幟曰'宜春'。""象龍象銜之"第一個"象"字當係"刻"。而"銜"字則爲《遼史》誤爲"御"字。"刻青繒爲旗幟，像龍御之"，"青繒"如何能刻爲旗幟？"像龍御之"亦殊不可解，其實應是"以青繒爲幟，刻龍像銜之"。或爲蟾蜍——即刻成蝦蟆，銜在旗幟上，並在旗幟上書寫"宜春"二字。

人日，[1]凡正月之日，一雞、二狗、三豕、四羊、五馬、六牛，七日爲人。其占，晴爲祥，陰爲災。[2]俗煎餅食於庭中，謂之"薰天"。

[1]人日："人日"之説見《説郛》卷六九下引元代韓鄂《歲華紀麗》卷一《人日》："一二稱雞狗，六七爲馬人。"注引《董勛問禮俗》曰："正月一日爲雞，二日爲狗，三日爲羊，四日爲豬，五日爲牛，六日爲馬，七日爲人。以陰晴爲豐耗。正旦畫雞於門，七日鏤人於金薄。"《歲華紀麗·人日》又曰："稽董勛之問俗，時

則罔愆；考陳氏之見儀，事乃不忒鏤人、熏天、揾狗耳。翦人形，趙伯符七日之歡。"注引《述征記》云："人日作煎餅於中庭，謂之熏天。《荊楚歲時記》云："人日夜多鬼鳥過人家，槌牀打户，揾狗耳，滅燈燭以禳之。"趙伯符七日之歡《壽陽記》曰："趙伯符爲豫州刺史，立義樓，每至元日人日、七日月半，乃於樓上作樂，樓下男女盛飾，遊看作樂。"

[2]陰爲災：這是儒家的傳統觀念。《通典》卷七八《禮》載：後漢制，朔前後各二日牽羊酒至社下以祭日。日有變，割羊以祠，社用救日……月朔日蝕，博士孫瑞議："按八座書以爲正月之日，太陽虧曜，謫見於天，而冠者必有裸享之儀，金石之樂、飲燕之娛、獻酬之報，是爲聞災不祇肅，見異不怵惕也。"

二月一日爲中和節，[1]國舅族蕭氏設宴，以延國族耶律氏，歲以爲常。國語是日爲"怦里叴"。"怦里"，請也；"叴"，時也。怦，讀若狎；叴，讀若頗。

[1]中和節：本唐朝節日。據《舊唐書》卷一三《德宗本紀》，貞元五年（789）正月十四日詔："朕以春方發生，候及仲月，勾萌畢達，天地和同，俾其昭蘇，宜助暢茂。自今宜以二月一日爲中和節，以代正月晦日，備三令節數。內外官司休假一日。"

二月八日爲悉達太子生辰，[1]京府及諸州雕木爲像，儀仗百戲導從，循城爲樂。悉達太子者西域淨梵王子，姓瞿曇氏，名釋迦牟尼。以其覺性，稱之曰"佛"。[2]

[1]二月八日爲悉達太子生辰：相傳皆以四月八日爲佛誕辰，二月八日爲悉達多太子出家之日。南朝梁釋僧祐《弘明集》卷一：

"太子不貪世樂，意存道德，年十九二月八日夜半，呼車匿勒犍陟
跨之，鬼神扶舉，飛而出宮，明日廓然不知所在。"

[2]佛：遼統治者崇佛，道宗尤甚，"飯僧"記載史不絕書。

三月三日爲上巳，[1]國俗，刻木爲兔，分朋走馬射
之。先中者勝，負朋下馬列跪進酒，勝朋馬上飲之。國
語謂是日爲"陶里樺"。"陶里"，兔也；"樺"，射也。

[1]上巳：節日名。以農曆三月上旬巳日爲"上巳"節，起源
甚久遠。《毛詩集解》卷一一引韓詩注云："鄭國之俗，三月上巳之
辰往溱、洧兩水之上招魂續魄，秉蘭草以祓除不祥"。宋人王觀國
《學林》卷五《節令》："魏晉以來始不用巳日而專用三月三日，至
今循之以爲故事。若專用三日則不可謂之'上巳'矣。蓋名存而實
亡也。"

五月重五日，午時，採艾葉和綿著衣七事，以奉天
子，北南臣僚各賜三事，君臣宴樂，渤海膳夫進艾糕。
以五綵絲爲索纏臂，謂之"合歡結"。又以綵絲宛轉爲
人形簪之，謂之"長命縷"。國語謂是日爲"討賽咿
呪"。"討"，五；"賽咿呪"，月也。

夏至之日，俗謂之"朝節"。[1]婦人進綵扇，以粉脂
囊相贈遺。

[1]朝節：民間謂朝廷過節。《漢書》卷八三《薛宣傳》："及
日至休吏，賊曹掾張扶獨不肯休，坐曹治事。宣出教曰：'蓋禮貴
和，人道尚通。日至，吏以令休，所緣來久。曹雖有公職事，家亦
望私恩意。掾宜從衆，歸對妻子，設酒肴，請鄰里，一笑相樂，斯

亦可矣！' 扶慚愧。官屬善之。" 顏師古對 "日至休吏" 的解釋是
"冬、夏至之日，不省官事，故休吏"。

六月十有八日，國俗，耶律氏設宴，以延國舅族蕭
氏，亦謂之 "狎里呫"。

七月十三日夜，天子於宮西三十里卓帳宿焉。[1]前
期，備酒饌。翼日，諸軍部落從者皆動蕃樂，飲宴，至
暮乃歸行宮，謂之 "迎節"。十五日中元，動漢樂，大
宴。十六日昧爽，復往西方，隨行諸軍部落大謀三，[2]
謂之 "送節"。國語謂之 "賽咿呢奢"。"奢"，好也。

[1]宮：即行宮，亦稱行帳，是契丹國主轉徙隨行的車帳組成
的朝廷，契丹語稱 "捺鉢"，遼中葉逐漸形成 "四時捺鉢" 制度。
據本書卷三二《營衛志・夏捺鉢》遼主 "五月末旬、六月上旬至。
居五旬。與北、南臣僚議國事，暇日遊獵。七月中旬乃去" 七月中
旬正是皇帝要離開夏捺鉢行宮的時候。沈括《熙寧使虜圖抄》
（《永樂大典》卷一〇八七七）載，他於熙寧八年（遼大康元年，
1075）使遼，當年五月至遼廷——道宗設在犢山（又作拖古烈，在
永安山附近）的夏捺鉢，他見到的情形是這樣的："有屋，單于
（道宗）之朝寢、蕭后之朝寢凡三，其餘皆氊廬，不過數十，悉束
向，庭以松幹表其前，一人持牌，立松幹之間，曰 '閤門'。" 七
月十三日夜，遼帝在行宮外宿營，並事前先在營地備酒饌。翼
日——十四日，隨皇帝宿營的諸軍、部落皆奏本民族音樂，飲宴進
行至日暮，始返回行宮，此謂之 "迎節"——迎皇帝回宮。次
日——十五日中元，奏漢樂，大宴。十六日天明，再往西方，隨行
諸軍、部落大噪三聲，謂之 "送節"——表示夏捺鉢納涼結束，皇
帝將前往秋捺鉢。契丹語謂之 "賽咿呢奢"。"奢" 乃 "好" 之義。

過“中元”本是漢俗，遼朝將其與四時捺鉢遷徙活動結合起來。《説郛》卷六九上引元人費著《歲華紀麗譜·中元》：“七月十五日，道家謂之中元節，各有齋醮等會。僧寺則於此日作盂蘭盆齋，而人家亦以此日祀先，例用新米、新醬、寒衣、時果、綵段、麵蕈，而茹素者幾十八九。屠門爲之罷市焉。”

[2]大謨三：【靳注】據《契丹國志》卷二七，其意爲大喊三聲。

八月八日，國俗屠白犬，於寢帳前七步瘞之，露其喙。後七日中秋，移寢帳於其上。國語謂之“捏褐耐”。“捏褐”，犬也；“耐”，首也。

九月重九日，天子率群臣、部族射虎，少者爲負，罰重九宴。射畢，擇高地卓帳，賜蕃、漢臣僚飲菊花酒。兔肝爲臡，鹿舌爲醬，又研茱萸酒，[1]洒門户以禳穰。國語謂是日爲“必里遲離”，九月九日也。

[1]茱萸：植物名。香氣辛烈，可入藥。古俗農曆九月九日重陽節，佩茱萸能祛邪避惡。《西京雜記》卷三：“九月九日，佩茱萸，食蓬餌，飲菊華酒，令人長壽。”九月九日飲茱萸酒，是宋遼金時期普遍的習俗。《朱子禮纂》卷四：“向南軒廢俗節之祭，某問‘於端午能不食粽乎？重陽能不飲茱萸酒乎？’”

歲十月，[1]五京進紙造小衣甲、槍刀、器械萬副。十五日，天子與群臣望祭木葉山，用國字書狀，并焚之。國語謂之“戴辣”。“戴”，燒也；“辣”，甲也。

[1]歲十月：南朝梁宗懍《荆楚歲時記》謂十月“天氣和暖似

春，故曰小春"。這個原本是漢俗的節令，遼朝賦予它特殊的紀念意義。每年十月十五日，皇帝率群臣在木葉山舉行一個契丹語稱爲"戴辣"的儀式，祭祀死者，活動的内容顯然與軍事有關。記載採自《契丹國志》，但不如後者完備。《契丹國志·歲時雜記·小春》載："十月内，五京進紙造小衣甲並槍刀器械各一萬副。十五日一時推垛，國主與押番臣寮望木葉山葬太祖處奠酒拜，用番字書狀一紙，同焚燒奏木葉山神，云'寄庫'。北呼此時爲'戴辣'，漢人譯云'戴'是'燒'，'辣'是'甲'。"《遼史》所載不言"望木葉山葬太祖處奠酒拜"。在木吐山焚燒紙造小衣甲、槍刀、器械萬副，是送給死去的太祖阿保機的戰士們的，他們生爲戰士，死後在另一世界也仍然需要武裝。這些紙造的武器、裝備由五京進貢，説明此儀形成的時間較晚。重熙十三年（1044）十一月，興宗爲加強對宋夏防禦，改雲州爲西京大同府。至此，遼始備五京之制。五京下轄各州縣的居民是漢人、渤海人等從事農耕的民族，讓他們向朝廷進獻紙造的衣甲的象徵意義在於讓他們不要忘記有爲契丹人提供武器、裝備的義務。

冬至日，國俗，屠白羊、白馬、白鴈，各取血和酒，天子望拜黑山。[1]黑山在境北，俗謂國人魂魄其神司之，猶中國之岱宗云。每歲是日，五京進紙造人馬萬餘事，祭山而焚之。俗甚嚴畏，非祭不敢近山。

[1]黑山：本書卷三二《營衛志中》載："黑山在慶州北十三里，上有池，池中有金蓮。"黑山近慶陵，故"道宗每歲先幸黑山，拜聖宗、興宗陵，賞金蓮，乃幸子河避暑"。另據卷三七《地理志一·慶州》："在州西二十里。有黑山、赤山、太保山、老翁嶺、饅頭山、興國湖、轄失濼、黑河。"慶州在今内蒙古自治區巴林右旗索博日嘎鎮。

臘辰日，[1]天子率北、南臣僚並戎服，戊夜坐朝，作樂、飲酒，等第賜甲仗、羊、馬。國語謂是日爲“炒伍侕叿”。“炒伍侕”，戰也。

[1]臘辰日：關於“臘辰日”活動的記載，是對《軍儀·臘儀》的補充。兩者都是在臘月（十二月）辰日。《軍儀》記載了這一日“設圍”及“北、南院大王以下進馬及衣”，而未提及皇帝對臣下“第賜甲仗、羊、馬”。經此補充，這一日的活動就完整了。蔡邕《獨斷》卷上：“臘者，歲終大祭，縱吏民宴飲，非迎氣，故但送不迎；正月歲首，亦如臘儀。”宋人吳曾《能改齋漫録》卷四《臘》：“臘祭之名起於三代，廢於始皇而興於漢。”臘日，歷代也不同，契丹以十二月辰日爲臘。其俗焚香拜日、圍獵，與漢俗祭祖、祭神不同。遼朝的臘儀除祭拜、宴飲之外，更有以圍獵形式的軍事演習。

再生儀：[1]凡十有二歲，皇帝本命前一年季冬之月，擇吉日。前期，禁門北除地置再生室、母后室、先帝神主輿。在再生室東南倒植三岐木。其日，以童子及產醫嫗置室中。一婦人執酒、一叟持矢箙立於室外。有司請神主降輿，致奠。奠訖，皇帝出寢殿，詣再生室。群臣奉迎，再拜。皇帝入室，釋服、跣。以童子從，三過岐木之下。每過，產醫嫗致詞，拂拭帝躬。童子過岐木七，皇帝卧木側，叟擊箙曰：“生男矣。”[2]太巫幪皇帝首，興，群臣稱賀，再拜。產醫嫗受酒于執酒婦以進，太巫奉縅褓、綵結等物贊祝之。預選七叟各立御名繫于綵，皆跪進。皇帝選嘉名受之，賜物。再拜，退。群臣皆進縬袾、綵結等物。皇帝拜先帝諸御容，遂宴群臣。

[1]再生儀：與柴册儀合併舉行，是契丹部落聯盟選汗和遼建國後新皇帝即位舉行的禮儀。相傳遙輦氏阻午可汗始制此儀，遼朝建國後有所增飾。參見本書卷四九《禮志一》“柴册儀”。漢族也有“本命年”之説，將本命年視爲人生歷程中的一個艱難階段，宋人便有這樣的詩句：“告臥春明日，災逢本命年。”（宋人蘇頌《蘇魏公集》卷一四《國史龍圖侍郎宋次道五首》之三）但與契丹人認爲每十二歲爲生命的一個週期不同，文人雅士、精英階層更重視六十甲子輪回，以爲度過一甲子之後遭逢的本命年更爲兇險。白居易詩云：“今朝吳与洛，相忆一欣然；梦得君知否，俱過本命年。”注：“余與蘇州劉郎中同壬子歲，今年六十二。”（《白氏长庆集》卷三一《七年元日对酒五首》第五）一甲子之後的本命年，虛歲恰好是六十二。宋人陳師道《代醮青詞》有云：“天運有敘，六十餘而一周；人心所歸，五千言之大典。惟此庚辰之歲，是爲本命之年。數之所窮，理有必反。不勝恐懼，是用祈禳。”（《后山集》卷一七）關於本命年，除了十二與六十之不同，還有化解之道的不同。宋人作道場，祈求上天保佑。“上自人主，下至臣庶用道科儀，奏事於天帝者，皆青藤朱字，名爲青詞。”（宋人程大昌《演繁露》卷九）契丹人則以象徵“再生”的遊戲方式化解不祥。一文一質，正反映了南北兩地遊牧文化和農業文化的區別。

[2]叟擊籭曰：【劉校】“擊”原本作“繫”，據各本及上下文意改。

善哉，阻午可汗之垂訓後嗣也。孺子無不慕其親者。嗜欲深而愛淺，妻子具而孝衰，人人皆然，而況天子乎！再生之儀，歲一周星使天子一行是禮，以起其孝心。夫體之也真，則其思之也切，孺子之慕將有油然發于中心者。感發之妙，非言語文字之所能及。善哉，阻午可汗之垂訓後嗣也。始之以三過岐木，母氏劬勞能無念乎？終之以拜先帝御容，敬承宗廟宜何如哉。《詩》曰："無念爾祖，聿修厥德。"

（李錫厚注　劉鳳翥校）

遼史　卷五四

志第二十三

樂志

遼有國樂，有雅樂，有大樂，有散樂，有鐃歌、橫吹樂。舊史稱聖宗、興宗咸通音律聲氣、歌辭舞節，[1]徵諸太常儀鳳、教坊不可得。[2]按《紀》《志》《遼朝雜禮》，[3]參考史籍，定其可知者，以補一代之闕文。

[1]聖宗、興宗咸通音律：本書卷一〇《聖宗本紀一》記載他"曉音律"。卷一八《興宗本紀一》説他"通音律"。《契丹國志》卷八《興宗文成皇帝》還以他與酷愛音樂、戲劇的後唐莊宗李存勗相提並論，"伶人樂工固優雜也，而帷薄蕩情，循同光故轍而覆之。"

[2]太常儀鳳：指太常寺所轄的太樂署和鼓吹署，因其是負責演奏宮廷音樂的機構，故以之喻爲鳥獸鳴叫之所。宋人程大昌《演繁録》卷一《韶鳳石獸》曰："《黃圖》曰'文王立辟雍而知人之歸附，靈臺靈沼而知鳥獸之得其所'，以爲音聲之道與政通，故合樂以識之。案此類而言，即簫韶、儀鳳非真有鳳來也。"　教坊：官署名。負責宮廷中表演的機構。有衆多樂舞表演者，《唐會要》

卷三載：貞元二十一年（805）三月"出後宮及教坊女妓六百人，聽其親戚迎於九仙門，百姓莫不叫呼大喜"。

[3]《遼朝雜禮》：書名。今已不存，但《遼史》禮、樂、儀衛諸志多取材於是書。

嗚呼，《咸》《韶》《夏》《武》之樂，[1] 聲亡書逸，河間作《記》，[2] 史遷因以爲《書》，寥乎希哉。遼之樂觀此足矣。

[1]《咸》：傳説黃帝作《咸池》樂。　《韶》：傳説舜有《大韶》樂。　《夏》：傳説禹有《大夏》樂。　《武》：周武王有《大武》之樂。

[2]河間作《記》：西漢河間獻王劉德作《樂記》。《漢書·藝文志》有《樂記》二十三篇，"武帝時河間獻王好儒，與毛生等共採《周官》及諸子言樂事者以作《樂記》。獻八佾之舞，與制氏不相遠。其内史丞王定傳之，以授常山王禹。禹，成帝時爲謁者，數言其義，獻二十四卷記。劉向校書得《樂記》二十三篇，與禹不同"。《史記·樂書》有録無書，現存《史記·樂書》則是在《小戴禮》成書當時或稍後的人（一説爲褚少孫）補入的。

國樂

遼有國樂猶先王之風，[1] 其諸國樂猶諸侯之風，[2] 故志其略。

正月朔日朝賀用宮懸雅樂，[3] 元會用大樂，曲破後用散樂，[4] 角觝終之。[5] 是夜皇帝燕飲用國樂。

[1]先王之風：指《詩·國風》中的"周南""召南"，即周

公、召公時期各地的民歌。朱熹《詩經集傳·序》："凡詩之所謂風者，多出於里巷歌謠之作。所謂男女相與詠歌，各言其情者也。惟《周南》《召南》，親被文王之化以成德，而人皆有以得其性情之正。故其發於言者，樂而不過於淫，哀而不及於傷。是以二篇獨爲《風詩》之正經。""武王崩，子成王誦立，周公相之，製作禮樂，乃采文王之世風化所及民族之詩，被之筦弦，以爲房中之樂，而又推之以及於鄉黨邦國。所以著明先王風俗之盛，而使天下後世之修身齊家治國平天下者，皆得以取法焉。蓋其得之國中者，雜以南國之詩，而謂之'周南'。"

[2]諸侯之風：即春秋時期各諸侯國的民歌。朱熹《詩經集傳·序》："自邶而下，則其國之治亂不同，人之賢否亦異，其所感而發者，有邪正是非之不齊。而所謂先王之風者於此焉變矣。"

[3]宮懸：古代鐘磬等樂器懸掛在架上，其形制因用樂者身份地位不同而有別。帝王懸掛四面，象徵宮室四面的牆壁，故名"宮縣"。宮懸之樂多用於祭祀大典。

[4]曲破：唐宋樂舞名。大曲的第三段稱"破"，單演唱此段稱"曲破"。"曲破"亦成爲獨立曲種，《宋史》卷一四二《樂志》記載宋有"曲破二十九"，包括"大石調轉春鶯、小石調舞霓裳"等，表演時當是歌舞配合。遼宮廷中上演的"曲破"當是有歌有舞的樂舞。此外《宋史·樂志》還記載有"琵琶獨彈曲破"十五首。

[5]角觝：類似今日的摔跤，宋人稱之爲"相撲"。

七月十三日，皇帝出行宮三十里卓帳。[1]十四日設宴，應從諸軍隨各部落動樂。十五日中元大宴，[2]用漢樂。

[1]行宮：亦稱行帳，即阿保機轉徙隨時的車帳組成的朝廷，契丹語稱"捺鉢"，遼中葉逐漸形成"四時捺鉢"制度。

[2]中元：即農曆七月十五日，是日遼宮中動樂。據《武林舊事》卷三："七月十五日，道家謂之'中元節'，各有齋醮等會。"

春飛放杏堝，[1]皇帝射獲頭鵝，薦廟燕飲，樂工數十人執小樂器侑酒。

[1]杏堝：早在阿保機時代即在此建城，初名新州，後更名武安州，在今內蒙古自治區敖漢旗東。本書卷三《太宗本紀上》載，德光於天顯三年（928）十二月"次杏堝"，説明早期這裏並不是春季放飛之地。本書卷一五《聖宗本紀六》開泰五年（1016）九月"乙丑，駐蹕杏堝"，此時春捺鉢地點已經定在鴨子河灤，在長春州（今吉林省前郭爾羅斯蒙古族自治縣塔虎城）東北三十五里。

諸國樂
太宗會同三年，晉宣徽使楊端、王眺等及諸國使朝見，皇帝御便殿賜宴。端、眺起進酒，作歌舞，[1]上爲舉觴極歡。

[1]此處晉宣徽使楊端等"作歌舞"不應視爲"諸國樂"。本書卷四《太宗本紀下》會同三年"夏四月庚子，至燕，備法駕，入自拱辰門，御元和殿，行入閣禮"。入閣禮是自唐末以來皇帝見群臣最隆重的禮儀。説明此時德光已經用漢禮儀。

會同三年端午日，百僚泊諸國使稱賀，如式燕飲，命回鶻、燉煌二使作本國舞。[1]

[1]回鶻：古代民族名。即回紇。本突厥別部。北魏時稱袁紇，

亦曰烏擴、烏紇，至隋稱韋紇。隋大業元年（605），因反抗突厥的壓迫，與僕固、同羅、拔野古等成立聯盟，總稱回紇。唐天寶三載（744）破東突厥，建政權於今鄂爾渾河流域，有今蒙古高原之地。唐時助平安史之亂，屢尚公主。唐貞元四年（788）自請改稱回鶻。開成五年（840），爲轄戛斯所破，部衆分三支西遷：一支遷吐魯番盆地，稱高昌回鶻或西州回鶻；一支遷蔥嶺以西楚河一帶，即蔥嶺以西回鶻；一支遷河西走廊，稱河西回鶻。歷五代遼金，回鶻皆嘗入貢。元明時稱畏吾兒。其族在唐時奉摩尼教，宋元以來改奉回教。　燉煌：這裏是指唐、五代間的一個割據政權。唐置河西節度使，治涼州（今甘肅省武威市），統涼、甘、肅、伊、西、瓜、沙七州。唐德宗間，吐蕃陷涼州，大曆中河西軍移治沙州（今甘肅省敦煌市）。貞元中又爲吐蕃所陷。大中間，沙州人張義潮率所屬十州地歸唐，因改置歸義軍，至宋初復陷於西夏。《唐會要》卷三三《讌樂》："武德初未暇改作，每讌享因隋舊制奏九部樂：一讌樂，二清商，三西涼，四扶南，五高麗，六龜兹，七安國，八踈勒，九康國。"西涼樂當與後來的燉煌樂有關。龜兹樂，即是回鶻樂，因爲龜兹乃回鶻別種。《文獻通考·樂考·樂舞》載："晉高祖初詔崔梲等制定樂舞。梲等講求唐制，盡復其器服、工具，改文曰'昭德之舞'，武曰'成功之舞'，始爲大會陳之，並推取教坊諸工以備行列。"後晉的樂舞完全是沿用唐樂舞舊制。晉爲契丹所滅。本書卷四《太宗本紀下》載，大同元年（947）三月"壬寅，晉諸司僚吏、嬪御、宦寺、方技、百工、圖籍、曆象、石經、銅人、明堂刻漏、太常樂譜、諸宮縣、鹵簿、法物及鎧仗，悉送上京"。這説明，晉的太常樂譜以及表演人員已盡爲遼所得。遼的諸國樂自當有西涼、龜兹、康國、高麗等樂舞。

天祚天慶二年駕幸混同江，[1]頭魚酒筵半酣，[2]上命諸酋長次第歌舞爲樂，女直阿骨打端立直視，[3]辭以不能。上謂蕭奉先曰：[4]"阿骨打意氣雄豪，顧視不常，可託以邊事誅之。不然，恐貽後患。"奉先奏："阿骨打無大過，殺之傷向化之意。蕞爾小國，又何能爲。"

[1]天慶：遼天祚帝年號（1111—1120）。　混同江：河流名。即松花江。

[2]頭魚酒筵：即頭魚宴。遼俗，春季在混同江上鑿冰鈎魚，舉行宴會，爲一歲之盛禮，屆時貴族、近臣皆以獲准出席這一盛禮爲莫大榮幸。宋仁宗至和元年（遼重熙二十三年，1054）九月王拱辰使遼，曾出席頭魚宴，見《長編》卷一七七至和元年九月記載。

[3]女直：部族名。本作"女真"，因避遼興宗宗真名諱，改稱女直。遼時居東北地區東部。其在南者入遼籍，稱"熟女真"或"合蘇館女真"；在北者不入遼籍，稱"生女真"。阿骨打拒絕爲天祚帝歌舞，見本書卷二七《天祚本紀一》及卷一○二《蕭奉先傳》。《三朝北盟會編》政宣上帙宋徽宗重和二年（1119）正月十日丁巳記此事，則謂此前生女真既謀反遼。　阿骨打（1068—1123）：即金太祖。金代皇帝。公元1115年至1123年在位。漢名旻。女真族完顏部人。遼天祚帝天慶三年（1113）爲女真各部的都勃極烈（都部長）。連敗遼兵於寧江州（今吉林省松原市寧江區佰都鄉佰都村古城）、出河店（今黑龍江省肇源縣）。天慶五年，建金國，稱帝，年號收國。取遼黃龍府（今吉林省農安縣），擊潰遼天祚帝親征軍。次年擊滅渤海人高永昌軍，招降保（今朝鮮新義州北）、開（今遼寧省鳳城市）等州的系遼籍女真人。天輔三年（1119）命完顏希尹創制女真文字。四年，取遼上京（今內蒙古自治區巴林左旗林東鎮）。六年，取遼中京（今內蒙古自治區寧城縣西北大明城）、南京（今北京市）。次年，西逐天祚帝，病死途中。廟號太祖，謚武元皇帝，墓號睿陵。

[4]蕭奉先（？—1122）：天祚元妃之兄。因元妃故，奉先得

以累次陞遷，最後官至樞密使，封蘭陵郡王。天慶四年（1114），阿骨打起兵進犯寧江州，天祚命奉先弟嗣先爲都統，率領番、漢兵前去征討，於出河店敗績逃走。奉先擔心其弟嗣先被誅，奏請天祚肆赦。從此以後士無鬭志，遇敵即潰。當初，蕭奉先曾誣告耶律余覩勾結駙馬蕭昱陰謀立其外甥晉王爲帝，導致蕭昱被殺，余覩投奔女直。本書卷一〇二有傳。

雅樂

自漢以後相承，雅樂有古《頌》焉，[1]有古《大雅》焉。遼闕郊廟禮無頌樂，大同元年，太宗自汴將還，得晉太常樂譜、諸宮懸，樂架，[2]委所司先赴中京。

[1]雅樂：源自先秦《詩》百篇的曲調，自漢至曹魏以至北魏太和間的傳承過程，明人方以智有詳細考證。他在《通雅》卷二九《樂曲》一節中説："《詩》三百篇皆樂也。正調即雅樂也，樂不過高下、疾徐、中節而已。五經無樂，獨以樂記當之乎！《記》曰'誦詩三百，歌詩三百，弦詩三百，舞詩三百。'""古樂之存者，至魏猶有《鹿鳴》《騶虞》《伐檀》《文王》四曲，皆古聲辭。魏武平荆州，獲雅樂郎杜夔，故始設軒縣。及太和中左延年改夔《騶虞》《伐檀》《文王》三曲，更自作聲節，惟《鹿鳴》不改。每正旦大會，太尉奉璧君後行禮，東廂雅樂常作者是也。"

[2]得晉太常樂譜：【劉校】中華修訂本校勘記云，"譜"字原闕，本書卷四《太宗本紀下》大同元年（947）三月壬寅，以晉"太常樂譜、諸宮縣、鹵簿、法物及鎧仗，悉送上京"，據補。今從。

聖宗太平元年尊號册禮：設宮懸於殿庭，舉麾位在殿第三重西階之上，協律郎各入就舉麾位，[1]太常博士引太常卿、太常卿引皇帝。[2]將仗動，協律郎舉麾、太樂令令撞黃鍾之鍾，[3]左右鍾皆應。工人舉柷樂作，[4]皇帝即御坐，扇合、樂止；王公入門樂作，至位樂止。通事舍人引押冊大臣初動樂作，[5]置冊殿前香案訖，就位樂止；舁冊官奉冊初動樂作，升殿，置冊御坐前，就西墉北上位樂止；大臣上殿樂作，至殿欄內位樂止；大臣降殿階樂作，復位樂止；王公三品以上出，樂作，太常博士引太常卿、太常卿引皇帝降御坐入閤樂止。

[1]協律郎：官名。負責宮廷音樂創作及演奏。漢稱協律都尉。據《通典·職官典七》：“晉改爲協律校尉，後魏有協律郎，又有協律中郎。北齊及隋協律郎皆二人，大唐因之。掌舉麾節樂、調和律呂、監試樂人典課。”

[2]太常博士、太常卿：官名。唐制，太常寺設卿一人，掌禮儀、祭祀，總判寺事；少卿二人，通判領丞一人，主簿二人，博士四人，太祝三人，奉禮郎、協律郎各二人。詳《通典·職官典·諸卿》。

[3]太樂令：官名。太樂署長官。其職掌調樂器的音律及音樂人才的培養。《新唐書》卷四八《百官志三》載：“大樂署，令二人，從七品下……掌調鐘律，以供祭饗。凡習樂，立師以教，而歲考其師之課業，爲三等，以上禮部，十年大校，未成，則五年而校，以番上下。有故及不任供奉，則輸資錢以充伎衣、樂器之用。”

[4]柷（zhù）：古樂器名。屬打擊樂。《爾雅·釋樂》：“所以鼓柷，謂之止。”鄭注云：“柷，狀如漆桶，中有椎合之者，投椎於其中而撞之。”清人應撝謙《古樂書》卷下：“以柷起樂而謂之止者，所以止樂聲發之過驟也。”所以“工人舉柷”，示意開始演奏。

[5]通事舍人：官名。唐於中書省置通事舍人十六人，從六品上，掌朝見引納，殿庭通奏。四夷入貢，也經由通事舍人轉呈皇帝。後，任此職者多通"四夷"語言。遼襲唐制。 册：即玉册，亦作"玉策"。古代册書的一種，帝王祭祀告天或上尊號用之。用玉簡製成。

興宗重熙九年，上契丹册，皇帝出，奏《隆安》之樂。[1]

[1]《隆安》之樂：見後。

聖宗統和元年册承天皇太后，[1]設宮懸簨虡，[2]太樂工、協律郎入。太后儀衛動，舉麾《太和》樂作，[3]太樂令、太常卿導引昇御坐，簾捲樂止。文武三品以上入，《舒和》樂作，至位樂止。皇帝入門，《雍和》樂作，至殿前位樂止。宰相押册、皇帝隨册樂作，至殿前置册於案樂止。翰林學士、大將軍昇册樂作，[4]置御坐前樂止。丞相上殿樂作，[5]至讀册位樂止。皇帝下殿樂作，至位樂止。太后宣答訖樂作，皇帝至西閣樂止。親王、丞相上殿樂作，退班出樂止。下簾樂作，皇太后入內樂止。

[1]承天皇太后（？—1009）：諱綽，小字燕燕，北府宰相蕭思温女。景宗即位，選爲貴妃。尋册爲皇后，生聖宗。景宗崩，尊爲皇太后，攝國政。聖宗統和元年（983），上尊號曰承天皇太后。本書卷七一有傳。
[2]簨（sǔn）虡（jù）：懸鐘鼓的木架。明人馮復京《六家詩

名物疏》卷四七:"《釋名》云:懸鐘鼓者,横曰簨。簨,峻也,在上高峻也。縱曰虡。虡,舉也,在旁舉簨也。"

[3]《太和》樂:樂章名。屬十二和樂之一。以下《舒和》樂、《雍和》樂亦同。十二和樂是唐代的雅樂,據宋人李上交《近事會元》卷四《大唐雅樂》:"唐太宗貞觀二年太常少卿祖孝孫斟酌南北樂,考以古音,作爲大唐雅樂,以十二律各順其月旋相爲宫,制十二和之樂,合三十一曲、八十四調。""唐文宗開成三年四改法曲爲仙韶曲"。

[4]翰林學士:官名。唐代始設翰林學士,以專知制誥。此外,遼代尚有宣政殿、觀書殿諸學士,其職掌不見於《遼史》,當亦如宋之雜學士以爲加銜,並不司文翰之事。契丹語稱學士爲"林牙"。

[5]丞相:即大丞相韓德讓(941—1011)。韓匡嗣第四子。統和初年承天稱制,韓德讓以南院樞密使的身份"總宿衛事"。統和十七年(999),北院樞密使、魏王耶律斜軫病故,承天太后以韓德讓兼知北院樞密使事,至此,遼朝的蕃漢軍政大權就集於一身了。統和二十二年,承天太后又賜韓德讓姓耶律,徙封晉王,並且仍舊爲大丞相,事無不統。次年十一月,她又詔德讓"出宫籍,屬於横帳"。二十八年更名耶律隆運。

册皇太子儀:太子初入門,《貞安》之樂作。[1]

[1]《貞安》之樂:十二安樂中的一個樂章。

册禮樂工次第:四隅各置建鼓一虡,[1]樂工各一人。宫懸每面九虡,每虡樂工一人,樂虡近北置柷、敔各一,[2]樂工各一人。樂虡内坐部樂工,[3]左右各一百二人。樂虡西南武舞六十四人,執小旗二人。樂虡東南文舞六十四人，執小旗二人。協律郎二人，太樂令一人。

[1]建鼓：鼓名。《漢書》卷七七《何並傳》：“林卿既去，北渡涇橋，令騎奴還至寺門，拔刀剝其建鼓。”顏師古注：“建鼓，一名植鼓。建，立也，謂植木而旁懸鼓也。”

[2]敔：樂器名。狀如伏虎，背上刻之，其作用與“柷”略同，鼓之以掌握音樂節奏。

[3]坐部樂：即坐部伎。明人彭大雅《山堂肆考》卷一六二《萬歲樂》云：武后喜鸚鵡和吉了能言，以高平調奏之。“明皇分爲二部：堂上立奏，謂之立部伎，其曲最多；堂上坐奏，謂之坐部伎，則僅六曲耳，而此曲居其四焉”。

唐《十二和樂》，遼初用之：《豫和》祀天神，《順和》祭地祇，《永和》享宗廟，《肅和》登歌、奠玉帛，《雍和》入俎接神，《壽和》酌獻飲神，《太和》節升降，[1]《舒和》節出入，《昭和》舉酒，《休和》以飯，《正和》皇后受册以行，《承和》太子以行。

[1]《太和》節升降：【劉校】原本、明抄本和南監本皆作“大和節升降”，中華點校本及修訂本據北監本和殿本徑改。今從改。

遼《十二安》樂：[1]初，梁改唐《十二和》樂爲《九慶》樂，[2]後唐建唐宗廟，仍用《十二和》樂，晉改爲《十二同》樂。[3]《遼雜禮》“天子出入奏《隆安》，太子行奏《貞安》”，則是遼嘗改樂名矣。餘十《安》樂名缺。

　　[1]《十二安》樂：本宋樂。《九朝編年備要》卷一載，建隆元年（960）夏四月"改周樂文舞《崇德之舞》爲《文德之舞》；武舞《象咸之舞》爲《武功之舞》；《十二順》爲《十二安》。樂章皆竇儀所定也"。

　　[2]梁：指後梁。公元907年朱温代唐稱帝，建都汴（今河南省開封市），國號梁，史稱後樑。有今河南、山東兩省和陝西、山西、河北、寧夏、湖北、安徽、江蘇等省區各一部分。923年被後唐所滅。共歷三帝十七年。

　　[3]晉：此指石敬瑭創立的後晉（936—946），五代第三個王朝。初，石敬瑭獲得契丹耶律德光支持，並向德光割地、稱臣、稱兒。少帝石重貴繼位後，與契丹交惡，爲契丹所滅。

　　遼雅樂歌辭文闕不具，八音器數大抵因唐之舊。

　　八音：

　　金鎛、鍾。

　　石球、磬。

　　絲琴、瑟。

　　竹簫、簫、篪。

　　匏笙、竽。

　　土壎。

　　革鼓、鼗。

　　木柷、敔。

　　十二律用周黍尺九寸管，[1]空徑三分爲本。道宗大康中詔行秬黍所定升斗，[2]嘗定律矣，其法大抵用古律焉。

　　[1]十二律：古樂的十二調。《呂氏春秋·古樂》："次制十二

筒，以之阮隃之下，聽鳳皇之鳴，以別十二律。其雄鳴爲六，雌鳴亦六，以比黃鐘之宮，適合。”

[2]大康：遼道宗年號（1075—1084）。

大樂

自漢以來因秦、楚之聲置樂府。[1]至隋高祖詔求知音者，鄭譯得西域蘇祗婆七旦之聲，[2]求合七音八十四調之説，[3]由是雅俗之樂，皆此聲矣。用之朝廷別於雅樂者，謂之大樂。[4]

[1]樂府：官署名。秦漢奉常屬官有太樂令，漢武帝時定郊祀禮，始立樂府，掌管宮廷、巡行、祭祀所用的音樂，兼採民歌配以樂曲，以李延年爲協律都尉掌樂府。隋唐時期的太樂署有太樂令、丞，掌習音樂及樂人簿籍。《通典·樂典六》：“自漢以來北狄樂總歸鼓吹署，後魏樂府始有北歌。”

[2]蘇祗婆：龜兹人。善彈琵琶，將七音——即比五音多出兩個“半音程”的音（鍵盤上的 F 和 B）傳入中國。《隋書》卷一四《音樂志中》：“周武帝時，有龜兹人曰蘇祗婆，從突厥皇后入國，善胡琵琶。聽其所奏，一均之中間有七聲，因而問之，答云：‘父在西域稱爲知音，代相傳習，調有七種。’以其七調，勘校七聲，冥若合符。一曰‘娑陁力’，華言平聲，即宮聲也；二曰‘雞識’，華言長聲，即商聲也；三曰‘沙識’，華言質直聲，即角聲也；四曰‘沙侯加濫’，華言應聲，即變徵聲也；五曰‘沙臘’，華言應和聲，即徵聲也；六曰‘般贍’，華言五聲，即羽聲也；七曰俟利箑，華言斛牛聲，即變宮聲也。（鄭）譯因習而彈之，始得七聲之正。”明人方以智《通雅》卷二九《樂曲》：“六代多吳音，北樂襲外國。乃隋平得樂，存者什四，世以爲中外正聲，蓋俗樂也。至是沛國公鄭譯復因龜兹人白蘇祗婆善琵琶，而翻七調，遂以制樂。故

今樂家猶有大石、小石、大食般涉等調。大石等國本在西域，而般涉即是般瞻，華言羽聲，隋人且以是爲太蔟羽矣。教坊色長張俣曾製《大樂玄機論》，七音、六十律、八十四調不脱白蘇之舊。"

[3]七音八十四調：宋人沈括《夢溪筆談》卷六《樂律》："古法一律有七音，十二律共八十四調。更細分之，尚不止八十四，逸調至多。"

[4]大樂：漢稱大予樂，爲殿中御飯食——即皇帝進餐時演奏的音樂。明人方以智《通雅》卷二九《樂曲》："大樂十三曲，魏時省《遠期》《承元氣》《海淡淡》三曲，皆大予樂官掌之。"

晉高祖使馮道、劉昫册應天太后、太宗皇帝，[1]其聲器、工官與法駕同歸於遼。

[1]馮道（882—954）：字可道，瀛州景城（今河北省滄州市）人，歷仕後唐、後晉、後漢、遼和後周，居相位。晚年自稱"長樂老"，頗以能在時勢多變的情況下自保榮華富貴而得意。但亦能提醒統治者不忘民間疾苦。此外，他還是首先宣導雕印"九經"者。

劉昫（888—947）：涿州（今屬河北省）人。後唐明宗時拜相。後晉天福初，爲東都留守，判河南府事。曾奉使契丹。後晉出帝開運初復拜相。契丹德光陷汴京，仍舊以昫爲宰相。同年以病卒。《通鑑》卷二八一後晉高祖天福三年（937）載："帝上尊號於契丹主及太后，[八月]戊寅，以馮道爲太后册禮使（《考異》曰：《周世宗實録·馮道傳》云：'虜遣使加徽號於晉祖，晉亦獻徽號於虜。始命兵部尚書王權銜其命，權辭以老病。晉祖謂道曰："此行非卿不可。"道無難色。'按晉高祖實録：'天福三年八月戊寅，道爲契丹太后册禮使。十月戊寅，北朝命使上帝徽號。戊子，王權以不受北狄使，停任。'《周世宗實録》誤也）。左僕射劉昫爲契丹主册禮使，備鹵簿、儀仗、車輅，詣契丹行禮，契丹主大悦。"【劉校】

劉昫，原作“劉煦”，據《新五代史》卷五五《劉昫傳》改。

聖宗統和元年册承天皇太后，[1]童子弟子隊樂引太后輦至金鑾門。[2]

[1]統和元年：【劉校】原誤作“太平元年”，中華點校本校勘記云，“據上文及《紀》統和元年六月、卷七一《后妃傳》改”。今從改。

[2]童子弟子隊：本書卷五二《禮志四·册皇太后儀》作“童子、女童隊樂引至金鑾門”。

天祚皇帝天慶元年上壽儀：皇帝出東閤，鳴鞭樂作，簾卷，扇開樂止。太尉執臺，分班，太樂令舉麾樂作，皇帝飲酒訖樂止。應坐臣僚東西外殿，太樂令引堂上，樂升。大臣執臺，太樂令奏“舉觴”，登歌，[1]樂作，[2]飲訖樂止。行臣僚酒遍，太樂令奏“巡周”，舉麾樂作，飲訖樂止。太常卿進御食，太樂令奏“食遍”，[3]樂作，《文舞》入，三變，[4]引出樂止。次進酒，行臣僚酒，舉觴、巡周樂作，飲訖樂止。次進食，食遍，樂作《武舞》入，三變，引出樂止。扇合、簾下，鳴鞭樂作，皇帝入西閤，樂止。

[1]登歌：突出歌聲，歌聲蓋過伴奏的歌唱。明人楊慎《丹鉛總錄》卷八引晉代孟嘉《論樂》云：絲不如竹，竹不如肉。或問其故，曰：“漸近自然，此語殊有鑒別。古者登歌，下管與清聲在上，貴人聲也，謂之登歌。匏竹在下，謂之下管，即是此意。古人清曠高爽，故其語意暗與古合。”顧炎武《日知錄》卷五《樂章》：

"是以登歌在上，而堂上堂下之器應之，是之謂以樂從詩。"

[2]樂作：【劉校】中華修訂本校勘記云，"樂"字原闕，據明抄本、南監本、北監本、殿本補。中華點校本徑改。今從改。

[3]太樂令：【劉校】據中華點校本校勘記，"樂"原誤"官"。今從改。

[4]三變：舞蹈的三個單元，三個樂章。《通典‧樂典‧坐部伎》："貞觀七年制《破陣樂舞圖》……令起居郎呂才依圖教樂工百二十人被甲執戟而習之，凡爲三變：每變爲四陣，有往來、疾徐、擊刺之象，以應歌節。數日而就。"

　　大樂器：本唐太宗《七德》《九功》之樂。[1]武后毀唐宗廟，《七德》《九功》樂舞遂亡，自後宗廟用隋《文》《武》二舞。朝廷用高宗《景雲》樂代之，[2]元會，第一奏《景雲》樂舞。杜佑《通典》已稱諸樂並亡，唯《景雲》樂舞僅存。唐末、五代版蕩之餘，在者希矣。遼國大樂，晉代所傳。《雜禮》雖見坐部樂工左右各一百二人，蓋亦以《景雲》遺工充坐部。其坐、立部樂自唐已亡，可考者唯《景雲》四部樂舞而已。

　　玉磬。

　　方響。

　　搊箏。

　　筑。

　　卧箜篌。

　　大箜篌。

　　小箜篌。

　　大琵琶。

小琵琶。

大五絃。

小五絃。

吹葉。

大笙。

小笙。

觱篥。

簫。

銅鈸。

長笛。

尺八笛。

短笛。

　　以上皆一人。[3]

毛員鼓。

連鼗鼓。

貝。[4]

　　以上皆二人，餘每器工一人。

歌二人。

舞二十人，分四部：

　　《景雲》舞八人，[5]

　　《慶雲》樂舞四人，[6]

　　《破陣》樂舞四人，

　　《承天》樂舞四人。

[1]《七德》《九功》：唐太宗時所作兩部樂舞名，前者頌揚太宗的武功，後者頌揚其文治。宋人陳暘《樂書》卷一六八："唐舞

先《七德》，後《九功》，其意以謂武以威衆而平難，文以附衆而守成。平難在所先，守成在所後。"《新唐書》卷二一《禮樂志十一》："《七德舞》者，本名《秦王破陣樂》。太宗爲秦王，破劉武周，軍中相與作《秦王破陣樂》曲。及即位，宴會必奏之，謂侍臣曰：'雖發揚蹈厲，異乎文容，然功業由之，被於樂章，示不忘本也。'右僕射封德彝曰：'陛下以聖武戡難，陳樂象德，文容豈足道哉！'帝矍然曰：'朕雖以武功興，終以文德綏海内，謂文容不如蹈厲，斯過矣。'乃製舞圖，左圓右方，先偏後伍，交錯屈伸，以象魚麗、鵝鸛。命呂才以圖教樂工百二十八人，被銀甲執戟而舞，凡三變，每變爲四陣，象擊刺往來，歌者和曰：'秦王破陣樂'。後令魏徵與員外散騎常侍褚亮、員外散騎常侍虞世南、太子右庶子李百藥更製歌辭，名曰《七德舞》。舞初成，觀者皆扼腕踴躍，諸將上壽，群臣稱萬歲，蠻夷在庭者請相率以舞。""《九功舞》者，本名《功成慶善樂》。太宗生於慶善宮，貞觀六年幸之，宴從臣，賞賜閭里，同漢沛、宛。帝歡甚，賦詩，起居郎呂才被之管絃，名曰《功成慶善樂》。以童兒六十四人，冠進德冠，紫袴褶，長袖，漆髻，屣履而舞，號《九功舞》。進蹈安徐，以象文德。"

　　[2]《景雲》：唐高宗時的樂舞名。據《新唐書》卷二一《禮樂志十一》，張文收採用古代關於太平盛世出現"河清"之說，"爲《景雲河清歌》，亦名燕樂。有玉磬、方響、搊箏、筑、卧箜篌、大小箜篌、大小琵琶、大小五絃、吹葉、大小笙、大小觱篥、簫、銅鈸、長笛、尺八、短笛，皆一；毛員鼓、連鼗鼓、桴鼓、貝，皆二。每器工一人，歌二人。工人絳袍，金帶，烏鞾。舞者二十人。分四部：一《景雲舞》，二《慶善舞》，三《破陣舞》，四《承天舞》。《景雲樂》，舞八人，五色雲冠，錦袍，五色袴，金銅帶"。

　　[3]以上皆一人：【劉校】中華修訂本校勘記云，"人"字原闕，據明抄本、南監本、北監本、殿本補。中華點校本徑改。今從改。

[4]觱（bì）篥（lì）：亦作篳篥。一種古代簧管樂器。 貝：【劉校】原誤作“具”，中華點校本據《新唐書·禮樂志》改。今從改。

[5]《景雲》舞：【劉校】中華點校本校勘記云，據上文及以下三例，應作“《景雲》樂舞”。

[6]《慶雲》樂舞：：【劉校】中華點校本校勘記云：“慶雲樂舞《新唐書》二一《禮樂志》十一、《舊唐書》二九《音樂志》二並作《慶善》樂舞，以唐太宗生於慶善宮。”按，《慶雲》非《慶善》。後者即《九功》，參注[1]。《慶雲》爲樂曲名，據《新唐書·禮樂志》，《慶雲》之曲，是高宗所作《上元舞》演奏的曲目之一，“大祠享皆用之”。《宋史》卷一四二《樂志十七》：“凡游行酒，惟慶節上壽及將相入辭賜酒，則止奏樂。所奏凡十八調四十六曲。”《慶雲曲》屬“歇指調”。

大樂調：雅樂有七音，大樂亦有七聲，謂之七旦：一曰娑陁力，[1]平聲；二曰雞識，長聲；三曰沙識，質直聲；四曰沙侯加濫，應聲；五曰沙臘，應和聲；[2]六曰般贍，五聲；七曰俟利箑，斛牛聲。[3]自隋以來，樂府取其聲，四旦二十八調爲大樂。

娑陁力旦：

正宮，

高宮，

中呂宮，

道調宮，

南呂宮，

仙呂宮，

黃鍾宮。

雞識旦：

　　越調，

　　大食調，

　　高大食調，

　　雙調，

　　小食調，

　　歇指調，

　　林鍾商調。

沙識旦：

　　大食角，

　　高大食角，

　　雙角，

　　小食角，

　　歇指角，

　　林鍾角，

　　越角。

般涉旦：[4]

　　中呂調，

　　正平調，

　　高平調，

　　仙呂調，

　　黃鍾調，

　　般涉調，

　　高般涉調。

右四旦二十八調不用黍律，以琵琶絃叶之。皆從濁至清，迭更其聲，下益濁，上益清。七七四十九調，餘二十一調失其傳。蓋出《九部》樂之《龜茲部》云。

大樂聲：各調之中，度曲協音，其聲凡十，曰：五、凡、工、尺、上、一、四、六、勾、合，近十二雅律，於律呂各闕其一，猶雅音之不及商也。

[1]娑阤力：【劉校】中華點校本校勘記云，"娑"原作"婆"。據《隋書》卷一四《音樂志中》改。下文"娑阤力旦"同。今從改。

[2]"沙侯加濫"至"應和聲"：【劉校】中華點校本校勘記云，"沙侯加濫"下原脫"應"字，"應和聲"原誤作"皆應聲"。按《隋書》卷一四《音樂志中》："沙侯加濫，華言應聲。沙臘，華言應和聲。"今從改。

[3]俟利箑（shà），斛牛聲：箑，扇子。【劉校】中華點校本校勘記云，"箑"原本作"箑"，"牛"原本作"先"，並據《隋書》卷一四《音樂志中》改。今從改。

[4]般涉旦：【劉校】中華點校本校勘記云，"般涉"原作"沙侯加濫"。邱瓊蓀《歷代樂志校釋》云："般涉爲羽聲，沙侯加濫爲變徵聲，有《隋志》可證。此七調，《新唐志》、《樂府雜録》、《宋志》皆謂之七羽，則當作般涉旦無疑。""般涉"，《隋志》作"般瞻"，唐人作"般涉"。按，調名內有"般涉""高般涉"之目，因從之。今從改。

散樂

殷人作靡靡之樂，其聲往而不反，流爲鄭衛之聲。[1]秦漢之間，秦楚聲作，[2]鄭衛寖亡。漢武帝以李延年典樂府，[3]稍用西涼之聲。[4]今之散樂、俳優、歌舞、雜進，[5]往往漢樂府之遺聲。晉天福三年，[6]遣劉昫以伶官來歸，遼有散樂，蓋由此矣。

[1]鄭衛之聲：亦作鄭衛之音。春秋時期鄭國及衛國的民間俗樂不同於雅樂，故被貶斥爲淫靡之音。

[2]秦楚聲：春秋戰國時期秦地和楚地的民間音樂。秦滅六國，楚尤悲憤，故其歌調特爲激昂。

[3]李延年：西漢中山（今河北省定州市）人。生於音樂世家。武帝時，其妹有寵，號李夫人，善歌，延年因此機緣得以展現才華。時武帝耽於祠祀，司馬相如等爲詩頌，延年依詩爲製新聲曲。曾貴爲協律郎，佩二千石印。

[4]西涼之聲：即指南北朝時期涼州地區的音樂。當時北方戰亂，河西涼州仍保留漢魏文化、音樂，但因其地處中西交通要衝，故西涼樂多吸收胡樂，後輾轉流傳，卻被隋唐統治者視爲華夏正聲。"自周隋以來管絃雜曲將數百曲多用西涼樂，鼓舞曲多用龜兹樂，其曲度皆時俗所知也。唯彈琴家猶傳楚漢舊聲"（《通典·樂六·清樂》）。

[5]散樂：本民間音樂。《隋書》卷一五《音樂志下》，北周時"鄭譯有寵於宣帝，奏徵齊散樂人並會京師爲之，蓋秦角抵之流者也。開皇初並放遣之。及大業二年突厥染干來朝，煬帝欲誇之，總追四方散樂，大集東都"。據《文獻通考·樂考·俗部樂》，唐代"凡祭祀、大朝會則用太常雅樂；歲時宴享則用教坊諸部樂。前代有宴樂、清樂、散樂，隸太常，後稍歸教坊"。　俳優：古代指以樂舞諧戲爲業的藝人。

[6]天福：後晉高祖年號（936—942）。

遼册皇后儀：呈百戲、角抵戲、馬［較勝］以爲樂。[1]

皇帝生辰樂次：

酒一行　觱篥起，[2]歌。

酒二行　歌，手伎入。[3]

酒三行　琵琶獨彈。

　　　　餅、茶、致語。

　　　　食入，雜劇進。

酒四行　闋。

酒五行　笙獨吹，鼓笛進。

酒六行　箏獨彈，築毬。[4]

酒七行　歌，曲破，角觝。

[1]角抵戲、馬[較勝]：按，此處原無"較勝"二字，今據本書卷五二《禮志四·皇帝納后之儀》補。

[2]觱（bì）篥（lì）：吹奏樂器名。源自回鶻。《太平御覽》卷五六八《樂部》載，武后時"有一士人陷冤獄，仍籍没家族，其妻配入掖庭。本初善吹觱篥，因撰此曲，寄其哀情，始名'大郎神'，蓋取其良人行第也。畏人知，遂三易其名：'悲切子''離別難'，終名'怨回鶻'。"

[3]手伎：又稱"雜手伎"，一種模仿猴子等動物動作的徒手表演。宋人洪邁《翰苑群書》卷一二《翰苑遺事》："唐故事，學士禮上例弄獼猴戲，不知何意。國初久廢不講，至是乃使勅設日舉行，而易以教坊雜手伎，後遂以爲例。"

[4]築毬：中國古代足球。亦作"蹴踘"。宋人江少虞《事實類苑》卷五四《蹴踘》："蹴踘，以皮爲之，中實以物，蹴踘蹋爲戲樂也。亦謂爲毬焉。今所作牛彘胞納氣而張之，則善跳躍，然或俚俗數少年簇圍而跳之，終無墮地，以失蹴爲恥，以不墮爲樂。"宋人曾慥《類說》卷四九《煉腿》："僖宗在藩邸，好築毬，有煉腿之

語。”卷五四《毬塲》：“武崇訓用油灑地以築毬塲。”

曲宴宋國使樂次：

酒一行　觱篥起，歌。

酒二行　歌。

酒三行　歌，手伎入。

酒四行　琵琶獨彈。

　　　　餅、茶、致語。

　　　　食入，雜劇進。

酒五行　闋。

酒六行　笙獨吹，合《法曲》。[1]

酒七行　箏獨彈。

酒八行　歌，擊架樂。

酒九行　歌，角觝。

[1]《法曲》：唐代宮廷音樂。宋人李上交《近事會元》卷四《雅歌雜胡夷音法曲》唐玄宗時太常舊相傳有宮、商、角、徵、羽讌樂五調，歌各一奏，太常卿韋紹“令元成更相整比爲七卷。又自開元已來歌者雜用胡夷、里巷之曲，其元成所集者工人多不能曉，相傳謂之法曲也”。

散樂以三音該三才之義，四聲調四時之氣，應十二管之數。截竹爲四竅之笛，以叶音聲而被之絃歌。三音：天音揚，地音抑，人音中，皆有聲無文。四時：春聲曰平，夏聲曰上，秋聲曰去，冬聲曰入。

散樂器：觱篥、簫、笛、笙、琵琶、五絃箜篌、[1]

箏、方響、杖鼓、第二鼓、第三鼓、腰鼓、大鼓、
鞚、[2]拍板。

[1]五絃箜篌：絃樂器名。原是西域康國樂器。《魏書》卷
一〇二《康國傳》載"其國有大小鼓、琵琶、五絃箜篌"。宋人陳
暘《樂書》卷一五八《乞寒》："乞寒本西國外蕃康國之樂也，其
樂器有大鼓、小鼓、琵琶、五絃箜篌、笛。"
[2]鞚（kòng）：【劉注】古代樂器名。鼓的一種。《新唐書·
禮樂志》："土則附革而爲鞚，木有拍板、方響，以體金應石而備
八音。"

雜戲：自齊景公用倡優侏儒，至漢武帝設魚龍蔓延
之戲，[1]後漢有繩舞、自刳之伎，杜佑以爲多幻術，皆
出西域。哇俚不經，故不具述。

[1]魚龍蔓延：【靳注】亦作"魚龍曼衍"。古代由藝人執持製
作的珍異動物表演，有幻化的情節。魚龍、蔓延皆爲獸名。

鼓吹樂
鼓吹樂，[1]一曰短簫鐃歌樂，[2]自漢有之，謂之軍
樂。《遼雜禮》，朝會設熊羆十二案，法駕有前後部鼓
吹，百官鹵簿皆有鼓吹樂。[3]
前部：
鼓吹令二人，
掆鼓十二，

　　　金鉦十二，

　　　大鼓百二十，

　　　長鳴百二十，

　　　鐃十二，

　　　鼓十二，

　　　歌二十四，

　　　管二十四，

　　　簫二十四，

　　　笳二十四。

　　後部：

　　　大角百二十，

　　　鼓吹丞二人，

　　　羽葆十二，[4]

　　　鼓十二，

　　　管二十四，

　　　簫二十四，

　　　鐃十二，

　　　鼓十二，

　　　簫二十四，

　　　笳二十四。

　　右前後鼓吹，行則導駕奏之，朝會則列仗，設而不奏。

　　[1]鼓吹樂：漢代的軍樂。後演變爲朝廷和地方官用樂。宋人程大昌《演繁露》卷七《馬後樂》："今郡守馬後樂即古鼓吹也。《古今樂録》曰：後漢以給邊將萬人將軍得之。劉熙《釋名》曰：

横吹、麾幢,皆大將所有。"卷六《鼓吹》又曰:"後魏永熙中,諸州鎮各給鼓吹,人多少各以大小等級爲差。"《通典·職官典》:"大唐鼓吹署,令、丞各一人,所掌頗與太樂同。"

[2]短簫鐃歌樂:《古今注》卷下稱其爲軍樂,又曰:"短簫鐃歌鼓吹之一章耳,亦以賜有功諸侯也。"

[3]鹵簿:漢代蔡邕《獨斷》卷下謂:"天子出,車駕次第謂之鹵簿。有大駕,有小駕,有法駕。大駕則公卿奉引,大將軍參乘,太僕御屬車八十一乘,備千乘萬騎。在長安時出祠天於甘泉備之,百官有其儀注,名曰'甘泉鹵簿'。中興以來,希用之。先帝時,時備大駕。上原陵也,不常用,唯遭大喪乃施之。法駕,公卿不在鹵簿。"

[4]羽葆:即羽葆鼓吹。陳暘《樂書》卷一三八:"唐羽葆之制縣於架上,其架飾以五彩流蘇,植羽也。蓋鐃鼓、羽葆鼓皆飾以丹青,形制頗類掆鼓。今大常鼓吹後部用之。《律樂圖》云:羽葆一部,五色十八曲。"用於獎賞功臣。

横吹樂

横吹亦軍樂,與鼓吹分部而同用,皆屬鼓吹令。

前部:

　　大橫吹百二十,

　　節鼓二,

　　笛二十四,

　　觱篥二十四,

　　笳二十四,

　　桃皮觱篥二十四,

　　掆鼓十二,

　　金鉦十二,

　　小鼓百二十，

　　中鳴百二十，[1]

　　羽葆十二，

　　鼓十二，

　　管二十四，

　　簫二十四，

　　笳二十四。

後部：

　　小橫吹百二十四，

　　笛二十四，

　　簫二十四，

　　觱篥二十四，

　　桃皮觱篥二十四。

　　百官鼓吹、橫吹樂，自四品以上，各有增損，見《儀衛志》。自周衰，先王之樂寖以亡缺，《周南》變爲《秦風》。始皇有天下，鄭、衛、秦、燕、趙、楚之聲迭進，而雅聲亡矣。漢、唐之盛，文事多西音，是爲大樂、散樂；武事皆北音，是爲鼓吹、橫吹樂。雅樂在者，其器雅，其音亦西云。

　　[1]中鳴：吹奏樂器名。原有長鳴，據陳暘《樂書》卷一三〇：“魏武帝北征烏桓，越沙漠，軍士聞之，靡不動鄉關之思。於是武帝半減之爲中鳴，其聲尤更悲切。”

（李錫厚注　劉鳳蕭校）

遼史　卷五五

志第二十四

儀衛志一

　　遼太祖奮自朔方，太宗繼志述事以成其業。於是舉渤海，[1]立敬瑭，[2]破重貴，[3]盡致周、秦、兩漢、隋、唐文物之遺餘而居有之。路車法物以隆等威，[4]金符玉璽以布號令。是以傳至九主二百餘年，豈獨以兵革之利，士馬之強哉。文謂之儀，武謂之衛，足以成一代之規模矣。[5]考遼所有輿服、符璽、儀仗，作《儀衛志》。

　　[1]渤海：靺鞨粟末部在今中國東北地區建立的政權。唐武后聖曆元年（698），靺鞨粟末部首領大祚榮建立振國（亦稱震國）。唐玄宗先天二年（713，當年十二月改元“開元”）遣使封大祚榮爲左驍衛大將軍、渤海郡王，又設置忽汗州，加授大祚榮爲忽汗州大都督，並改稱渤海。寶應元年（762）晉爲國。天顯元年（926）爲遼所滅，改稱東丹。【劉注】渤海國最初的國號爲“靺鞨”，不爲“震國”或“振國”。《新唐書》卷二一九《渤海傳》：“睿宗先天中（應爲‘玄宗先天二年’），遣使拜祚榮爲左驍衛大將軍、渤

海郡王。以所統爲忽汗州，領忽汗州都督，自是始去靺鞨號，專稱渤海。"這裏不稱"始去震國之號，專稱渤海"，而稱"始去靺鞨之號，專稱渤海"。可見，稱"大祚榮建立震國"是混淆了封號與國號的區別。《新唐書》卷二一九《渤海傳》稱"武后封乞四比羽爲許國公，乞乞仲象（大祚榮之父）爲震國公"。"許國公"和"震國公"都是封號，並不意味着有"許國""震國"等政权。乞乞仲象死後。他兒子大祚榮繼承了"震國公"的封號，但他不滿足"公"級別，所以"自號震國王"。"震國王"僅僅是封號，並不意味着有"震國"。少數民族往往以其民族名爲國號，如"契丹""蒙古"等。渤海也應如此。

[2]敬瑭（892—942）：即後晉高祖石敬瑭。本沙陀部人，爲後唐明宗李嗣源婿，任河東節度使，擁重兵。後唐末帝清泰三年（936）起兵，向契丹乞援，建立後晉。即位後割幽薊十六州，以答謝契丹。在位六年。

[3]重貴（914—964）：即後晉出帝石重貴。後晉高祖石敬瑭之侄，後晉末代皇帝，公元942年至946年在位。即位後與契丹交惡，開運三年（946）契丹攻入開封，被俘，後死於建州（治所在今遼寧省朝陽市西南）。

[4]路車：【靳注】古代帝王或諸侯貴族所乘的車。 法物：古代帝王用於儀仗、祭祀能代表其身份的器物。《史記》卷二五《律書》："王者制事立法，物度軌則，壹稟於六律。六律爲萬事根本焉。"法物最重要的特性是必須合律、中度。《長編》卷七宋太祖乾德四年（966）五月甲戌："先是，上遣右拾遺孫逢吉（逢吉，未見）。至成都收僞蜀圖書法物。乙亥，逢吉還，所上法物皆不中度，悉命焚毀，圖書付史館。"

[5]規模：【劉校】原本、明抄本、南監本、北監本均作"規摹"。中華點校本據殿本徑改。今從改。修訂本仍從原本。

輿服

自黄帝而降，輿服之制其來遠矣。禹乘四載作小車，[1]商人得桑根之瑞爲大輅，[2]周人加金玉，象飾益備。秦取六國儀物而分別其用，先王之制，置而弗御。至漢中葉，鋭意稽古，然禮文之事，名存實亡，蓋得十一於千百焉。唐之車輅因周、隋遺法，[3]損益可知。而祭服皆青，朝服皆絳，常服用宇文制，[4]以紫、緋、綠、碧分品秩。五代頗以常服代朝服。遼國自太宗入晉之後，皇帝與南班漢官用漢服，太后與北班契丹臣僚用國服，[5]其漢服即五代晉之遺制也。

考之載籍之可徵者，著《輿服篇》，冠諸《儀衛》之首。

[1]禹乘四載作小車：《尚書·虞書》：“予乘四載，隨山刊木，所載者四謂水乘舟，陸乘車，泥乘輴，山乘樏。隨行九州之山林，刊槎其木，開通道路以治水也。”

[2]大輅：帝王所乘的車。《通典·禮典·天子車輅》：“殷因鈎車而制大輅。”注引《禮緯》曰：山車乘鈎乃鈎車之象，昔成湯用而郊祀有山車之瑞。山車亦謂之桑根車，以金根之色。亦謂之大輅。

[3]唐之車輅因周、隋遺法：此説不確。陳寅恪先生論證隋唐禮樂等制度“不出三源：一曰（北）魏、（北）齊，二曰梁、陳，三曰（西）魏、周”。“在三源之中，此（西）魏、周之源遠不如其他二源之重要。然後世史家以隋唐繼承（西）魏、周之遺業，遂不能辨析名實真僞，往往於李唐之法制誤認爲（西）魏、周之遺物”（見陳寅恪《隋唐制度淵源略論稿》，生活·讀書·新知三聯書店2001年版，第3—4頁）。

[4]宇文制：即後周制度。後周國主爲宇文氏。

[5]南班、北班：遼帝在捺鉢朝會，東向坐，臣僚排班，漢臣在南，故稱南班，亦即所謂南面官；契丹臣僚在北，稱北班，亦即北面官。其"衣服之制，國母與蕃臣皆胡服，國主與漢官即漢服。蕃冠戴氈，冠上以金華爲飾或加珠玉翠毛，蓋漢魏時遼人搖冠之遺象也。額後……（原印空缺）夾帶貯髮一。服紫窄袍加義……窄袍中單多紅綠色，貴者被貂裘，以紫黑水色爲貴，青色爲次。又有銀鼠，尤潔白。賤者被貂毛、羊鼠、沙狐裘"（《宋會要輯稿·蕃夷》二之十）。

國輿

契丹故俗，便於鞍馬。隨水草遷徙，則有氈車，任載有大車，婦人乘馬，亦有小車，貴富者加之華飾。禁制疎闊，貴適用而已。帝后加隆，勢固然也。輯其可知著于篇。

大輿，"柴冊再生儀"載神主見之。[1]

輿，"臘儀"見皇帝、皇后升輿、降輿。

總纛車，駕以御馳。"祭山儀"見皇太后升總纛車。

車，"納后儀"見皇后就車。

青幰車，二螭頭、蓋部皆飾以銀，駕用駞，公主下嫁以賜之。古者王姬下嫁，車服不繫其夫，下王后一等。此其遺意歟。

送終車，車樓純飾以錦，螭頭以銀，下縣鐸，後垂大氈，駕以牛。上載羊一，謂之祭羊，以擬送終之用。亦賜公主。

椅，"册皇太后儀"，皇帝乘椅，[2]自便殿舁至西便門。

　　鞍馬，“祭山儀”，皇帝乘馬，侍皇太后行。“臘儀”，皇帝降輿，祭東畢，[3]乘馬入獵圍。“瑟瑟儀”，俱乘馬東行，群臣在南，命婦在北。[4]

　　[1]柴册再生儀：契丹禮儀名。本書卷四九《禮志一》衹稱柴册儀，並未言及“大輿”。此禮源於中國傳統的“燔柴告天”，是古代天子祭天之禮。據《爾雅·釋天》：“祭天曰燔柴。”行禮時，積薪於壇，取玉及牲置於柴上焚燒。契丹行此禮與傳統的再生禮合併舉行，是爲契丹部落聯盟選汗和遼建國後新皇帝即位舉行的禮儀。相傳遙輦氏阻午可汗始制此儀，遼朝建國後有所增飾。

　　[2]皇帝乘椅：【劉校】據中華點校本校勘記，“椅”，按本書卷五二《禮志五·册皇太后儀》作“肩輿”。

　　[3]祭東：本書卷一一六《國語解》：“國俗，凡祭皆東向，故曰祭東。”

　　[4]命婦：有封號的婦人稱爲“命婦”。宮廷中的妃嬪等稱爲内命婦，臣下之母、妻有封號者則稱爲外命婦。《禮記·禮器》：“卿大夫從君，命婦從夫人。”唐代陳鴻《長恨歌傳》：“每歲十月，駕幸華清宮，內外命婦，熠耀景從。”

　　漢輿

　　太宗皇帝會同元年，晉使馮道、劉昫等備車輅法物，[1]上皇帝、皇太后尊號册禮。自此天子車服昉見於遼。太平中行漢册禮，乘黃令陳車輅，[2]尚輦奉御陳輿輦。[3]盛唐輦輅，盡在遼廷矣。

　　[1]馮道（882—954）：瀛州景城（河北省滄州市）人。字可

道。歷仕後唐、後晉、後漢、遼和後周，居相位。晚年自稱"長樂老"，頗以能在時勢多變的情況下自保榮華富貴而得意。但亦能提醒統治者不忘民間疾苦。此外，他還首先宣導雕印"九經"。 劉昫（888—947）：涿州（今屬河北省）人。後唐明宗時拜相。後晉天福初，爲東都留守，判河南府事。曾奉使契丹。開運初復拜相。契丹耶律德光陷汴京，仍舊以昫爲宰相。同年以病卒。《通鑑》卷二八一後晉高祖天福三年（938）載："帝上尊號於契丹主及太后，[八月]戊寅，以馮道爲太后册禮使（《考異》曰：《周世宗實録·馮道傳》云：'虜遣使加徽號於晉祖，晉亦獻徽號於虜。始命兵部尚書王權銜其命，權辭以老病。晉祖謂道曰："此行非卿不可。"道無難色。'按《晉高祖實録》：'天福三年八月戊寅，道爲契丹太后册禮使。十月戊寅，北朝命使上帝徽號。戊子，王權以不受北狄使，停任。'《周世宗實録》誤也）。左僕射劉昫爲契丹主册禮使，備鹵簿、儀仗、車輅，詣契丹行禮，契丹主大悦。"

[2]黄令陳車輅：皇帝乘黄令陳車輅，本於唐"開元禮"，其制未詳。

[3]尚輦奉御：官名。據《唐六典·殿中省》載，其職"掌輿輦、繖扇之事，分其次序而辨其名數。直長爲之貳，凡大朝會則陳於庭，大祭祀則陳於廟"。

五輅：《周官》典輅有五輅。[1]秦亡之後，漢創製。[2]

[1]五輅（lù）：據《四部叢刊》影印明翻宋本《周禮》卷六《典路》："典路掌王及后之五路，辨其名物與其用説（用，謂將有朝祀之事而駕之。鄭司農云：説，謂舍車也。《春秋》傳曰：雞鳴而駕，日中而説。用，謂所宜用）。"文淵閣《四庫全書》本《周禮注疏》卷二六《典路》亦同。"五輅"應是"五路"之誤。"五

輅"之義，其説不一。《通典·禮典·天子車輅》："晉武帝承魏陳留王命，乘金根車，駕六馬，備五時副車。及受禪，設玉、金、象、革、木五輅，並爲法駕。"

[2]漢創製：《南齊書》卷一七《輿服志》："漢武天漢四年朝諸侯甘泉宮，定輿服制，班於天下。光武建武十三年，得公孫述，葆車、輿輦始具。"

玉輅，祀天、祭地、享宗廟、朝賀、納后用之。青質，玉飾，黃屋，左纛。十二鑾在衡，二鈴在軾。龍輈左建旂，[1]十二旒，[2]皆畫升龍，長曳地。駕蒼龍，金爰，[3]鏤錫，鞶纓十二就。遼國"勘箭儀"，皇帝乘玉輅至內門。聖宗開泰十年，上升玉輅自內三門入萬壽殿，進七廟御容酒。[4]

[1]龍輈（zhōu）：【劉注】裝飾龍的車。《楚辭·九歌·東君》："駕龍輈兮乘雷，載雲旗兮委蛇。"

[2]十二旒（liú）：《周禮注疏》卷二七《巾車》："王之五路，一曰玉路，錫樊纓，十有再就。建大常十有二旒以祀。鄭司農云：十二就，就，成也。大常九旗之畫日月者，正幅爲縿旒，則屬焉。旒，音留。"

[3]金爰（zōng）：指馬頭上的裝飾。"爰"同"鏓"。

[4]七廟：明人周祈《名義考》卷七《宗廟》："唐虞五廟，夏因之；商七廟，周因之。五廟，親廟四與太祖而五；七廟，三昭、三穆與太祖而七。"所謂昭穆即宗廟或宗廟中神主的排列次序，始祖居中，以下父子（祖、父）遞爲昭穆，左爲昭，右爲穆。

金輅，饗射、祀還、飲至用之。赤質，金飾，餘如玉輅，色從其質。駕赤驪。

象輅，行道用之。黃質，象飾，餘如金輅。駕黃驪。

革輅，巡狩、武事用之。白質，革鞔。駕白翰。

木輅，田獵用之。黑質，漆飾。駕黑駱。

車：制小於輅，小事乘之。

耕根車，耕藉用之。青質，蓋三重，餘如玉輅。

安車，一名進賢車，臨幸用之。金飾，重輿，[1]曲壁，八鑾在衡，[2]紫油繡朱裏幰，朱絲絡網。駕赤驪，朱鞶纓。

[1]重輿：兩個車箱。

[2]八鑾在衡：鑾是裝在車衡上的鈴，衡是車轅前端的橫木。

四望車，[1]一名明遠車，拜陵、臨弔則用之。金飾，青油繡朱裏通幰。駕牛，餘同安車。

[1]四望車：軺車一類。亦用於加禮貴臣。《南齊書》卷一七《輿服志》考證：按《東宮舊事》曰：太子納妃用四望車。又軺車。《釋名》曰：軺，遙也，遠也。四向遠望之車也。據此則四望車亦軺車之類。《通典》曰：三公有勳德者，特加皁輪，故《志》云以加禮貴臣也。

涼車，[1]省方、罷獵用之。[2]赤質，金塗，銀裝。五綵龍鳳織，藤油壁，緋條，蓮座。駕以橐駞。

[1]涼車：即輼涼車，皇帝出行的臥車。據《史記·秦始皇本紀》，始皇死後"丞相斯爲上崩在外，恐諸公子及天下有變，乃祕之，不發喪。棺載輼涼車中，故幸宦者參乘，所至上食。百官奏事如故，宦者輒從輼涼車中可其奏事"。按，"涼車"後原有"赤質"二字，錯簡，據刪。

[2]省方：巡視四方。漢代班固《東都賦》："省方巡狩，窮覽萬國之有無。考聲教之所被，散皇明以燭幽。"李善注：《易》曰"先王以省方觀人設教"。

輦，用人挽，本宮中所乘。唐高宗始制七輦。《周官》巾車有輦，以人組挽之。太平册禮，皇帝御輦。

大鳳輦，[1]赤質，頂有金鳳，壁畫雲氣金翅。前有軾，下有构欄。絡帶皆繡雲鳳，銀梯。主輦八十人。

[1]大鳳輦：唐制七種輦之一。《宋史》卷一四九《輿服志一》："唐制輦有七，一曰大鳳輦，二曰大芳輦，三曰仙遊輦，四曰小輕輦，五曰芳亭輦，六曰大玉輦，七曰小玉輦。"

大芳輦。
仙遊輦。
小輦，[1]"永壽節儀"，皇太后乘小輦。

[1]小輦：當是小輕輦。

芳亭輦，黑質，幕屋緋欄，皆繡雲鳳。朱綠夾窗，花板紅網，兩簾四竿，銀飾梯。主輦百廿人。
大玉輦。

小玉輦。

逍遙輦，常用之。椶屋，[1]赤質，金塗，銀裝，紅條。輦官十二人，春夏緋衫，秋冬素錦服。

[1]椶（zōng）屋：以棕櫚爲屋。“椶”，同“棕”，指棕衣或棕毛。

平頭輦，常行用之。制如逍遙，無屋。册承天皇太后儀，[1]皇太后乘平頭輦。

步輦，聖宗統和三年，駐蹕土河，[2]乘步輦聽政。

[1]册承天皇太后儀：【劉校】原本作“册承天太儀”，缺“皇”“后”二字，據南監本、北監本和殿本補。

[2]土河：即老哈河，流經今内蒙古自治區東部赤峰地區，與西拉木倫河匯合。

羊車，[1]古輦車。赤質，兩壁龜文、鳳翅，緋幰，絡帶、門簾皆繡瑞羊，畫輪。駕以牛，隋易果下馬。[2]童子十八人，服繡。瑞羊挽之。

[1]羊車：南宋王應麟《漢制考》卷二：但知在宮内所用，故差小爲之，謂之羊車也。

[2]果下馬：體型很小的馬。《通典》卷一八五《邊防》：樂浪產果下馬，“高三尺，乘之可於果樹下行”。

輿，以人肩之，天子用韝絡臂綰。

腰輿，前後長竿各二，金銀螭頭，緋繡鳳襴，上施錦褥，別設小床。奉輿十六人。

小輿，赤質，青頂，曲柄，緋繡絡帶。制如鳳輦而小，上有御座。奉輿二十四人。

皇太子車輅：

金輅，從祀享、正冬大朝、納妃用之。“册皇太子儀”，乘黃令陳金輅，皇太子升、降金輅。

軺車，五日常朝、享宮臣、出入行道用之。金飾，紫幰朱裏。駕一馬。

四望車，弔臨用之。金飾，紫油纁通幰。駕一馬。

（李錫厚注　劉鳳翥校）

遼史　卷五六

志第二十五

儀衛志二

國服

上古之人網罟禽獸，食肉衣皮，以儷鹿韋掩前後，謂之鞸。[1]然後夏葛、冬裘之製興焉。周公陳王業，[2]《七月》之詩，[3]至於一日于貉，三月條桑，八月載績，公私之用由是出矣。

[1]鞸（bì）：【靳注】同“韠”，古代一種遮蔽在身前的皮製服飾，即後世之蔽膝。

[2]周公：西周初年政治家。姬姓，周武王之弟，名旦，亦稱叔旦。因采邑在周（今陜西省岐山縣北），稱爲周公。曾助武王滅商。武王死後，成王年幼，由他攝政。

[3]《七月》：《詩·豳風》中的一篇。“豳”是戎狄之地名。夏道衰，后稷之曾孫公劉自邰而出居於此。其封域在雍州岐山之北，漢屬古扶風郇邑。該詩反映的是周先民的社會生活。“一日于貉”“三月條桑”“八月載績”都是《豳風·七月》中的詩句，可

見，周先民通過狩獵、栽桑、織麻布來解決貴族和平民穿衣問題。

契丹轉居薦草之間，去邃古之風猶未遠也。太祖仲父述瀾，[1]以遙輦氏于越之官占居潢河沃壤，[2]始置城邑，爲樹藝、桑麻、組織之教，有遼王業之隆，其亦肇迹於此乎！太祖帝北方，太宗制中國，紫銀之鼠、羅綺之筐麇載而至。[3]纖麗奭毳被土綢木，[4]於是定衣冠之制：北班國制，[5]南班漢制，各從其便焉。詳國服以著厥始云。

[1]述瀾：即釋魯。玄祖匀德實第三子，阿保機的伯父。據本書卷六四《皇子表》，此人賢而有智，爲迭刺部于越時教民種樹桑麻。年五十七，爲子滑哥所弑。重熙中追封爲隋國王。

[2]遙輦氏：契丹氏族。唐開元二十三年（735），可突于殘黨泥禮殺李過折，立阻午可汗，傳九世，至907年阿保機建國。遙輦九可汗繼位後各建宮衛，遼朝立國後，有遙輦九帳大常衮司之設，掌遙輦九世宮分之事務。　于越：契丹語官名。爲契丹貴官，非有大功德者不授。位在北、南大王之上。　潢河：河流名。即今内蒙古自治區境内的西拉木倫河，屬西遼河上游。

[3]紫銀之鼠：指高官穿的名貴毛皮服裝。紫、銀分別指金紫光禄大夫和銀青光禄大夫，在唐、五代都是很高的官階。　羅綺之筐："羅綺"是絲織品，"筐"是用以盛放絲帛的容器，也稱帛筐。

麇（jūn）載而至：是説那些名貴的毛皮和絲織品捆載而至。

[4]纖麗奭毳（ruǎn cuì）：形容動物的絨毛纖細、華麗而柔軟。

[5]北班：遼帝在捺鉢朝會，東向坐，臣僚排班，漢臣在南，故稱南班，即所謂南面官；契丹臣僚在北，稱北班，即北面官。

祭服：遼國以祭山爲大禮，服飾尤盛。

大祀，[1]皇帝服金文金冠，白綾袍，紅帶，縣魚，[2]三山紅垂。飾犀玉刀錯，絡縫烏鞾。

小祀，皇帝硬帽，紅克絲龜文袍。皇后戴紅帕，服絡縫紅袍，縣玉佩，雙同心帕，絡縫烏鞾。

臣僚、命婦服飾，各從本部旗幟之色。

[1]大祀：帝王最隆重的祭祀。指祭祀天地、宗廟等。《周禮·春官·肆師》："立大祀用玉帛、牲牷，立次祀用牲幣，立小祀用牲。"鄭玄注："大祀天地，次祀日月星辰，小祀司命已下。玄謂：大祀又有宗廟，次祀又有社稷、五祀、五嶽，小祀又有司中、風師、雨師、山川百物。"《隋書》卷六《禮儀志一》："昊天上帝、五方上帝、日月、皇地祇、神州社稷、宗廟等爲大祀，星辰五祀四望等爲中祀，司中、司命、風師、雨師及諸星、諸山川等爲小祀。"

[2]縣魚：唐代官吏佩帶盛放魚符（朝廷頒發的魚形符契）的袋，稱縣魚。宋以後，無魚符，仍佩魚袋。《宋史》卷一五三《輿服志五》："魚袋。其制自唐始，蓋以爲符契也……宋因之，其制以金銀飾爲魚形，公服則繫於帶而垂於後，以明貴賤，非復如唐之符契也。"

朝服：太祖丙寅歲即皇帝位，[1]朝服衷甲，以備非常。其後行瑟瑟禮、大射柳，[2]即此服。聖宗統和元年册承天皇太后，[3]給三品以上用漢法服，[4]三品以下用大射柳之服。[5]

[1]太祖丙寅歲即皇帝位：阿保機於丁卯歲（907）代遙輦氏痕德菫可汗即可汗位，至神册元年（916）始稱帝。

[2]瑟瑟禮：契丹禮儀名。大旱時，舉行此禮儀，祈求上天降雨。　射柳：源於古鮮卑族秋祭時馳馬繞柳枝三周的儀式。《漢書·匈奴傳上》"大會蹛林"。顏師古注："蹛者，繞林木而祭也。鮮卑之俗，自古相傳，秋天之祭，無林者尚豎柳枝，衆騎馳遶三周乃止。此其遺法。"《金史》卷三五《禮志八·拜天》："金因遼舊俗，以重五、中元、重九日行拜天之禮"，"射柳、擊球之戲，亦遼俗也，金因之。凡重五日拜天禮畢，插柳球場，爲兩行，當射者以尊卑序"。射柳是拜天儀式的一部分。《長編》卷一一〇宋仁宗天聖九年（1031）六月丁丑載：契丹"每謁木葉山即射柳枝，諢子唱番歌，前導彈胡琴和之，已事而罷"。此外，祈雨也射柳。金初接待宋使，亦以射柳作爲一種遊樂項目，元朝、明朝也有此類活動。

[3]聖宗統和元年册承天皇太后：據本書卷一〇《聖宗本紀一》，事在統和元年（983）"六月乙酉朔，詔有司，册皇太……甲午，上率群臣上皇太后尊號曰承天皇太后"。

[4]法服：漢官不同等級的服飾。宋人孟元老《東京夢華錄·車駕宿大慶殿》："宰執百官，皆服法服，其頭冠各有品從。"

[5]大射柳之服：當即拜天之服。

皇帝服實里薜袞冠、絡縫紅袍、垂飾犀玉帶錯、絡縫鞾，[1]謂之國服袞冕。太宗更以錦袍、金帶。

臣僚戴氈冠，金花爲飾，或加珠玉翠毛，額後垂金花，織成夾帶，中貯髮一總。或紗冠，制如烏紗帽，無簷，不擫雙耳。額首砑金花，上結紫帶，末綴珠。服紫窄袍，繫䩞鞢帶，以黃紅色條裹革爲之，用金玉、水晶、靛石綴飾，謂之"盤紫"。太宗更以錦袍、金帶。會同元年，群臣高年有爵秩者，皆賜之。

[1]實里薛袞:【靳注】契丹語音譯詞。冠名。本書卷一一六《國語解》云:"實里薛袞,祭服之冠,行拜山禮則服之。"

公服:謂之"展裹",著紫。興宗重熙二十二年,詔八房族巾幘。[1]道宗清寧元年,詔非勳戚之後及夷离堇副使並承應有職事人,[2]不帶巾。

皇帝紫皂幅巾、紫窄袍、玉束帶,或衣紅襖;臣僚亦幅巾,紫衣。

[1]八房族:耶律欲穩子孫,在諸宮分稱爲"八房"。見本書卷七三《耶律欲穩傳》。

[2]夷离堇:契丹部族官名。源於突厥語官名"俟斤"(Irkin)。突厥各部的最高元首稱"可汗"(Qaghan),其他各部酋長則稱爲俟斤。初,契丹"其君大賀氏,有勝兵四萬,臣於突厥,以爲俟斤"(《新唐書》卷二一九《契丹傳》)。後,契丹首領自立爲可汗,其下所屬各部酋長則稱爲"俟斤",亦即夷离堇。契丹立國後,大部族之夷离堇稱王,小部族之夷离堇則稱爲節度使。舉凡一部之軍政、民政皆由其統掌。參韓儒林《穹廬集》(第314—316頁)。

常服:"宰相中謝儀",帝常服。"高麗使入見儀",臣僚便衣,謂之"盤裹"。綠花窄袍,中單多紅綠色。[1]貴者披貂裘,以紫黑色爲貴,青次之。又有銀鼠,尤潔白。賤者貂毛、羊、鼠、沙狐裘。

[1]中單:古時朝服、祭服中的裏衣。按,原本"中單"之前有"綠"字,據中華點校本刪。

田獵服:皇帝幅巾,擐甲戎裝,以貂鼠或鵝項、鴨頭爲扞腰。[1]蕃漢諸司使以上並戎裝,衣皆左衽,黑綠色。

弔服:太祖叛弟剌哥等降,[2]素服受之。素服乘赭白馬。

[1]扞腰:【靳注】護衛腰部的一種裝飾。

[2]剌哥:即剌葛,爲阿保機兄弟中排行第二。關於他與諸弟謀作亂事,《通鑑》卷二七〇後梁均王貞明四年(918)於事後追述此事:"初,契丹主之弟撒剌阿撥號北大王,謀作亂於其國。事覺,契丹主數之曰:'汝與吾如手足,而汝興此心,我若殺汝,則與汝何異!'乃因之期年而釋之。撒剌阿撥帥其衆奔晉,晉王厚遇之,養爲假子,任爲刺史。"貞明四年,晉軍渡河攻汴州,與梁戰於胡柳,失利,撒剌攜妻子奔梁。另據本書卷六四《皇子表》,剌葛後南竄。所謂"撒剌阿撥"可能就是剌葛,後爲唐莊宗李存勖所殺。《通鑑》卷二七二後唐莊宗同光元年(923)冬十月詔:"契丹撒剌阿撥叛兄棄母,負恩背國,宜與〔趙〕巖等並誅於市。"

漢服

黃帝始制冕冠章服,[1]後王以祀、以祭、以享。夏收、殷冔、周弁以朝,[2]冠端以居,所以別尊卑、辨儀物也。厥後唐以冕冠、青衣爲祭服,[3]通天、絳袍爲朝服,平巾幘、袍襴爲常服。大同元年正月朔太宗皇帝入晉,備法駕,受文武百官賀于汴京崇元殿,自是日以爲常。是年北歸,唐、晉文物,遼則用之左右,采訂摭其常用者存諸篇。

[1]章服:用以標識身份的服飾。官員章服之制代有不同,

"唐制其服則三品紫，四品、五品朱，六品、七品緑，八品、九品青。其魚袋則高宗時五品以上用銀，三品以上用金"（宋人黄履翁《古今源流至論別集》卷八）。據本書卷五五《儀衛志一》，"遼國自太宗入晉之後，皇帝與南班漢官用漢服；太后與北班契丹臣僚用國服，其漢服即五代晉之遺制也"。其漢服，五品以上服紫，佩金魚袋；六品、七品服緋，佩銀魚袋；八品、九品服緑，佩石魚。

[2]夏收、殷冔（xū）、周弁：夏商周三代冠的不同稱謂。明人方以智《通雅》卷三六《衣服》：古分冕、弁、冠，然亦通稱，猶漢晉來分幘、巾、帽而亦通稱也。古冠制三：曰冕者，朝祭服，所謂十二旒、九旒而下是也，惟有位者得服之；曰弁，亞於冕，所謂夏收、殷冔、周弁是也；曰冠，亞於弁，所謂委貌毋追章甫是也。弁與冠自天子至士皆得服之。【劉校】夏收、殷冔、周弁，中華點校本校勘記云，原作"唐收、殷冔、周弁"，按《儀禮·士冠禮》"周弁，殷冔，夏收"之句改。今從改。

[3]祭服：古代祭祀時所穿的禮服。歷代形制各異。

祭服：終遼之世，郊丘不建，大裘冕服不書。

袞冕，祭祀宗廟、遣上將出征、飲至、踐阼、加元服、納后、若元日受朝則服之。金飾，垂白珠十二旒，以組爲纓，色如其綬，黈纊充耳，[1]玉簪導。[2]玄衣、纁裳十二章：八章在衣，日、月、星、龍、華蟲、火、山、宗彝；[3]四章在裳，藻、粉米、黼、黻。[4]衣褾領，[5]爲升龍織成文，各爲六等，龍、山以下，每章一行，行十二；白紗中單，黼領，青褾、襈、裾黻；革帶、大帶，劍佩綬，舄加金飾。"元日朝會儀"，皇帝服袞冕。

[1] 黈（tǒu）纊（kuàng）充耳：所以塞聰，即祭祀時不受外界干擾，但何謂"黈纊充耳"却有不同解釋。元代方回《續古今考》卷二八引如淳曰："謂以玉爲瑱，用黈纊懸之也。"又引顏師古曰："如説非也。黈，黃色也；纊，綿也。以黃綿爲丸，用組懸之於冕，垂兩耳傍，示不外聽。非玉瑱之懸也。"

[2] 玉簪導：古代冠飾名。即束發用的簪子，玉製。據《通典》卷五七《禮十七·沿革十七·嘉禮二》引，《釋名》云："簪，建也，所以建冠於後也。亦謂之笄，所以拘冠使不墜也。導以擽鬢，使入巾幘之中。"

[3] 宗彝：指天子祭服上所繡虎與蜼的圖像。宗彝常以虎、蜼爲圖飾，因以借稱。蜼，一種長尾猿猴，古人傳説其性孝。

[4] 黼（fǔ）、黻（fú）：古代重要的服飾紋樣，是冕服十二章花紋中的兩種紋樣。黼是左黑而右白的斧形圖案，黻是半黑半青。

[5] 褾（biǎo）：袖端；衣服上的緄邊。

朝服：乾亨五年聖宗册承天太后，[1] 給三品以上法服。雜禮，册承天太后儀，侍中就席，解劍脱履。重熙五年尊號册禮，皇帝服龍袞，北南臣僚並朝服，蓋遼制。會同中，太后、北面臣僚國服；皇帝、南面臣僚漢服。乾亨以後，大禮雖北面三品以上亦用漢服；重熙以後，大禮並漢服矣。常朝仍遵會同之制。

[1] 乾亨：遼景宗耶律賢年號（979—983）。聖宗册承天太后蕭綽應在乾亨五年改元統合後。

皇帝通天冠，[1] 諸祭還及冬至、朔日受朝、臨軒拜王公、元會、冬會服之。[2] 冠加金博山，附蟬十二首，施珠翠。黑介幘，髮纓翠綏，玉若犀簪導。絳紗袍，白紗中單，襈領，朱襈、裾，[3]白裙襦，絳蔽膝，白假帶，方心曲領。其革帶佩劍綬，襪、舃。[4]若未加元服，則雙童髻，空頂黑介幘，雙玉導，加寶飾。“元日上壽儀”，皇帝服通天冠、絳紗袍。

[1]通天冠：這一段文字抄自《舊唐書》卷四五《輿服志》，有訛漏。《舊唐書》原文是：“通天冠，加金博山，附蟬十二首，施珠翠，黑介幘，髮纓翠綏，玉若犀簪導。絳紗裏，白紗中單，領，襈，飾以織成。朱襈、裾，白裙，白裙襦。亦裙衫也。絳紗蔽膝，白假帶，方心曲領。其革帶、珮、劍、綬、襪、舃與上同。若未加元服，則雙童髻，空頂黑介幘，雙玉導，加寶飾。諸祭還及冬至朔日受朝、臨軒拜王公、元會、冬會則服之。”《新唐書》卷二四《車服志》的有關記載，有助於理解《舊唐書》的相關文字：“通天冠者，冬至受朝賀、祭還、燕群臣、養老之服也。二十四梁，附蟬十二首，施珠翠、金博山，黑介幘，組纓翠綏，玉、犀簪導，絳紗袍，朱裏紅羅裳，白紗中單，朱領、襈、襈、裾，白裙、襦，絳紗蔽膝，白羅方心曲領，白韈，黑舃。白假帶，其制垂二條帛，以變祭服之大帶。天子未加元服，以空頂黑介幘，雙童髻，雙玉導，加寶飾。”

[2]元會：皇帝於元旦朝會群臣稱正會，也稱元會。始於漢。魏、晉以降因之。　冬會：立冬的祭祀活動。《續漢志》第八《祭祀》（附見《後漢書》）：“立冬之日，迎冬於北郊，祭黑帝玄冥。車旗服飾皆黑。歌《玄冥》，八佾舞《育命》之舞。”

[3]朱襈（zhuàn）、裾（jū）：【靳注】“朱”原誤作“宋”，據中華點校本改。襈，衣服的邊飾。裾，一種有前後連襟的衣服。

[4]舃（xì）：履，鞋。

皇太子遠遊冠，[1]謁廟還宮、元日、冬至、朔日入朝服之。三梁，冠加金附蟬九首，施珠翠。[2]黑介幘，髮纓翠緌，犀簪導。絳紗袍，白紗中單，皂領、襈、裾，白裙襦，白假帶、方心曲領，絳紗蔽膝。其革帶、劍佩綬、韈、舄與上同，後改用白韈、黑舄。未冠則雙童髻，空頂黑介幘，雙玉導，加寶飾。"冊皇太子儀"，皇太子冠遠遊、服絳紗袍。

[1]遠遊冠：古代冠名。據《通典》卷五七《禮典》，遠遊冠係"秦採楚制。楚莊王通梁組纓，似通天冠而無山述，有展筩橫之於前"。《晉書》卷二五《輿服志》："遠遊冠，傅玄云秦冠也。似通天而前無山述，有展筩橫於冠前。皇太子及王者後、帝之兄弟、帝之子封郡王者服之。諸王加官者自服其官之冠服，惟太子及王者後常冠焉。太子則以翠羽爲緌，綴以白珠，其餘但青絲而已。"

[2]三梁，冠加金附蟬九首，施珠翠：意思是遠遊冠有三梁，冠加金附蟬九枚，並施以珠翠。

親王遠遊冠，陪祭、朝饗、拜表、大事服之。[1]冠三梁，加金附蟬。黑介幘，青緌導。[2]絳紗單衣，白紗中單，皂領、襈、裾，白裙襦。革帶鉤䚢，假帶、曲領方心，絳紗蔽膝，韈、舄，劍佩綬。二品以上同。

[1]拜表：臣下上表的禮儀。據《朱子語類》卷一二八，宋時"進表者先拜卻跪進，其受者亦拜"。

[2]緌導：古代冠飾名。用以束髮。《釋名·釋首飾》云："簪，建也，所以建冠於髮也……導，所以導擽鬢髮，使入巾幘之裏也。"《新唐書》卷二四《車服志》："毳冕者，三品之服也。七旒，寶飾

角簪導。"

　　諸王遠遊冠，三梁，黑介幘，青緌。
　　三品以上進賢冠，[1]三梁，寶飾。

　　[1]進賢冠：漢代蔡邕《獨斷》卷下："進賢冠，文官服之，前高七寸，後三寸，長八寸。公侯三梁，卿、大夫、尚書、博士兩梁，千石、六百石以下一梁。漢制禮無文。"

　　五品以上進賢冠，二梁，金飾。
　　九品以上進賢冠，一梁，無飾。
　　七品以上去劍佩緌。
　　八品以下同公服。[1]
　　公服："勘箭儀"，閤使公服，繫履。遼國嘗用公服矣。

　　[1]公服：舊時官吏的制服。《通鑑》卷一三六齊武帝永明四年（486）四月條，胡三省注云："公服，朝廷之服；五等，朱，紫，緋，綠，青。"宋人程大昌《演繁露》卷一二："國初有王易者，著《燕北録》載契丹受諸國聘覲，皆繪畫其人物、冠服，惟新羅使人公服、襆頭，略同唐裝。其正使著窄袖短公服，橫烏正與唐制同。其上節亦服紫，同正使，惟襆頭則垂脚。疑唐制以此爲等差，故流傳新羅者如此也。"

　　皇帝翼善冠，[1]朔視朝用之。柘黃袍，九環帶，白練裙襦，六合鞾。

[1]翼善冠：唐朝皇帝服常服時配戴。宋人李上郊《近事會元》卷一："唐太宗貞觀中制翼善冠，朔望視朝以常服及白練裙襦通著之。"

皇太子遠遊冠，五日常朝、元日、冬至受朝服。絳紗單衣，白裙襦，革帶，金鉤鰈，假帶、方心，紛鞶囊，白襪，烏皮履。

一品以下、五品以上，冠幘纓，簪導，謁見東宮及餘公事服之。絳紗單衣，白裙襦，帶鉤鰈，假帶、方心，襪、履，紛鞶囊。

六品以下，冠幘纓，簪導，去紛鞶囊，餘並同。

常服：遼國謂之"穿執"。起居禮，臣僚穿執。言穿鞾、執笏也。

皇帝柘黃袍衫，折上頭巾，九環帶，六合鞾，起自宇文氏。唐太宗貞觀已後，非元日、冬至受朝及大祭祀，皆常服而已。

皇太子進德冠，[1]九琪，金飾，絳紗單衣，白裙襦，白襪，烏皮履。

[1]進德冠：《通雅》卷三六載唐太宗"又制進德冠以賜貴臣，玉綦，制如弁服，以金飾梁，花跌，三品以上加金絡，五品以上附山雲，則是近時之朝冠矣"。

五品以上，襆頭，亦曰折上巾，紫袍，牙笏，金玉帶。文官佩手巾、筭袋、刀子、礪石、金魚袋；武官鞊鞢七事：佩刀、刀子、磨石、契苾真、噦厥、針筒、火石袋,[1]烏皮六合鞾。

六品以下，幞頭，緋衣，木笏，銀帶，銀魚袋佩，鞾同。

八品、九品，幞頭，緑袍，鍮石帶，鞾同。

[1]"武官鈷鞢七事"至"火石袋"：【劉校】據中華點校本校勘記，"'針筒'原誤'計筒'，'火石袋'原誤'大石袋'。按《新唐書》卷二四《車服志》：'武官五品以上佩各占鈷鞢七事：佩刀、刀子、礪石、契苾真、噦厥、針筒、火石是也。'據改。"今從改。【靳注】鈷（tié）鞢（xiè）七事，係武官品階服制，其稱始見於唐。鈷鞢應指裝配有"古眼"帶銙的腰帶，具有北方少數民族風格。詳參馬冬《"鈷鞢帶"綜論》（《藏學學刊》第5輯，2010）一文。

（李錫厚注　劉鳳翥校）

遼史　卷五七

志第二十六

儀衛志三

符印

遙輦氏之世受印于回鶻。[1]至耶瀾可汗請印於唐,[2]武宗始賜"奉國契丹印"。[3]太祖神册元年,梁幽州刺史來歸,詔賜印綬。[4]是時,太祖受位遙輦十年矣。會同九年,太宗伐晉,末帝表上傳國寶一、金印三,[5]天子符瑞於是歸遼。

[1]回鶻:古代民族名。即回紇。本突厥别部。北魏時稱袁紇,亦曰烏護、烏紇,至隋稱韋紇。大業元年(605),因反抗突厥的壓迫,與僕固、同羅、拔野古等成立聯盟,總稱回紇。唐天寶三載(744)破東突厥,建政權於今鄂爾渾河流域,有今蒙古高原之地。唐時助平安史之亂,屢尚公主。唐貞元四年(788)自請改稱回鶻。開成五年(840),爲轄戛斯所破,部衆分三支西遷:一支遷吐魯番盆地,稱高昌回鶻或西州回鶻;一支遷葱嶺以西楚河一帶,即葱嶺以西回鶻;一支遷河西走廊,稱河西回鶻。歷五代、遼、金,回鶻

皆嘗入貢。元明時稱畏吾兒。其族在唐時奉摩尼教，宋元以來改奉回教。

[2]耶瀾可汗：契丹遙輦氏時期第七位可汗。

[3]奉國契丹印：據《新唐書》卷二一九《北狄傳・契丹》，受印者是屈戍可汗。"會昌二年，回鶻破，契丹酋屈戍始復内附，拜雲麾將軍、守右武衛將軍，於是幽州節度使張仲武爲易回鶻所與舊印，賜唐新印，曰'奉國契丹之印'。咸通中，其王習爾之再遣使者入朝，部落寖彊。習爾之死，族人欽德嗣。"《舊唐書》卷一九九下《契丹傳》記載同。《太平寰宇記》卷一九九《契丹》："會昌二年，幽州節度使張仲武奏契丹新立王屈戍等云：契丹舊用迴紇印，今懇請當道聞奏，乞國家賜印。敕以'奉國契丹之印'爲文。"《唐會要》卷九六："會昌二年九月制：'契丹新立王屈戍，可雲麾將軍、守右武衛將軍、員外同正。'幽州節度使張仲武奏：契丹新立王屈戍等云：'契丹舊用回鶻印，今懇請當道聞奏，乞國家賜印，伏望聖慈允。'許敕旨宜依，乃以'奉國契丹之印'爲文。"

[4]印綬：印信和繫印信的絲帶。古人印信上繫有絲帶，佩帶在身，用以表明身份。《舊唐書》卷一七〇《裴度傳》："帶丞相之印綬，所以尊其名；賜諸侯之斧鉞，所以重其命。"

[5]末帝表上傳國寶一：按末帝即指石重貴。重貴在《舊五代史》稱少帝，《新五代史》作出帝，此是一般稱呼。石重貴（914—964），後晉高祖石敬瑭之姪，後晉末代皇帝，公元942年至946年在位。即位後與契丹交惡，開運三年（946）契丹攻入開封，被俘，後死於建州（治所在今遼寧省朝陽市西南）。

傳國寶，[1]秦始皇作，用藍玉，螭紐。六面，其正面文"受命于天，既壽永昌"，魚鳥篆。子嬰以上漢高祖，王莽篡漢，平皇后投璽殿階，螭角微玷。獻帝失之，孫堅得于井中，傳至孫權，以歸于魏。魏文帝隸刻肩際曰"大魏受漢傳國之寶"。唐更名"受命寶"。晉亡歸遼。自三國以來，僭僞諸國往往模擬私製，歷代府庫所藏不一，莫辨真僞。聖宗開泰十年，馳驛取石晉所上玉璽于中京。[2] 興宗重熙七年，以《有傳國寶者爲正統賦》試進士。天祚保大二年，遺傳國璽于桑乾河。[3]

[1]傳國寶：此傳國寶應是後晉製作。《冊府元龜》卷五九四《掌禮部·奏議》："同光末内難作，亂兵犯蹕，寶爲火所灼，文字訛缺。明宗、清泰復傳之。清泰敗，以傳國寶隨身自焚而死，其寶遂亡……天福初，晉高祖以傳國寶爲清泰所焚，特置寶一坐。開運末契丹陷中原，張彥澤入京城，晉主奉表歸命於遼主，遣皇子延煦等奉國寶並命印三面送與遼主，其國寶即天福初所造者也。延煦等回遼主與晉帝詔曰：'所進國寶，驗來非真傳國寶。其真寶速進來。'晉主奏曰：'真傳國寶因清泰末僞主從珂以寶自焚，自此亡失。先帝登極之初，特製此寶，左右臣寮備知，固不敢別有藏匿也'。"

[2]中京：稱大定府，故址在今内蒙古自治區寧城縣西北大明鎮。

[3]桑乾河：源出今山西省朔州市朔城區。遼西京大同府近桑乾河上游。

　　玉印，太宗破晉北歸得于汴宫，[1] 藏隨駕庫。[2] 穆宗應曆二年詔用太宗舊寶。

[1]汴宫：汴京的宫中。汴京是五代梁、晉、漢、周以及北宋的都城。故址在今河南省開封市。

[2]隨駕庫：契丹是"行國"，皇帝與百姓一樣居無定所，隨

陽遷徙，故有"隨駕庫"，亦即聖宗以後的四時捺鉢藏庫。

御前寶，金鑄，文曰"御前之寶"，以印臣僚宣命。
詔書寶，文曰"書詔之寶"，凡書詔批答用之。
契丹寶，受契丹册儀，符寶郎捧寶置御坐東。[1]

[1]符寶郎：官名。唐官。據《文獻通考》卷五〇《職官考·門下省》載，"其符節並納於宮中，有行從則請之。郎掌諸進符寶、出納幡節也"。

金印三，[1]晉帝所上，其文未詳。

[1]金印：非帝王用印。據《漢書·百官公卿表》丞相、太尉皆金印紫綬。宋人王楙《野客叢書》卷一一："唐以金紫、銀青光禄大夫爲階官，此沿漢制金印紫綬、銀印青綬之稱也。"另據《舊唐書》卷一三《德宗本紀下》貞元十年（794）七月"賜南詔異牟尋金印銀窠，其文曰'貞元册南詔印'"。

皇太后寶，制未詳。天顯二年應天皇太后稱制，[1]群臣上璽綬。册承天皇太后儀，符寶郎奉寶置皇太后坐右。

[1]天顯二年應天皇太后稱制：按，此處"二年"應作"元年"，據本書卷三《太宗本紀》："天顯元年七月，太祖崩，皇后攝軍國事。明年秋，治祖陵畢。冬十一月壬戌，人皇王倍率群臣請於后曰：'皇子大元帥勳望，中外攸屬，宜承大統。'后從之，是日即皇帝位。""十二月庚辰，尊皇太后爲太皇太后，皇后爲應天皇太

后。"是應天皇后稱制、攝軍國事在德光即位之先，亦在其被册爲皇太后之先。中華點校本將本條之"應天皇后"改作"應天皇太后"，非是。

皇后印，文曰"皇后教印"。

皇太子寶，未詳其制。重熙九年册皇太子儀，中書令授皇太子寶。[1]

[1]中書令：官名。中書省的長官。隋、唐以中書令、侍中、尚書令俱爲宰相，但僅存虛名，而以他官之同中書門下平章事者爲宰相之職。遼之中書令亦屬授予勳望卓著者的加官。

印

吏部印，文曰"吏部之印"，銀鑄，以印文官制誥。

兵部印，文曰"兵部之印"，銀鑄，以印軍職制誥。[1]

契丹樞密院、契丹諸行軍部署、漢人樞密院、中書省、漢人諸行宮都部署印，[2]並銀鑄。文不過六字以上，以銀朱爲色。

南北王以下內外百司印，並銅鑄，以黃丹爲色，諸稅務以赤石爲色。

杓窊印，[3]杓窊，鷙鳥之總名，以爲印紐，取疾速之義。行軍詔賜將帥用之。道宗賜耶律仁先鷹紐印，[4]即此。

[1]以印軍職制誥：【劉校】據中華修訂本校勘記，"以"字原

闕，據明抄本、南監本、北監本、殿本補。中華點校本徑改。今從改。

[2]契丹諸行軍部署：此官署名僅此一見，應是"契丹諸行宮都部署"之誤。

[3]杓窊印：印紐刻成鷙鳥形的印。

[4]耶律仁先（1012—1072）：契丹皇族。孟父房之後。字糺鄰，小字查剌。重熙三年（1034），補護衛。十一年，升北院樞密副使。與劉六符使宋，定議增歲幣。既還，同知南京留守事。十八年，再舉伐夏，仁先與皇太弟重元爲前鋒。清寧初，爲南院樞密使。九年（1063），重元謀逆，仁先受命討賊。事後，加尚父，進封宋王，爲北院樞密使。本書卷九六有傳。

符契

自大賀氏八部用兵，則合契而動，不過刻木爲牉合。太祖受命，易以金魚。

金魚符七枚，黃金鑄，長六寸，各有字號，每魚左右判合之。有事，以左半先授守將，使者執右半，大小、長短、字號合同，然後發兵。事訖，歸于内府。

銀牌二百面，長尺，刻以國字，文曰"宜速"，又曰"勑走馬"牌。[1]國有重事，皇帝以牌親授使者，手劄給驛馬若干。驛馬闕，取它馬代。法，晝夜馳七百里，其次五百里。所至如天子親臨，須索更易，無敢違者。使回，皇帝親受之，手封牌印郎君收掌。[2]

[1]"勑走馬"牌：即銀牌，本唐制，遼宋因之。《文獻通考》卷一一五《王禮考》："銀牌：唐制，差發驛遣使，則門下省給傳符以通天下之信。宋符券皆樞密院主之，舊有銀牌，以給乘驛者，瀾

一寸半、長五寸，面刻隸字曰‘勑走馬銀牌’凡五字，首爲竅貫以革帶。其後罷之，樞密院給券，謂之‘頭子’。太平興國三年李飛雄詐乘驛謀亂伏誅，遂罷樞密院券，別製新牌。”

[2]牌印郎君：契丹官名。屬北面著帳官。遼在著帳郎君院下設牌印局，有牌印郎君，掌符牌印信的收藏。

木契，[1]正面爲陽，背面爲陰，閤門喚仗則用之。[2]朝賀之禮，宣徽使請陽面木契，下殿至于殿門，[3]以契授西上閤門使云：“授契行勘。”[4]勘契官聲喏，跪受契，舉手勘契同，俛興，鞠躬，奏“內外勘契同”。閤門使云：“准勑勘契，行勘。”勘契官執陰面木契聲喏，平身立，少退近後，引聲云：“軍將門仗官！”齊聲喏。勘契官云：“內出喚仗木契一隻，准勑付左右金吾仗行勘。”勘契官云：“合不合？”門仗官云：“合。”凡再。勘契官云：“同不同？”門仗官云：“同。”亦再。勘契官近前鞠躬，奏：“勘官左金吾引駕仗、勾畫都知某官某，對御勘同。”平身，少退近後，右手舉契云：“其契謹付閤門使進入。”閤門使引聲喏，門仗官下聲喏。勘契官跪以契授，閤門使上殿納契，宣徽使受契。閤門使下殿，奉勑喚仗。

[1]木契：木製的符信或憑證。《舊唐書》卷四三《職官志二》云：“木契所以重鎮守、慎出納。”契分雌、雄，各執其一，合而後放行。顧炎武《日知錄》卷三二《雌雄牝牡》云：“符契亦可稱雌雄。《隋書·高祖紀》：頒木魚符於總管、刺史，雌一、雄一。《唐六典》：太府寺置木契九十五隻，雄付少府將作監，雌留太府寺是也。”

[2]唤仗：召唤儀仗至皇帝所在的便殿。宋人高似孫《緯略》卷七"入閣"有載："唐故事，天子日御殿見群臣，曰'常參'。朔望薦食諸陵寢，有思慕之心，不能臨前殿，則御便殿見群臣，曰'入閣'。宣政，前殿也，謂之'衙'，衙有仗；紫宸，便殿也，謂之'入閣'，其不御前殿而御紫宸也，迺自正衙唤仗。"

[3]宣徽使：遼朝官名。遼設北、南宣徽，分隸北、南樞密院之下。宣徽北院使常執行軍事使命。此外，宣徽使還掌領朝會、宴饗、禮儀、祭祀及御前祗應之事。

[4]閤門使：官名。即古者擯相之職。唐末、五代凡取稟旨命、供奉乘輿、朝會游宴及贊導三公、群臣、蕃國朝見、辭謝，糾彈失儀之事，由閤門使、副掌管。閤門使多以處武臣。參見《文獻通考·職官十二》。

　　木箭，内箭爲雄，外箭爲雌，皇帝行幸則用之。還宮，勘箭官執雌箭，東上閤門使執雄箭，如勘契之儀，詳具《禮儀志》。

（李錫厚注　劉鳳翥校）

遼史　卷五八

志第二十七

儀衞志四

儀仗[1]

帝王處則重門擊柝,[2]出則以師兵爲營衞，勞人動衆，豈得已哉。天下大患生於大欲，不得不遠慮深防耳。智英勇傑、魁臣雄藩於是乎在，寓武備於文物之中，此儀仗所由設也。

金吾、黄麾六軍之仗,[3]遼受之晉，晉受之後唐，後唐受之梁、唐，其來也有自。耶律儼、陳大任舊《志》有未備者,[4]兼考之《遼朝雜禮》云。[5]

[1]儀仗：【劉校】據中華點校本校勘記，"原脱此目。按本《志》總序：'考遼所有輿服、符璽、儀仗，作《儀衞志》。'前此既有'輿服''符印'兩目，據補"。今從。

[2]重門擊柝：意思是設置重重門户，并派更夫巡夜，以嚴加防範。語出《周易·繫辭》："重門擊柝，以待暴客。"

[3]金吾、黃麾六軍之仗：即左右金吾衛軍士設的黃麾仗。唐制禁軍有十六衛，計左右衛、左右驍衛、左右武衛、左右威衛、左右領軍衛、左右金吾衛、左右監門衛和左右千牛衛。下六衛皆是拱衛京師的軍隊，是天子的軍隊，故都稱"六軍"。《唐六典·尚書禮部》："凡元日大陳設於太極殿，皇帝袞冕臨軒，展宮縣之樂，陳歷代寶玉、輿輅，備黃麾仗。"《通典·禮典·皇帝拜陵》："拜謁日，未明五刻諸衛量設黃麾仗於陵寢陳布（注：其陵寢舊宿衛人，各依本職掌，不得移動）。"是諸衛都可被用來設黃麾仗，故遼有"金吾黃麾六軍之仗"說。

[4]耶律儼（？—1113）：析津（今北京市）人。字若思，本姓李氏。咸雍進士。壽昌初，授樞密直學士。拜參知政事。修《皇朝實錄》七十卷。本書卷九八有傳。　陳大任：金人。曾參與纂修《遼史》。金初纂修《遼史》，此事先由廣寧尹耶律固承擔。未及成書，耶律固先亡，於是又由其門人蕭永祺續成。這部《遼史》有紀三十卷，志五卷和傳四十卷，紀、傳卷數與今本元修《遼史》相同。書成後，未曾刊行。後至章宗時期，先後有移剌履、賈鉉、黨懷英及蕭貢等人參與刊修，至泰和七年（1207）由陳大任完成，但亦未刊行。金亡後，蕭永祺《遼史》稿本已散佚無存，陳大任《遼史》稿本也均已殘缺不全。

[5]《遼朝雜禮》：書名。原書今已不存，但《遼史》禮、樂、儀衛諸志多取材於是書。

國仗

王通氏言，[1]舜歲徧四岳，[2]民不告勞，營衛省、徵求寡耳。遼太祖匹馬一麾，斥地萬里，經營四方，未嘗寧居，所至樂從，用此道也。太宗兼制中國，秦皇、漢武之儀文日至，後嗣因之。旄頭豹尾馳驅五京之間，[3]終歲勤動，轍迹相尋，民勞財匱，此之故歟。[4]

[1]王通：隋朝學者。宋人對其學問多持否定評價。宋人徐積《節孝語録》："王通一見隋煬帝，陳十七策，弟子編爲三卷。文帝不用，退而作《皇極之歌》，此自取亡宗赤族有餘，擬法《論語》，何足道哉。"《朱子語類》卷一三七："正如梅聖俞説歐陽永叔，它自要做韓退之，却將我來比孟郊。王通便是如此。它自要做孔夫子，便胡亂捉别人來爲聖、爲賢，殊不知秦漢以下君臣人物，斤兩已定，你如何能加重？《中説》一書固是後人假託，非王通自著，然畢竟是王通平生好自誇大，續《詩》、續《書》，紛紛述作，所以起後人假託之過。後世子孫見他學周公、孔子學不成，都冷淡了。"

[2]四岳：東岳泰山、西岳華山、南岳衡山、北岳恒山的總稱。《詩經·大雅·崧高》："崧高維岳。"毛傳："岳，四岳也。東岳，岱；南岳，衡；西岳，華；北岳，恒。"

[3]旄頭豹尾：皇帝出行的前導。《通雅》卷四六《動物》："古以熊配虎爲旗，又執罿者冠熊謂之旄頭。乘輿之出，則前旄頭而後豹尾，以熊出而不迷，豹往而能返也。"後世又以旄頭豹尾爲軍隊的前導。元代黃溍《文獻集》卷一〇上《安慶武襄王神道碑》："身屬韇韈，取彼叛王；旄頭豹尾，凱旋京闕。" 五京：上京臨潢府（今内蒙古自治區巴林左旗林東鎮）、中京大定府（今内蒙古自治區寧城縣大明鎮）、東京遼陽府（今遼寧省遼陽市）、南京析津府（今北京市）和西京大同府（今山西省大同市）。

[4]此之故歟：【劉校】"之故"原作"故之以"，中華修訂本據《永樂大典》卷七七七〇二引《遼史·儀衛志》及明抄本、南監本、北監本、殿本改。中華點校本徑改。今從改。

遼自大賀氏摩會受唐鼓纛之賜，[1]是爲國仗。其制甚簡，太宗伐唐、晉以前，所用皆是物也。著于篇首，以見艱難創業之主，豈必厚衛其身云。

十二神纛，

十二旗，

十二鼓，

曲柄華蓋，

直柄華蓋。

遙輦末主遺制：[2]迎十二神纛、天子旗鼓置太祖帳前。諸弟剌哥等叛，勻德實縱火焚行宮，[3]皇后命曷古魯救之，[4]止得天子旗鼓。太宗即位，置旗鼓、神纛于殿前。聖宗以輕車儀衛拜帝山。[5]

[1]大賀氏摩會受唐鼓纛之賜：《新唐書》卷二一九《北狄傳》載："貞觀二年，摩會來降……明年，摩會復入朝，賜鼓纛，由是有常貢。"

[2]遙輦末主：即痕德菫（亦作"欽德"）可汗。

[3]勻德實縱火焚行宮：此説有誤。勻德實爲遼太祖耶律阿保機祖父，廟號玄祖，重熙二十一年（1052）七月追封。本書卷五九《食貨志》載："勻德實爲大迭烈府夷離菫，喜稼穡，善畜牧，相地利以教民耕。"縱火焚行宮的不可能是勻德實，當是參與叛亂的阿保機四弟寅底石。據本書卷一《太祖本紀上》，叛亂中，"剌葛遣其黨寅底石引兵徑趨行宮，焚其輜重、廬帳，縱兵大殺。皇后急遣蜀古魯救之，僅得天子旗鼓而已"。

[4]曷古魯：當即蜀古魯。

[5]拜帝山：拜木葉山。

渤海仗

天顯四年太宗幸遼陽府，人皇王備乘輿羽衛以迎。[1]乾亨五年聖宗東巡，[2]東京留守具儀衛迎車駕。此故渤海儀衛也。

[1]人皇王：即遼太祖耶律阿保機長子倍。契丹名圖欲（突欲，898—936），生母爲淳欽皇后述律氏。天顯元年（926），阿保機滅渤海建東丹國，突欲被册爲人皇王，主東丹國政。據其傳載"神册元年春立爲皇太子"。阿保機死後，其母述律氏立德光，突欲被迫浮海投奔後唐。後唐明宗賜其姓名李贊華。清泰三年（遼天顯十一年，936）石敬瑭率軍攻入洛陽，後唐末帝李從珂約倍與之同死，倍不從，遇害。本書卷七二有傳。

[2]聖宗東巡：遼聖宗於乾亨四年（982）即位，五年四月"幸東京"，六月辛卯改元統和，但《遼史》記載則以本年開始爲統和元年。

漢仗

大賀失活入朝于唐，[1]娑固兄弟繼之尚主、封王，[2]飫觀上國。開元東封邵固扈從，[3]又覽太平之盛，自是朝貢歲至于唐。遼始祖涅里立遙輦氏，世爲國相，目見耳聞，歆企帝王之容輝有年矣。遙輦致鼓纛於太祖帳前，曾何足以副其雄心霸氣之所睥睨哉。厥後交梁聘唐，不憚勞勤。至於太宗，立晉以要册禮，[4]入汴而收法物，[5]然後累世之所願欲者，一舉而得之。太原擅命，[6]力非不敵，席捲法物，先致中京，[7]蹴棄山河，不少顧慮，志可知矣。於是秦、漢以來帝王文物盡入于遼；周、宋按圖更製，乃非故物。遼之所重，此其大端，故特著焉。

[1]失活：唐開元二年（714），李盡忠族弟失活率契丹各部脱

離突厥，復歸唐，唐朝設置松漠府，並以失活爲都督，封松漠郡王，以永樂公主妻之，仍以其府置靜析軍，以失活爲經略大使，統率八部。

[2]娑固：開元六年（718）李失活卒，其弟娑固襲封，統率契丹諸部。次年，娑固入朝，靜析軍副使可突于乘機奪得統率權。娑固返回松漠之後不久，即被可突于驅逐到營州，旋即戰死。

[3]開元東封：據《舊唐書》卷八《玄宗本紀》，事在開元十三年（725）冬十月"辛酉，東封泰山，發自東都。十一月丙戌，至兗州岱宗頓……庚寅，祀昊天上帝於上壇，有司祀五帝百神于下壇。禮畢，藏玉册於封祀壇之石礛。然後燔柴"。

[4]立晉以要册禮：遼天顯十一年（後唐清泰三年，936）十一月，耶律德光册石敬瑭"爲大晉皇帝，約爲父子之國"。會同三年（940），德光至燕京，備法駕，入自拱辰門。《通鑑》卷二八一後晉高祖天福三年（938）八月載："帝上尊號於契丹主及太后，戊寅，以馮道爲太后册禮使（《考異》曰：《周世宗實錄·馮道傳》云：'虜遣使加徽號於晉祖，晉亦獻徽號於虜。始命兵部尚書王權銜其命，權辭以老病。晉祖謂道曰："此行非卿不可。"道無難色。'按《晉高祖實錄》：'天福三年八月戊寅，道爲契丹太后册禮使。十月戊寅，北朝命使上帝徽號。戊子，王權以不受北狄使，停任。'《周世宗實錄》誤也）。左僕射劉煦爲契丹主册禮使，備鹵簿、儀仗、車輅，詣契丹行禮，契丹主大悦。"

[5]入汴而收法物：滅晉後，契丹掠奪汴京法物北返。《通鑑》卷二八六後漢高祖天福十二年（947）四月載："契丹主以船數十艘載晉鎧仗，將自汴溯河歸其國。"

[6]太原擅命：指劉知遠在太原建立後漢政權。劉知遠（894—948），後晉天福間爲鄴都留守，後拜河東節度使、北京（今山西省太原市）留守。出帝即位，封北平王。開運四年（947）初，契丹滅後晉，同年二月，稱帝。六月至汴京，改國號漢。

[7]中京：即鎮州。又稱鎮陽，治所在今河北省正定縣。本書

卷四《太宗本紀下》大同元年（947）"二月丁巳朔，建國號大遼，大赦，改元大同。升鎮州爲中京"。另據《舊五代史》卷一二四《何福進傳》："屬契丹陷中原，令中朝文武臣僚凡數十人隨帳北歸，時福進預其行。行次鎮州，聞北主已斃，其黨尚據鎮陽，遂與李筠、白再榮之儔合謀力戰，盡逐契丹，據有鎮陽。"

太宗會同元年晉使馮道備車輅法物上皇太后册禮，[1]劉昫、盧重備禮上皇帝尊號。[2]三年上在薊州觀《導駕儀衛圖》，[3]遂備法駕幸燕，[4]御元和殿行入閣禮。[5]六年備法駕幸燕，迎導御元和殿。

[1]法物：古代帝王用於儀仗、祭祀能代表其身份的器物。《史記》卷二五《律書》："王者制事立法，物度軌則，壹稟於六律。六律爲萬事根本焉。"法物最重要的特性是必須合律、中度。《長編》卷七乾德四年（966）五月甲戌："先是，上遣右拾遺孫逢吉（逢吉，未見）。至成都收僞蜀圖書法物。乙亥，逢吉還，所上法物皆不中度，悉命焚毀，圖書付史館。"

[2]劉昫（888—947）：涿州（今屬河北省）人。後唐明宗時拜相。後晉天福初，爲東都留守，判河南府事。曾奉使契丹。開運初復拜相。契丹德光陷汴京，仍舊以昫爲宰相。同年以病卒。【劉校】原作"劉煦"，據《新五代史》卷四三《劉昫傳》改。

[3]薊州：治所在今天津市薊州區。

[4]法駕：天子出行時的羽儀導從。契丹原無禮樂制度，當然也就沒有這些代表天子身份的"法駕"。這是馮道等人自後晉帶來爲德光及述律太后上尊號用的，德光從此感受到這些法物的重要作用。德光至燕京，備法駕，入自拱辰門，在這套儀衛導引下進入燕京大內。

[5]入閣禮：這是自唐末以來皇帝見群臣最隆重的禮儀。據宋

人宋敏求《春明退朝錄》卷中："唐日御宣政［殿］，設殿中細仗、兵部旅賁等於廷，朝官退皆賜食。自開元後，朔望宗廟上牙槃食，明皇意欲避正殿，遂御紫宸殿，喚仗入閤門，遂有入閤之制，在唐時殊不爲盛禮。唐末常御殿，更無仗，遇朔望特設之，趨朝者乃給廊下食，所以鄭谷輩多形於詩詠嘆美，而五代行之不絕。"

　　大同元年正月朔，備法駕至汴，上御崇元殿受文武百僚朝賀，自是日以爲常。二月朔上御崇元殿，備禮受朝賀。三月將幸中京鎮陽，[1]詔收鹵簿法物，委所司押領先往。未幾鎮陽入漢，鹵簿法物隨世宗歸于上京。四月皇太弟李胡遣使問軍事，[2]上報曰，朝會起居如禮。是月太宗崩，世宗即位，鹵簿法物備而不御。

　　[1]中京鎮陽：【劉校】據中華點校本校勘記，依本書卷四《太宗本紀下》，大同元年（947）二月，遼升鎮州爲中京。"鎮陽"應作"鎮州"。

　　[2]李胡（912—960）：阿保機第三子。一名洪古，字奚隱。爲其母述律氏所鍾愛。太宗即位後，天顯五年（930）立爲皇太弟，兼天下兵馬大元帥。太宗死後，應天皇太后反對世宗兀欲而欲立李胡，失敗，母子被囚。穆宗時因參與其子喜隱謀反事而下獄死。興宗時，更謚"章肅皇帝"。本書卷七二有傳。

　　穆宗應曆元年詔："朝會依嗣聖皇帝故事，[1]用漢禮。"[2]

　　[1]嗣聖皇帝：遼太宗耶律德光的尊號。

[2]漢禮：本書卷四九《禮志一》稱："太宗克晉，稍用漢禮。"其實在此以前，會同三年（940）四月行入閣禮，即已經採用漢禮。

景宗乾亨五年二月，神柩升輼輬車，[1]具鹵簿儀衛。[2]六月聖宗至上京，留守具法駕迎導。

聖宗統和元年車駕還上京，迎導儀衛如式。三年駕幸上京，留守具儀衛奉迎。四年燕京留守具儀衛導駕入京，上御元和殿，百僚朝賀。是後，儀衛常事，史不復書。

[1]神柩：【靳注】靈柩。對棺柩的尊稱。漢代蔡邕《濟北相崔君夫人誄》："既殯神柩，薄言于歸，宰冢喪儀，循禮無遺。"

[2]鹵簿：禮制儀仗名。帝王、皇親貴族、諸侯、大臣等出行時所用的儀仗、侍衛，兼作護衛。始自秦漢時期。漢代蔡邕《獨斷》卷下謂："天子出，車駕次第謂之鹵簿。有大駕，有小駕，有法駕。大駕則公卿奉引，大將軍參乘，太僕御。屬車八十一乘，備千乘萬騎。在長安時出祠天於甘泉備之，百官有其儀注，名曰'甘泉鹵簿'。中興以來，希用之。先帝時，時備大駕。上原陵也，不常用，唯遭大喪乃施之。法駕，公卿不在鹵簿。"

鹵簿儀仗人數馬匹

步行擎執二千四百一十二人，坐馬擎執二百七十五人，坐馬樂人二百七十三人，步行教坊人七十一人，御馬牽攏官五十二人，御馬二十六匹，官僚馬牽攏官六十六人，坐馬挂甲人五百九十八人，步行挂甲人百六十人，金甲二人，神輿十二人，長壽仙一人，諸職官等三百五人，内侍一人，引稍押衙二人，[1]赤縣令一人，[2]府牧一人，府吏二人，少尹一人，司録一人，功曹一人，太常少卿一人，太常丞一人，太常博士一人，司徒一人，太僕卿一人，鴻臚卿一人，大理卿一人，御史大夫一人，侍御史二人，[3]殿中侍御史二人，監察御史一人，兵部尚書一人，[4]兵部侍郎一人，兵部郎中一人，兵部員外郎一人，符寶郎一人，左右諸衛將軍三十五人，左右諸折衝二十一人，左右諸果毅二十八人，尚乘奉御二人，排仗承直二人，左右夾騎二人，都頭六人，主帥一十四人，教坊司差，押纛二人，左右金吾四人，虞候伙飛一十六人，鼓吹令二人，漏刻生二人，押當官一人，司天監一人，令史一人，司辰一人，統軍六人，千牛備身二人，左右親勳二人，左右郎將四人，左右拾遺二人，左右補闕二人，起居舍人一人，左右諫議大夫二人，給事中、[中]書舍人二人，[5]左右散騎常侍二人，門下侍郎二人，中書侍郎二人，鳴鞭二人內侍內差，侍中一人，中書令一人，[6]監門校尉二人，排列官二人，武衛隊正一人，隨駕諸司供奉官三十人，三班供奉官六十人，通事舍人四人，御史中丞二人，乘黃丞二人，都尉一人，太僕卿一人，步行太卜令一人。職官乘馬三百四匹，進馬四匹，駕車馬二十八匹。人之數凡四千二百三十有九，馬之數凡千五百二十。

得諸本朝太常卿徐世隆家藏《遼朝雜禮》者如是。至於儀注之詳，不敢傅會云。

[1]引稍押衙：軍官名。宋人吳曾《能改齋漫録》卷三《牙門》："唐《資暇集》亦云，武職有'押衙'之目，'衙'宜作'牙'，非押衙府也，蓋押衙旗者。按《兵書》云，牙旗者，將軍之旌，故豎於門，史傳咸作牙門。"引稍押衙當是在儀仗隊中押牙旗者。

[2]赤縣令：官名。赤縣的長官。《通典·職官典》："大唐縣有赤、畿、望、緊、上、中、下七等之差。"注："京都所治爲赤縣，京之旁邑爲畿縣，其餘則以户口多少、資地美惡爲差。"遼襲唐制。【靳注】唐制以縣治与京都三府（京兆府、河南府、太原府）府治同城的縣爲赤縣。京兆府所屬有長安、萬年二縣，河南府所屬有河南、洛陽二縣，太原府所屬有太原、晉陽二縣，共爲六縣。赤縣令掌赤縣之政令，員額各一人，秩正五品上，高於一般縣令。

[3]侍御史：官名。掌糾舉百僚，推鞫獄訟。《後漢書》卷一〇《匡皇后紀》李賢注引《漢官儀》曰："侍御史在左駕馬，詢問不法者。今儀車駕故以侍御史監護焉。"

[4]兵部尚書：官名。據《通典·職官典》，唐兵部尚書"掌武官選舉、總判兵部、職方、駕部、庫部事"。後多以兵部尚書同中書門下平章事，並不具有軍權。遼的軍政大權歸北、南樞密院。鹵簿儀仗中的兵部尚書、中書令等，應是假扮。整個龐大隊伍，都與遼的職官體系無關，純屬表演性質。

[5]給事中、[中]書舍人二人：此處原本闕一"中"字，給事中、中書舍人皆唐官名。【劉校】據中華點校本校勘記，依本書卷四七《百官志三》，應作"給事中、中書舍人二人"。

[6]中書侍郎：官名。據本書卷四七《百官志》，遼中書省置中書侍郎。品秩、職掌未詳。《唐六典·中書省》置中書侍郎二人，正四品上。作爲中書令之副職，凡邦國之庶務、朝廷之大政，皆參議焉。凡臨軒册命大臣，令爲之使，則持册書以授之。若自内册，則以册書授使者；册后，則奉琮璽及綬；册太子則奉璽，皆以授使者。凡四夷來朝，臨軒則授其表疏，升於西階而奏之。若獻贄幣則受之，以授於所司。宋承唐制，以同中書門下平章事爲宰相。　中

書令：官名。中書省的長官。隋、唐以中書令、侍中、尚書令俱爲宰相，但僅存虛名，而以他官之同中書門下平章事者爲宰相之職。遼之中書令亦屬授予勳望卓著者的加官。

（李錫厚注　劉鳳翥校）

遼史 卷五九

志第二十八

食貨志上

　　契丹舊俗，其富以馬，[1]其彊以兵。縱馬於野，弛兵於民，有事而戰，彍騎介夫，[2]卯命辰集。馬逐水草，人仰湩酪，挽強射生，以給日用。糗糧芻茭道在是矣，[3]以是制勝，所向無前。

　　[1]其富以馬：因養馬而富足。《魏書》卷一〇〇《契丹傳》："真君以來，求朝獻，歲貢名馬。"

　　[2]彍騎介夫：《舊唐書》卷一九九下《北狄契丹傳》："逐獵往來，居無常處。其君長姓大賀氏。勝兵四萬三千人，分爲八部，若有徵發，諸部皆須議合。不得獨舉。獵則別部，戰則同行。"

　　[3]糗糧芻茭道在是矣：本書卷三四《兵衛志上》："人馬不給糧草，日遣打草穀騎四出抄掠以供之。"《通鑑》卷二八六後漢天福十二年（947）載："趙延壽請給上國兵廩食，契丹主曰：'吾國無此法。'乃縱胡騎四出，以牧馬爲名，分番剽掠，謂之'打草穀'。"《新五代史》卷七二《四夷附録第一》亦載："胡兵人馬不

給糧草，遣數千騎分出四野，劫掠人民，號爲‘打草穀’，東西二三千里之間，民被其毒，遠近怨嗟。”當時洛陽、開封之間及附近鄭、滑、曹、濮等州郡數百里範圍内百姓的牲畜及其他財物被掠奪一空。

及其有國，内建宗廟朝廷，外置郡縣牧守，制度日增，經費日廣，上下相師，服御浸盛，而食貨之用斯爲急矣。於是五京及長春、遼西、平州，置鹽鐵、轉運、度支、錢帛諸司以掌出納。[1]其制、數、差等雖不可悉，而大要散見舊史。若農穀、租賦、鹽鐵、貿易、坑冶、泉幣、群牧，[2]逐類採摭，緝而爲篇，以存一代食貨之略。

[1]五京：分別指上京臨潢府（今内蒙古自治區巴林左旗林東鎮）、中京大定府（今内蒙古自治區寧城縣大明鎮）、東京遼陽府（今遼寧省遼陽市）、南京析津府（今北京市）和西京大同府（今山西省大同市）。　長春：州名。治所在今吉林省前郭爾羅斯蒙古族自治縣西北部松花江畔的塔虎城。《武經總要》前集卷一六下《戎狄舊地》長春州，“契丹國舊地，仍曰昭陽軍，亦爲罪譴者配隸之所。北至黃龍府百里，東北至龍化州四百里，南至微州三百五十里，西至新州四百里，西北至上京二百里”。　平州：唐置，治所在盧龍（今屬河北省）。

[2]群牧：契丹管理畜群的專門機構。諸路設群牧使司，下設某群太保、某群侍中、某群敞史；朝廷設總典群牧使司，有總典群牧部籍使、群牧都林牙。以“群”爲單位設某群牧司，設群牧使、群牧副使。此外，還有祇管理馬及牛群的機構。遼亡之後，金稱契丹群牧爲“烏魯古”。

初，皇祖匀德實爲大迭烈府夷离堇，[1]喜稼穡，善畜牧，相地利以教民耕。仲父述瀾爲于越，[2]飭國人樹桑麻，習組織。太祖平諸弟之亂，[3]弭兵輕賦，專意於農。嘗以戶口滋繁，糺轄踈遠，分北大濃兀爲二部，[4]程以樹藝，諸部效之。

[1]匀德實：遼太祖耶律阿保機祖父。廟號玄祖，重熙二十一年（1052）七月追封。　大迭烈府：即迭剌部之府。　夷离堇：原爲突厥語官名。音 Irkin，亦譯爲"俟斤"。突厥各部的最高元首稱"可汗"（Qaghan），其他各部酋長則稱爲"俟斤"。初，契丹"其君大賀氏，有勝兵四萬，臣於突厥，以爲俟斤"（《新唐書》卷二一九《契丹傳》）。後，契丹首領自立爲可汗，其下所屬各部酋長則稱爲"俟斤"，亦即夷离堇。契丹立國後，大部族之夷离堇稱王，小部族之夷离堇則稱爲節度使。舉凡一部之軍政、民政皆由其統掌。參韓儒林《穹廬集》（第314—316頁）。

[2]述瀾：即釋魯。玄祖匀德實第三子，阿保機的伯父。據本書卷六四《皇子表》：賢而有智，爲迭剌部于越時教民種樹桑麻。年五十七，爲子滑哥所弒。重熙中追封爲隋國王。

[3]諸弟之亂：阿保機之弟剌葛、迭剌寅底石、安端等謀反，事情發生在阿保機即汗位之第五年，即後梁乾化元年（911），經三年多纔平定。剌葛，在阿保機兄弟中排行第二，關於他與諸弟謀作亂事，《通鑑》卷二七〇後梁均王貞明四年（918）十二月於事後追述："初，契丹主之弟撒剌阿撥號北大王，謀作亂於其國。事覺，契丹主數之曰：'汝與吾如手足，而汝興此心，我若殺汝，則與汝何異！'乃囚之期年而釋之。撒剌阿撥帥其眾奔晉，晉王厚遇之，養爲假子，任爲刺史。"貞明四年，晉軍渡河攻汴州，與梁戰於胡柳，失利，撒剌攜妻子奔梁。另據本書卷六四《皇子表》，剌葛後南竄。所謂"撒剌阿撥"可能就是剌葛，爲後唐莊宗李存勖所殺。

《通鑑》卷二七二後唐莊宗同光元年（923）冬十月詔："契丹撒剌阿撥叛兄棄母，負恩背國，宜與［趙］巖等並誅於市。"迭剌，阿保機弟，排行第三。聰明過人，是契丹小字的創製者。曾參與其兄剌葛謀反。寅底石，阿保機之弟，字阿辛，排行第四，參與叛亂，太祖釋之，封許國王。太祖命輔東丹王，淳欽皇后遣司徒劃沙殺於路。安端，在阿保機兄弟中排行第五，也曾參與謀反。世宗天禄初，賜號"明王"，成爲東丹國的統治者。

[4]分北大濃兀爲二部：據本書卷三四《兵衛志上》載："天賛元年，以户口滋繁，糺轄疏遠，分北大濃兀爲二部，立兩節度使以統之。"

　　太宗會同初將東獵，[1]三剋奏減輜重，疾趨北山取物，以備國用，無害農務。尋詔有司勸農桑、教紡績。以烏古之地水草豐美，[2]命甌昆石烈居之，[3]益以海勒水之善地爲農田。[4]三年，詔以諧里河、臚朐河近地，[5]賜南院歐堇突呂、乙斯勃、北院温納河剌三石烈人，[6]以事耕種。八年，駐蹕赤山，[7]宴從臣，問軍國要務。左右對曰："軍國之務，愛民爲本。民富則兵足，兵足則國彊。"上深然之。是年，詔徵諸道兵，[8]仍戒敢有傷禾稼者以軍法論。

　　[1]東獵：會同元年（938）二月丁酉，遼太宗獵松山。松山在今内蒙古自治區赤峰市松山區。

　　[2]烏古：部族名。又稱嫗厥律、于厥律，居契丹西北。

　　[3]石烈：契丹部族組織，是構成部族的小單位。

　　[4]海勒水：河名。即今内蒙古自治區東部的海拉爾河。

　　[5]臚朐河：今黑龍江支流。據《水道提綱》卷二五："克魯倫

河即臚朐河，源出肯忒山東南百餘里支峰西南麓。"

[6]南院、北院：契丹部族名。天贊元年（922），以迭剌部強大難制，析五石烈爲五院，六爪爲六院，各置夷离堇。會同元年（938），更夷离堇爲大王，部隸北府，以鎮南境。五院部又稱南院，六院部又稱北院。

[7]赤山：今內蒙古自治區赤峰市境內紅山。

[8]徵諸道兵：此事應在會同七年（945）年末。會同七年"閏月己巳朔，閱諸道兵於温榆河。己卯，圍恒州，下其九縣。八年春正月庚子，分兵攻邢、洺、磁三州，殺掠殆盡。入鄴都境"。

應曆間雲州進嘉禾，[1]時謂重農所召。保寧七年漢有宋兵，[2]使來乞糧，詔賜粟二十萬斛助之。非經費有餘，其能若是？

[1]雲州：治所在今山西省大同市。

[2]漢有宋兵：宋兵進入北漢是在保寧八年（976），非七年。據本書卷八《景宗本紀上》，保寧八年九月"壬午，漢爲宋人所侵，遣使求援，命南府宰相耶律沙、冀王敵烈赴之。戊子，漢以宋師壓境，遣駙馬都尉盧俊來告"。

聖宗乾亨五年詔曰："五稼不登，開帑藏而代民稅；螟蝗爲災，罷徭役以恤饑貧。"[1]統和三年帝嘗過藁城，[2]見乙室奧隗部下婦人迪輦等黍過熟未穫，[3]遣人助刈。太師韓德讓言，[4]兵後逋民棄業，禾稼棲畝，募人穫之，以半給穫者。政事令室昉亦言，[5]山西諸州給軍興，民力凋敝，[6]田穀多躪於邊兵，請復今年租。六年霜旱，災民饑，詔：三司，舊以稅錢折粟，估價不實，其增以利民。又徙吉避寨居民三百户于檀、順、薊三州,[7]擇沃壤,給牛、種穀。十三年詔諸道置義倉。[8]歲秋社民隨所獲,户出粟庤倉,[9]社司籍其目。[10]歲儉發以振民。十五年詔免南京舊欠義倉粟,[11]仍禁諸軍官非時畋牧妨農。開泰元年詔曰:"朕惟百姓徭役煩重則多給工價;年穀不登發倉以貸;田園蕪廢者則給牛、種以助之。"太平初幸燕,燕民以年豐進土產珍異。上禮高年、惠鰥寡,賜酺連日。九年燕地饑,户部副使王嘉請造船,募習海漕者移遼東粟餉燕,議者稱道險不便而寢。

[1]聖宗乾亨五年:本年六月改元統和。

[2]統和三年: 【劉校】此四字原脱,中華點校本依本書卷一〇《聖宗本紀二》統和三年(985)八月補。今據改。

[3]乙室奧隗部:以所俘奚人設置的部族組織。活動於東京轄區。

[4]韓德讓(942—1011):韓匡嗣第四子。統和初年承天稱制,韓德讓以南院樞密使的身份"總宿衛事"。統和十七年(999),北院樞密使、魏王耶律斜軫病故,承天太后以韓德讓兼知北院樞密使事,至此,遼朝的蕃漢軍政大權就集於其一身。統和二十二年,承天太后又賜韓德讓姓耶律,徙封晉王,並且仍舊爲大丞相,事無不統。次年十一月,她又詔德讓"出宮籍,屬於橫帳"。二十八年更名耶律隆運。

[5]政事令:官名。遼朝南面宰相。遼世宗天禄四年(950)建政事省之前,漢人宰相無定稱;建政事省之後,南面宰相稱"政事令",且多由契丹貴族擔任這一職務。 室昉(916—991):南京(今北京市)人。字夢奇。會同初,登進士第。保寧間,拜樞密使,

兼北府宰相，加同政事門下平章事。乾亨初，監修國史。統和九年（991），薦韓德讓自代，不從。病劇，遣翰林學士張幹就第授中京留守，加尚父。卒，年七十五。本書卷七九有傳。

[6]民力凋敝：【劉校】據中華修訂本校勘記，"敝"原作一字空格，據明抄本、南監本、北監本、殿本補。今從。

[7]徙吉避寨居民三百戶：【劉校】據中華點校本校勘記，依本書卷一一《聖宗本紀二》，此事在統和七年（989）二月，"吉避寨"作"雞壁砦"，"三百戶"作"二百戶"。　檀：唐州名。治所在今北京市密雲區。　順：州名。治所在今北京市順義區。　薊：州名。治所在今天津市薊州區。

[8]義倉：各地爲備荒而設置的糧倉。《隋書》卷四六《長孫平傳》："平見天下州縣多罹水旱，百姓不給，奏令民間每秋家出粟麥一石已下，貧富差等，儲之閭巷，以備凶年，名曰義倉。"宋人洪邁《容齋隨筆》卷八："與衆共之曰'義'，義倉、義社、義田、義學、義役、義井之類是也。"遼倣此於諸道置義倉。百姓必須按規定繳納義倉粟，本書卷一三《聖宗本紀四》載統和十四年（996）十月"免南京逋稅及義倉粟"，說明義倉粟非自願而是強制繳納的。

[9]庤（zhì）倉：指往義倉中繳儲糧食。

[10]社司：民衆爲義倉而結社的社首。

[11]十五年：【劉校】據中華點校本校勘記，原本作"統和十五年"，據文例刪"統和"二字。今據改。

　　興宗即位，遣使閱諸道禾稼。是年，通括戶口，[1]詔曰："朕於早歲習知稼穡。力辨者廣務耕耘，罕聞輸納；家食者全虧種植，[2]多至流亡。宜通檢括，普遂均平。"禁諸職官不得擅造酒縻穀；有婚祭者，有司給文字始聽。

[1]通括戶口：全面覈查登記戶口。聖宗時期就曾通括戶口，本書卷一三《聖宗本紀四》統和九年（991）"南京霖雨傷稼，秋七月癸卯通括戶口"。此外，還針對宮分人和契丹人通括。同卷統和十五年十月"壬午，通括宮分人戶"；卷一四《聖宗本紀五》統和二十一年十一月"丙申，通括南院部民"。

[2]家食者全虧種植：按，中華點校本校勘記認爲，"食"疑應作"貧"。此言非是，"力辦者"即有充足勞力者之家，"家食者"即無勞力或勞力少而食者衆。"食"字不誤。

道宗初年西北雨穀三十里，[1]春州斗粟六錢。[2]時西蕃多叛，[3]上欲爲守禦計，命耶律唐古督耕稼以給西軍。[4]唐古率衆田臚朐河側，歲登上熟。移屯鎮州，[5]凡十四稔，積粟數十萬斛，每斗不過數錢。以馬人望前爲南京度支判官[6]，公私兼裕，檢括戶口，用法平恕，乃遷中京度支使。視事半歲，積粟十五萬斛，擢左散騎常侍。遼之農穀至是爲盛。而東京如咸、信、蘇、復、辰、海、同、銀、烏、遂、春、泰等五十餘城內，[7]沿邊諸州，各有和糴倉，[8]依祖宗法出陳易新，許民自願假貸，收息二分。所在無慮二三十萬碩，雖累兵興，未嘗用乏。迨天慶間金兵大入，盡爲所有。會天祚播遷，耶律敵烈等逼立梁王雅里，[9]令群牧人戶運鹽濼倉粟，人戶侵耗，議籍其產以償。[10]雅里自定其直：粟一車一羊，三車一牛，五車一馬，八車一駝。從者曰："今一羊易粟二斗尚不可得，此直太輕。"雅里曰："民有則我有。若令盡償，衆何以堪？"事雖無及，然使天未絕遼，斯言亦足以收人心矣。

[1] 雨穀：指布穀鳥。宋人盧祖皋《月城春・壽無爲趙秘書》詞："雨穀催耕，風簾戲鼓，家家歡笑。"【劉注】一説指天上掉穀粒。古人以之爲灾異。

[2] 春州：即長春州，治所在今吉林省前郭爾羅斯蒙古族自治縣西北部松花江畔的塔虎城。

[3] 西蕃：指西部的吐蕃部族。

[4] 命耶律唐古督耕稼以給西軍：據本書卷九一《耶律唐古傳》，其受命"田於臚朐河側"事在遼聖宗統和年間而非道宗時期。

[5] 鎮州：即可敦城。位於今蒙古國布爾干省青托羅蓋古城。陳得芝《耶律大石北行史地雜考》（《歷史地理》第二輯）説：遼朝統治漠北屬部的最高軍政機構是西北路招討司（又稱西北路都招討司），遼聖宗統和十二年（994），因西北"阻卜"諸部作亂，以蕭撻凜爲西北路招討使，命隨皇太妃（齊王妃）出征，"屯西鄙臚駒兒河，西捍轄軱，盡降之"。蕭撻凜鑒於達旦諸部叛服不常，上表乞建三城以鎮之。統和二十二年城完工，設置鎮、防、維三州。

[6] 馬人望：字儼叔。高祖馬胤卿，原爲石晉青州刺史，被俘，一族被遷徙至醫巫閭山。人望曾祖廷煦，官至南京留守。人望咸雍年間（1065—1074），進士及第，任松山縣令。轉任涿州新城縣知縣。被擢升中京度支司鹽鐵判官。天祚即位後，轉任南京三司度支判官，改任警巡使，後拜參知政事，判南京三司使事，又拜南院樞密使。本書卷一〇五有傳。

[7] 咸、信、蘇、復、辰、海、同、銀、烏、遂、春、泰等五十餘城：以上諸城又都稱"州"。都是漢人或渤海人的聚居區，這些農業居民都城居。按，中華點校本校勘記云，烏、春、泰三州均隸上京道，不屬東京。

[8] 和糴倉：儲藏和糴糧的糧倉，亦稱常平倉。《通典・職官典・太府卿》："凡天下倉廩，和糴者爲常平倉，正租爲正倉，地子爲義倉。"和糴是兩税以外的"誅求"，名爲和糴，實爲強取。《通

鑑》卷二三三唐德宗貞元三年（787）十二月記事：“興元以來，是歲最爲豐稔，米斗直錢百五十、粟八十。詔所在和糴。庚辰，上畋於新店，入民趙光奇家，問百姓樂乎？對曰：‘不樂。’上曰：‘今歲頗稔，何爲不樂？’對曰：‘詔令不信。前云兩稅之外悉無他徭，今非稅而誅求者殆過於稅。後又云“和糴”，而實強取之，曾不識一錢。始云所糴粟麥納於道次，今則遣致京西，行營動數百里，車摧馬斃，破產不能支。愁苦如此，何樂之有。每有詔書優恤，徒空文耳。恐聖主深居九重，皆未知之也。’上命復其家。”

[9]梁王：遼中期以後皇位繼承人的封號。聖宗早年亦曾受封爲梁王，開泰七年（1018年），宗真三歲時即受封爲梁王。這表明，宗真作爲皇位繼承人的地位，已經確定。梁王雅里是天祚帝確定的皇位繼承人。

[10]籍其產：登記並没收家產。晉人崔豹《古今注》卷下：“牛亨問曰：‘籍者何也？’答曰：‘籍者，尺二竹牒，記人之年、名字、物色，縣之宮門，案省相應乃得入也’。”

夫賦稅之制，自太祖任韓延徽始制國用。[1]太宗籍五京戶丁以定賦稅，戶丁之數無所於考。聖宗乾亨間以上京“雲爲戶”訾具實饒，[2]善避繇役遺害貧民，遂勒各戶，凡子錢到本悉送歸官，[3]與民均差。統和中耶律昭言西北之衆，每歲農時，一夫偵候、一夫治公田，[4]二夫給紝官之役。[5]當時沿邊各置屯田戍兵，易田積穀以給軍餉。[6]故太平七年詔，諸屯田在官斛粟不得擅貸，在屯者力耕公田，不輸稅賦，此公田制也。餘民應募，或治閑田，或治私田，[7]則計畝出粟以賦公上。十五年，募民耕灤河曠地，[8]十年始租，此在官閑田制也。又詔山前後未納稅戶，[9]並於密雲、燕樂兩縣，[10]占田置業入税，此私田制也。各部大臣從上征伐，俘掠人户，自置郛郭爲頭下軍州。[11]凡市井之賦，[12]各歸頭下，惟酒税赴納上京，此分頭下軍州賦爲二等也。

[1]韓延徽（882—959）：安次（今河北省廊坊市）人，字藏明。奉燕帥劉守光之命出使契丹，阿保機留之，令其參與謀議。本書卷七四有傳。

[2]聖宗乾亨間：【劉校】據中華點校本校勘記，乾亨爲景宗年號，聖宗乾亨，或指繼位後改元統和之前。上文"聖宗乾亨五年"同此。 雲爲户：意指放高利貸的富户。【劉校】原本、南監本、北監本作"云爲户"，中華點校本據殿本改。今從改。

[3]子錢：以物質押並附利息而貸錢，稱利息爲子錢。《史記》卷一二九《貨殖列傳》："吴楚七國兵起時，長安中列侯封君行從軍旅，齎貸子錢，子錢家以爲侯邑國在關東，關東成敗未決，莫肯與。唯無鹽氏出捐千金貸，其息什之。"《索隱》："貸，假也，與人物云齎。《周禮》注'齎所給與'也。"

[4]治公田：遼代的一種徭役。遼稱屯田民所耕之田爲公田。"在屯者力耕公田，不輸税賦，此公田制也。"《春秋穀梁傳·宣公十五年》："藉而不税。"注："藉此公田而收其入，言不税民。"疏引徐邈曰："藉，借也。謂借民力治公田，不税民之私也。"

[5]糺官之役：【劉注】"糺"应作"糺"，是混入漢字中的契丹大字。

[6]易田積穀：變賣田産，换得糧食繳納田賦。

[7]私田：産權爲私之田，"計畝出粟以賦公上"，即田主要向國家繳納田賦。遼沿襲唐制，田賦爲夏、秋二税。據本書卷四《太宗本紀下》會同元年（938）十一月，"是月，晉復遣趙瑩奉表來賀，以幽、薊、瀛、莫、涿、檀、順、嬀、儒、新、武、雲、應、朔、寰、蔚十六州並圖籍來獻"。"圖籍"是地圖和户籍，後者是

徵收賦稅、行使統治權的依據。遼朝接收幽薊等十六州，同時接收全部圖籍一事表明，該地區統治權雖然易手，但土地、賦稅制度並未改變。遼宋時期，由於商品經濟的發展，作爲不動產的田宅，其所有權轉移加速，私有化程度較隋唐時期有了很大提高。宋仁宗慶曆七年（遼重熙十六年，1047），賈昌朝判大名，兼北京留守、河北安撫使，"邊人以地外質，公請重禁絕，主不時贖，人得贖而有之。地則盡歸，邊以不爭"。（王安石《臨川集》卷八七《贈司空兼侍中文元賈魏公神道碑》。另據《宋史》卷二八五《賈昌朝傳》載："邊人以地外質，契丹故稍侵邊界，昌朝爲立法，質地而主不時贖，人得贖而有之，歲餘，地悉復。"）這表明，以土地所有權典質與人這種土地私有制下常見的所有權轉移方式，不僅通行於宋朝境內，而且也通行於遼朝境內，因此遼朝得以越界承典宋朝人的土地，而宋人也得以贖回。除了典質之外，遼朝還流行土地買賣。錢大昕曾在京城歸義寺"特建起院碑"中發現遼咸雍二年（1066）賣地券一件，券云："今賣自己在京宣化坊門裏、面街西小巷子內空閒地，內有井一眼、槐樹兩株。"同時這件賣地券也如同一般此類文書一樣，"末有東鄰、南鄰、西北鄰姓名"，即比鄰的署字（錢大昕《潛研堂詩集》卷五《過歸義廢寺詩》自注），與同一時期宋朝境內出賣田宅的手續相同。乾統七年（1107）的《董承德妻郭氏墓誌》，1956年出土於山西大同南郊十里鋪村東南約里許處。該墓誌稱："大遼西京警巡院右廂住人久居系通百姓董承德，今爲亡妻郭氏於京西南約五里買到雲中縣孫權堡劉士言地五畝，長三十八步，闊三十二步，其塋方二十九步，其妻葬在甲穴。"（向南《遼代石刻文編》，河北教育出版社1995年版，第573頁）天慶九年（1119）的《劉承遂墓誌》，1958年出土於山西大同城西南六公里新添堡村東北。據該墓誌記載，劉承遂死後，其家"准價五十貫文，於孫權堡劉士言處買地九畝，擇其日，選其時，卜宅兆而乃葬之"（《遼代石刻文編》，第676頁）。巧的是在董家從劉士言處購買五畝墓地之後十二年，劉承遂也從同一劉士言處購買了五畝墓地，"准價五十貫文"，算起來每畝還賣不到六貫錢。1989 年 4 月，內蒙古自治區寧城縣文物管理所在文物普查過程中徵集到一通"大王記結親事"石碑，天贊二年（923）刊刻。石碑出土於遼中京故址西北約三〇公里處，應是當年的奚族地區。碑中不僅記載了"大王"爲其弟以羊馬六畜求婦事，而且言及"父母大帳"遺産的處理："有好弱物，並在弟處，我處無。"（李義《遼代奚"大王記結親事"碑》，《遼金西夏史研究》，天津古籍出版社 1997 年版）顯然這裏衹涉及動産，並不涉及土地，但這也可以證明，直到遼初，在契丹及奚的遊牧部族中，一般情況下，土地仍然沒有成爲私有財産。

[8]十五年，募民耕灤河曠地：按，本書卷一三《聖宗本紀四》統和十五年（997）三月"戊辰，募民耕灤州荒地，免其租賦十年。"可知"十五年"之前脫"統和"二字。中華點校本據此補，今從。 灤河：發源於今河北省沽源縣，流經該省北部，至灤州市、樂亭縣分道入海。

[9]山前：石敬瑭割讓給契丹的十六州地，分爲山前、山後兩部分。山前是指幽、薊、瀛、莫、涿、檀、順七州，是中原防範北方遊牧民族南下的一道天然屏障，軍事上極爲重要。

[10]於密雲、燕樂兩縣，占田置業：此事不應繫於十五年後。按，中華點校本校勘記"按《紀》在統和七年六月"。 燕樂：縣名。治所在今北京市密雲區。《太平寰宇記》卷七一《密雲縣》："燕樂，縣東北七十五里四鄉本漢庤奚縣地名也，屬漁陽郡。按漢庤奚，今密雲是也。"

[11]頭下軍州：遼朝有頭下軍州，又稱"頭下州軍"，在歷史上，首次將頭下制度納入國家行政體制。然而，究竟什麼是頭下軍州？這個問題在《遼史》及其他典籍中並沒有現成答案。衹是近年發現的遼代墓葬及出土遼代墓誌纔使我們瞭解：由頭下可以組成州，如果規模較小，則可以建成低級的行政單位："不能州者謂之軍，不能縣者謂之城，不能城者謂之堡"。這樣的州、縣、城、堡

都是在爲"置生口"、經"團集"而成爲頭下的基礎上建立的。朝廷賜州縣額的城郭即爲頭下州、縣，不賜州縣額的漢城，因其規模較小，則可以成爲"城"或"堡"。遼朝衹允許宗室、外戚、公主建頭下州、縣，實際上就是以國家權力保證他們能夠佔有較大範圍的土地和依附於這塊土地上的俘户——漢人、渤海人或高麗人。在他們佔有的頭下州、縣範圍内，有衆多的頭下人户爲他們納税。税收歸頭下州的主人，頭下州不隸屬南面官。上京、中京諸州幾乎盡是隸屬諸宫衛以及王公、外戚的頭下州，東京地區也有大量頭下州，頭下州雖然也有朝廷任命的節度史，但刺史以下皆以本主部曲充當，官位九品之下及井邑商賈之家，徵税各歸頭下；唯酒税課納上京鹽鐵司。當然，頭下州縣内的生產，並非完全由擁有這些頭下州縣的契丹權貴直接經營，至少是有一部分土地歸漢族地主經營。據目前所能見到的資料，定居塞外的漢族地主，有的早期是契丹統治者的俘虜，本身是有"宫籍"的私奴。例如玉田韓氏，直至有了屬於他們自己的頭下州之後，纔得以"出宫籍"，並且屬於"横帳"，成爲遼王朝的權貴。漢人被契丹貴族俘獲到草原上，成爲私奴、宫分人，其中極少數因其家族原有仕宦背景，契丹統治者需要利用他們管理轉户、組織農業生產，因此這些人最終得以改變法律身份。自韓德讓"出宫籍"以後，又有其他人循此例擺脱宫籍。他們雖然不像韓氏那樣擁有自己的頭下州，但也都在屬於契丹權貴的頭下軍州中成了地主。遵化劉奉殷，先仕後唐，後降遼，遼朝賜其田宅若干，累官拜同政事門下平章事。後來其家落籍於中京金原縣。劉祜係奉殷五世孫。《劉祜墓誌》載："重熙中，伯兄崬、季兄祁從興廟征夏。臺時，公（劉祜）留家事太夫人。乃力農蓄穀，方歲欠減，直以市人不遠數百里，負米求糴，日往來者千百人。又以里人合釜無食，盡發所有以貸。會秋熟，皆感惠相率趨納，若官廩然。比二兄還，財富甲於鄉邑。"（邵國田《敖漢旗羊山 1—3 號遼墓清理簡報》"附錄"，《内蒙古自治區文物考古》1999 年第 1 期）《李知順墓誌》出土於内蒙古自治區寧城縣石橋子村。此人"若論莊宅田園，奴僕人户，牛駝車馬等，卒不能知其數矣！至如黄金白玉，珠犀佩帶，器合衣物，玩好之具，又何復暇算也"（《遼代石刻文編》，第 188 頁）。

[12]市井之賦：即工商税。宋人史繩祖《學齋占畢》卷三引《後漢書·循吏傳》"白首不入市井"注"因井爲市，交易而退，故稱市井也"，説"市井之名蓋出於此"。

先是，遼東新附地不榷酤而鹽麴之禁亦弛。[1]馮延休、韓紹勳相繼商利，[2]欲與燕地平山例加繩約，其民病之，遂起大延琳之亂。[3]連年詔復其租，民始安靖。南京歲納三司鹽鐵錢折絹，[4]大同歲納三司税錢折粟，開遠軍故事民歲輸税斗粟折五錢，[5]耶律抹只守郡表請折六錢，[6]亦皆利民善政也。

[1]榷酤：亦作"榷沽"。漢以後歷代政府所實行的酒專賣制度；也泛指一切管制酒業取得酒利的措施。

[2]馮延休：聖宗開泰間曾任順州刺史。 韓紹勳（？—1029）：韓延徽曾孫，德樞之孫。仕至東京户部使。大延琳叛，被殺。本書卷七四有傳。從《遼史》與墓誌記載還可以知道，平州（治所在今河北省盧龍縣）一直是在韓氏勢力控制之下。德樞自遼東被召回，"入爲南院宣徽使，遙授天平軍節度使，平、灤、營三州管内觀察處置等使"。德樞四世孫資讓，也曾"改鎮遼興"。"遼興"爲平州軍號。韓紹勳熟悉平州賦税徵收辦法，並將其用之於東平，結果引發反抗。

[3]大延琳（？—1030）：渤海人，遼東京軍將。反遼鬥爭領導人。

[4]鹽鐵錢：鹽鐵之利自漢以來即由官府壟斷。遼沿襲唐五代之制，以鹽鐵錢作爲三司向百姓徵收的一項賦税。本書卷一二《聖

宗本紀》載，統和四年（986）六月"壬子，南京留守奏百姓歲輸三司鹽鐵錢，折絹不如直，詔增之"。

[5]開遠軍：開州軍號。《武經總要》前集卷一六下《戎狄舊地》載："開州，渤海古城也。遼主東討，新羅國都其城，要害，建爲州，仍曰開遠軍，西至來遠城一百二十里，西南至吉州七十里，東南至石城六十里。遼中庚戌年討新羅國，得要害地，築城以守之，即中國大中祥符三年也。"依據這一記載，開州初建爲開遠軍，屬新羅。庚戌年（遼統和二十八年，宋大中祥符三年，1010），遼聖宗親自率軍東討，得到了開遠軍這一"要害地"，又建城守之。按，創建來遠等城的時間，是在統和十二年。《高麗史》卷三《成宗世家》：（甲午）十三年（遼統和十二年，994）春二月，"蕭遜寧致書曰：近奉宣命，'但以彼國信好早通，境土相接，雖以小事大固有規儀，而原始要終須存悠久。若不設於預備，慮中阻於使人。遂與彼國相議，便於要衝路陌創築城池'者。尋准宣命，自便斟酌，擬於鴨江西里，創築五城，取三月初擬到築城處下手修築。伏請大王預先指揮，從安北府至鴨江東，計二百八十里，踏行穩便田地，酌量地里遠近，并令築城。發遣役夫，同時下手。其合築城數，早與回報。所貴交通車馬，長開貢覲之途，永奉朝廷，自協安康之計"。

[6]耶律抹只（？—1012）：契丹將領。字留隱，仲父隋國王之後。初以皇族入侍。景宗即位，爲林牙。保寧間，遷樞密副使。乾亨元年（979）冬，從都統韓匡嗣伐宋，戰於滿城，諸軍奔潰；獨抹只部伍不亂，徐整旗鼓而歸。乾亨二年，拜樞密副使。統和初，爲東京留守。四年（986），宋將曹彬、米信等來攻，抹只引兵至南京，與耶律休哥逆戰於涿之東，剋之。本書卷八四有傳。

（李錫厚注　劉鳳翥校）

遼史　卷六〇

志第二十九

食貨志下

　　征商之法則自太祖置羊城，于炭山北起権務以通諸道市易。[1]太宗得燕，置南京城北有市，百物山偫，命有司治其征；[2]餘四京及它州縣貨産懋遷之地，置亦如之。東平郡城中置看樓，[3]分南、北市，[4]禺中交易市北，午漏下交易市南。雄州、高昌、渤海亦立互市，[5]以通南宋、西北諸部、高麗之貨，[6]故女直以金、帛、布、蜜、蠟諸藥材，[7]及鐵离、靺鞨、于厥等部以蛤珠、青鼠、貂鼠、膠魚之皮、牛、羊、駞、馬、毳罽等物，[8]來易於遼者道路繦屬。

　　[1]炭山：山名。據《新五代史》卷七二《四夷附録第一》："漢城在炭山東南灤河上，有鹽鐵之利，乃後魏滑鹽縣也。其地可植五穀，阿保機率漢人耕種，爲治城郭、邑屋、廛市如幽州制度，漢人安之，不復思歸。"另據本書卷四一《地理志五》"西京道"，

炭山在歸化州（即武州，治所在今河北省張家口市宣化區）。

[2]有司治其征：設立財政機構，負責徵收工商税。《武溪集》卷一七《契丹官儀》契丹司會之官，雖於燕京置三司使，唯掌燕、薊、涿、易、檀、順等州錢帛耳；又於平州置錢帛司，營、灤等州屬焉；中京置度支使，宜、霸等州隸焉；東京置户部使，遼西、川、錦等州隸焉；上京置鹽鐵使，饒、澤等州隸焉；山後置轉運使，雲、應等州屬焉。置使雖殊，其實各分方域，董其出納也。

[3]東平郡：治所在今遼寧省遼陽市。

[4]南、北市：在城鎮中置南、北市，前代有先例。《通鑑》卷二一二唐玄宗開元六年（718）正月辛酉，“敕禁惡錢，重二銖四分以上乃得行。斂人間惡錢鎔之，更鑄如式錢。於是京城紛然，賣買殆絕。宋璟、蘇頲請出太府錢二萬緡，置南、北市，以平價買百姓不售之物可充官用者，及聽兩京百官豫假俸錢，庶使良錢流布人間。從之”。宋代商品經濟發展，衝破了坊市界限，南、北市之説也逐漸消失。

[5]雄州：治所在今河北省雄縣。　高昌：即阿薩蘭回鶻。回鶻西遷、匯合後主要的一支。直到元代，它仍自認爲是回鶻的嫡系。公元九世紀至十三世紀在我國西北建立割據政權。其疆域東至今哈密烏納格什湖，西通天山西部，南接酒泉，北達天山北麓。首府設在喀拉和卓（今新疆維吾爾自治區吐魯番市東高昌故城），陪都設在天山北麓別失八里（即北庭，今新疆維吾爾自治區吉木薩爾縣北破城子）。其王早期稱阿薩蘭汗（意爲獅子王），較晚則稱亦都護。　渤海：靺鞨粟末部在今中國東北地區建立的政權。

[6]高麗：指王建創建的高麗王朝（918—1392）。統治地域在今朝鮮半島，首都在開京（今朝鮮開城市）。

[7]女直：部族名。本作“女真”，因避遼興宗宗真名諱，改稱“女直”。遼時居東北地區東部。其在南者入遼籍，稱“熟女真”或“合蘇館女真”；在北者不入遼籍，稱“生女真”。

[8]鐵离：亦作“鐵驪”，部族名。遼置鐵驪國王府，以統其

衆。其地當今黑龍江省東部松花江流域。　鞦鞨：部族名。爲肅慎、勿吉後裔。隋唐時稱鞦鞨，分爲數十部，其中的粟末部，建渤海國。此外，北部的黑水部也很强大，遼代的"生女真"，主要即爲該部，後建立金朝。遼置鞦鞨國王府，以統其餘各部。　于厥：部族名。即烏古。　毳（cuì）罽（jì）：絨毛織物。

聖宗統和初燕京留守司言民艱食，[1]請弛居庸關稅，[2]以通山西糴易。又令有司諭諸行宮"布帛短狹不中尺度者，不鬻於市"。[3]明年詔"以南、北府市場人少，[4]宜率當部車百乘赴集"。開奇峰路以通易州貿易。[5]二十三年振武軍及保州並置榷場。[6]時北院大王耶律室魯以俸羊多闕，[7]部人貧乏，請以羸老之羊及皮毛易南中之絹，上下爲便。至天祚之亂，[8]賦斂既重，交易法壞，財日匱而民日困矣。

　　[1]統和初燕京留守司言：【劉校】據中華點校本校勘記，"統和初"原誤"乾亨間"。按本書卷一〇《聖宗本紀一》乾亨五年（983）六月改元統和，燕京留守司上言在九月。中華點校本據此改。今從改。
　　[2]居庸關：要塞名。在今北京市昌平區西北。《畿輔通志》卷四〇："居庸關在昌平州西北二十四里，關門南北相距四十里。兩山夾峙，下有巨澗、懸崖峭壁，稱爲絕險。《淮南子》：'天下九塞，居庸其一也。'……《水經注》：'居庸關在上谷沮陽城東南六十里，絕谷累石，崇墉峻壁，山岫層深，側道褊狹，林障邃險，路僅容軌。'杜氏《通典》：北齊改居庸爲納欵關；《唐十道志》：居庸亦名薊門關；《新唐書·地理志》：居庸關亦謂之軍都關。"
　　[3]行宮：亦稱行帳，即阿保機轉徙隨行的車帳組成的朝廷，

契丹語稱"捺鉢"，遼中葉逐漸形成"四時捺鉢"制度。 不鬻於市：【劉校】"鬻"原本作"粥"，中華點校本據南監本、北監本和殿本徑改。今從改。修訂本仍從原本。

[4]南、北府：即契丹南、北宰相府。

[5]奇峰路：本書卷一二《聖宗本紀三》統和七年（989）三月丙申"詔開奇峰路，通易州市"。這是一條從塞外通往易州（治所在今河北省易縣）的商路。

[6]振武軍：治所在今內蒙古自治區和林格爾縣上土城。 保州：《武經總要》前集卷一六下《戎狄舊地》"保州"，"渤海古城，東控鴨綠江新羅國界，仍置榷場，通互市之利。東南至宣化軍四十里，南至海五十里，北至大陵河二十里"。

[7]北院大王：契丹部族官名。遼朝析迭剌部爲五院部和六院部。五院部有知五院事，在朝曰北大王院；六院部有知六院事，在朝曰南大王院。北院大王和南院大王即是五院部和六院部的首領，握有兵權。

[8]天祚之亂：指天祚帝即位後女直對遼的戰爭。

　　鹽筴之法則自太祖以所得漢民數多，[1]即八部中分古漢城別爲一部治之。[2]城在炭山南，有鹽池之利，即後魏滑鹽縣也，[3]八部皆取食之。及征幽薊還，次于鶴剌濼，[4]命取鹽給軍。自後濼中鹽益多，上下足用。會同初太宗有大造於晉，晉獻十六州地而瀛、莫在焉，[5]始得河間煮海之利，[6]置榷鹽院於香河縣，[7]於是燕雲迤北暫食滄鹽。一時產鹽之地如渤海鎮城海陽、豐州陽洛城、廣濟湖等處，[8]五京計司各以其地領之。其煎取之制、歲出之額不可得而詳矣。

[1]鹽筴：【劉注】徵收鹽稅的政策法令。"筴"同"策"。
《管子·海王》："海王之國，謹正鹽筴。"宋人李綱《理財論中》：
"齊以鹽筴富，吳以鑄錢強。"《明史》卷一八《周經傳》："鹽筴佐
邊，不宜濫給。"

[2]古漢城：地名。契丹境內衆多漢城中之一座。《通鑑》卷
二六六後梁開平元年（907）五月胡注："阿保機居漢城在檀州西北
五百五十里，城北有龍門山，山北有炭山。炭山西是契丹、室韋二
界相連之地。其地灤河上源，西有鹽泊之利，則後魏滑鹽縣也。"

[3]後魏滑鹽縣：《畿輔通志》卷五三《古迹》："滑鹽故城在
密雲縣塞外庫奚城東北，漢置，屬漁陽郡，後漢省。《水經注》：大
榆河又東南逕舊漁陽郡之滑鹽縣南、左合縣之北谿水，其水南流逕
滑鹽縣故城東，世謂之斛鹽城。"

[4]鶴剌濼：其地不詳。當在自塞外前往幽薊的路上。

[5]十六州：本書卷四《太宗本紀下》會同元年（938）"晉復
遣趙瑩奉表來賀，以幽、薊、瀛、莫、涿、檀、順、嬀、儒、新、
武、雲、應、朔、寰、蔚十六州並圖籍來獻"。

[6]河間：縣名。治所在今河北省河間市。

[7]香河縣：治所在今河北省香河縣。

[8]海陽：據本書卷三九《地理志三》："潤州，海陽軍，下，
刺史。聖宗平大延琳，遷寧州之民居此，置州。統縣一：海陽縣。
本漢陽樂縣地，遷潤州，本東京城內渤海民戶，因叛移於此。"
豐州：治所在今內蒙古自治區呼和浩特市東白塔一帶。　廣濟湖：
據《武經總要》卷一六下《北番地理》即大鹽泊，"大鹽泊周圍三
百里，東至上京一千五百里，契丹中更名廣濟湖"。位於今內蒙古
自治區烏珠穆沁旗西南。

　　坑冶則自太祖始併室韋，[1]其地産銅、鐵、金、銀，
其人善作銅、鐵器。又有曷朮部者多鐵。[2]"曷朮"，國

語鐵也。部置三冶：曰柳濕河，曰三黜古斯，曰手山。[3]神册初平渤海得廣州，[4]本渤海鐵利府，改曰鐵利州，[5]地亦多鐵。東平縣本漢襄平縣故地，[6]產鐵卅，[7]置採煉者三百户，隨賦供納。以諸坑冶多在國東，故東京置户部司，長春州置錢帛司。[8]太祖征幽薊，師還次山麓，得銀、鐵卅，命置冶。聖宗太平間於潢河北陰山及遼河之源各得金、銀卅，[9]興冶採煉。自此以訖天祚，國家皆賴其利。

[1]室韋：部族名。北魏始見於記載，分佈於今黑龍江、嫩江流域，唐時分爲許多部。契丹多爲其役屬。室韋地區有金屬加工業，《新五代史》卷七三引胡嶠《陷北記》載："其地多銅鐵金銀，其人工巧，銅鐵諸器皆精好。"

[2]曷朮部：本書卷三三《營衛志下》"曷朮部。初，取諸宮及橫帳大族奴隸置曷朮石烈，'曷朮'，鐵也，以冶於海濱柳濕河、三黜古斯、手山。聖宗以户口蕃息置部。屬東京都部署司。"從事礦冶及金屬加工生產活動的不僅有室韋人、渤海人和曷朮部人，同時也還有大批的漢族工匠，他們帶來了中原先進的生產技術。"近年來曾在遼寧昌圖八面城（遼代韓州）、阜新紅帽子古城（遼代成州）和内蒙古赤峰等地，發現有與鑄鐵有關的鐵煉渣和鑄［造］鐵製品的陶模和陶範等，這些地方有可能是遼代的鑄鐵遺址"（安金槐：《中國考古》，上海古籍出版社1992年版，第706頁）。

[3]手山：據清人楊鑣、施鴻纂修《遼陽州志》卷七"首山"，"城西南十五里，一作手山，山頂石上有掌指狀泉出其中，挹之不竭。晉司馬懿圍公孫淵於襄平有星墜首山即此。唐太宗征高麗，駐蹕於上數日，勒石紀功，改爲駐蹕山。上有清風寺"。

[4]神册初，平渤海，得廣州：據《松漠紀聞》卷二記載從金

上京至燕京的行程，途經"瀋州六十里至廣州"。即廣州在瀋州西南六十里處。由此可知，遼廣州是在遼瀋地區，這一地區雖原屬渤海，但早在神册初即爲契丹所得。因此《食貨志》記載不誤。

〔5〕鐵利州：參閱本卷"鐵离"條。

〔6〕東平縣本漢襄平縣故地：襄平縣，戰國時燕置，治所在今遼寧省遼陽市。秦至三國魏皆爲遼東郡治。

〔7〕鐵卝（kuàng）：【靳注】卝，古同"礦"。

〔8〕長春州：治所在今吉林省前郭爾羅斯蒙古族自治縣西北部松花江畔的塔虎城。《武經總要》前集卷一六下《戎狄舊地》載："長春州，契丹國舊地，仍曰昭陽軍，亦爲罪謫者配隸之所。北至黃龍府百里，東北至龍化州四百里，南至微州三百五十里，西至新州四百里，西北至上京二百里。"

〔9〕潢河：今内蒙古自治區境内的西拉木倫河，即西遼河上游。

陰山：崑崙山的西北支。西起河套西北，向東綿亘於今内蒙古、河北等省區，與内興安嶺相接。該山脈隨地易名，此所謂"陰山"，可能是指内蒙古境内的大青山。

鼓鑄之法，先代撒剌的爲夷离堇，[1]以土產多銅始造錢幣。太祖其子襲而用之，遂致富彊，以開帝業。太宗置五冶太師以總四方錢鐵。石敬瑭又獻沿邊所積錢，[2]以備軍實。景宗以舊錢不足於用，始鑄乾亨新錢，錢用流布。聖宗鑿大安山取劉守光所藏錢，[3]散諸五計司，兼鑄太平錢，新舊互用。由是國家之錢演迤域中。所以統和出内藏錢，賜南京諸軍司。開泰中詔諸道，貧乏百姓有典質男女，計備價日以十文折盡還父母。每歲春秋，以官錢宴饗將士，錢不勝多，故東京所鑄至清寧中始用。是時，詔禁諸路不得貨銅鐵以防私鑄，又禁銅鐵賣入回鶻，[4]法益嚴矣。道宗之世，錢有四等：曰咸雍，曰大康，曰大安，曰壽隆，[5]皆因改元易名。其肉好、銖數亦無所考。[6]第詔楊遵勗徵户部司逋户舊錢，得四十餘萬緡，拜樞密直學士；劉伸爲户部使，歲入羨餘錢三十萬緡，擢南院樞密使；其以災沴，出錢以振貧乏及諸宫分邊戍人户。[7]是時，雖未有貫朽不可較之積，亦可謂富矣。至其末年，經費浩穰，鼓鑄仍舊，國用不給。雖以海雲佛寺千萬之助，受而不拒，尋禁民錢不得出境。天祚之世，更鑄乾統、天慶二等新錢，[8]而上下窮困，府庫無餘積。

[1]撒剌的：人名。阿保機之父。其時是否確已開始鑄造錢幣，現已不得而知。但總的看來，遼鑄錢很少。境内多流通唐、宋錢，或乾脆實行以物易物，其商品經濟的發展程度較之同時期的中原地區低得多。 夷离堇：契丹部族官名。源於突厥語官名“俟斤”（Irkin）。突厥各部的最高元首稱“可汗”（Qaghan），其他各部酋長則稱爲俟斤。初，契丹“其君大賀氏，有勝兵四萬，臣於突厥，以爲俟斤”（《新唐書》卷二一九《契丹傳》）。後，契丹首領自立爲可汗，其下所屬各部酋長則稱爲“俟斤”，亦即夷离堇。契丹立國後，大部族之夷离堇稱王，小部族之夷离堇則稱爲節度使。舉凡一部之軍政、民政皆由其統掌。參韓儒林《穹廬集》（上海人民出版社1982年版，第314—316頁）。

[2]石敬瑭（892—942）：後晉王朝開國皇帝，後唐明宗婿。清泰帝李從珂即位，當時敬瑭爲河東節度使，清泰帝令其移鎮天平（鄆州軍號）。由於雙方本來相互猜忌，於是，敬瑭不受命，並上表論從珂不當立。清泰帝下詔討除，敬瑭向契丹稱臣、稱兒、割地以求援，遂被契丹册立爲皇帝，國號晉，都汴州（治所在今河南省開

封市）。天福七年（942）病死。

[3]取劉守光所藏錢：另據《通鑑》卷二六八後梁乾化元年（911）八月載：“守光即皇帝位，國號大燕，改元應天。以梁使王瞳爲左相，盧龍判官齊涉爲右相，史彦群爲御史大夫。受册之日，契丹陷平州，燕人驚撓。”守光藏錢的大安山在今北京市房山區境内。【劉校】據中華點校本卷一三校勘記，“畢沅《續資治通鑑》作劉仁恭所藏錢，《拾遺》亦稱大安山藏錢，《唐書》《御覽》俱作劉仁恭事，非劉守光”。

[4]回鶻：古代民族名。即回紇。本突厥別部。北魏時稱袁紇，亦曰烏擴、烏紇，至隋稱韋紇。隋大業元年（605），因反抗突厥的壓迫，與僕固、同羅、拔野古等成立聯盟，總稱回紇。唐天寶三載（744）破東突厥，建政權於今鄂爾渾河流域，有今蒙古高原之地。唐時助平安史之亂，屢尚公主。唐貞元四年（788）自請改稱回鶻。開成五年（840），爲轄戛斯所破，部衆分三支西遷：一支遷吐魯番盆地，稱高昌回鶻或西州回鶻；一支遷蔥嶺以西楚河一帶，即蔥嶺以西回鶻；一支遷河西走廊，稱河西回鶻。歷五代、遼、金，回鶻皆嘗入貢。元明時稱畏吾兒。其族在唐時奉摩尼教，宋元以來改奉回教。

[5]“道宗之世”至“曰壽隆”：今所見有咸雍通寶，面文旋讀，背無文，分大小，有折二、折三錢；大康通寶，面文皆旋讀，背無文；大安元寶，面文旋讀，背無文；壽昌元寶，面文旋讀，背無文。此錢所鑄年號可證明《遼史》所記“壽隆”實即“壽昌”。

[6]肉好：錢幣的兩個部分。《漢書》卷二四《食貨志》周景王“鑄大錢，文曰‘寶貨’，肉好皆有周郭，以勸農澹不足，百姓蒙利焉”。注引韋昭曰：“肉，錢形也；好，孔也。”

[7]宮分邊戍人户：指宮分人户和邊戍人户。宮分人户即有宮籍的人户。遼朝諸宮衛（斡魯朶）有所管轄人丁的統計數字，但奴婢不計算在内，本書卷三一《營衛志上》：“凡諸宮衛人丁四十萬八千，騎軍十萬一千。著帳釋有、没入，隨時增損，無常額。”這些

没有統計在諸宮衛人丁總數之內者即是奴婢，稱爲“宮戶”“宮分人”。他們自有“宮籍”，歸宮衛管理。遼亡之後，諸宮衛機構雖已不存，但那些宮戶、宮分人的身份並未改變；他們仍隸宮籍。於是，金朝始有宮籍監之設，用以管理這些宮戶，並依照新機構的名稱，稱他們爲“宮籍監戶”或“監戶”。遼朝一部分專門在皇帝身邊服役的“宮戶”又被稱爲“著帳戶”。散居州縣當中的宮戶與民戶一樣要向國家交納賦稅，説明這些宮戶的身份已經發生了改變。統和十五年（997）三月“壬午，通括宮分人戶，免南京逋稅及義倉粟”。將“通括宮分人戶”一事，與“免南京逋稅及義倉粟”一併實行，是因爲此二事都與賦稅徵收有關。宮戶所受剝削和壓迫定是相當沉重的，以至他們被迫逃亡。據壽昌二年（1096）的《孟有孚墓誌銘》載：“時朝廷命復慶陵之逋民，詔公乘驛以督之。”（《全遼文》卷九）這些守陵的人戶都是宮分人戶。宮籍起源甚早，遙輦氏時已經有宮分人存在。宮籍是一種法律上的身份，是不能輕易改變的。宮分人“出宮籍”需要經皇帝特許。如前面已經提到的韓德讓，就是即貴並且賜姓耶律之後纔“出宮籍”的。繼韓德讓之後，興宗時的漢人宮分人姚景行出宮籍也是在其官至翰林學士、樞密副使、參知政事以後。又如漢臣梁援，累世在遼朝作官，同時也具有宮籍。壽昌七年正月，道宗死後，由他充玄宮都部署，並撰謚册文。喪事既畢之後，始詔免其宮籍，而且“格餘人不以爲例，示特寵也”（《遼代石刻文編》，第519—520頁）。

[8]乾統、天慶二等新錢：乾統元寶平錢，天祚帝鑄，面文旋讀，背無文；天慶元寶，面文旋讀，背無文。

　　始太祖爲迭烈府夷离菫也，懲遙輦氏單弱，[1]於是撫諸部、明賞罰、不妄征討，因民之利而利之，群牧蕃息，[2]上下給足。及即位，伐河東、下代北郡縣，[3]獲牛、羊、馳、馬十餘萬。樞密使耶律斜軫討女直，[4]復獲馬二十餘萬，分牧水草便地，數歲所增不勝筭。當時，括富人馬不加多，賜大、小鶻軍萬餘疋不加少，蓋畜牧有法然也。咸雍五年，蕭陶隗爲馬群太保，上書猶言群牧名存實亡，上下相欺，宜括實數以爲定籍。厥後東丹國歲貢千疋，[5]女直萬疋，直不古等國萬疋，阻卜及吾獨婉、惕德各二萬疋，[6]西夏、室韋各三百疋，越里篤、剖阿里、奧里米、蒲奴里、鐵驪等諸部三百疋；[7]仍禁朔州路羊馬入宋，吐渾、党項馬鬻于夏。[8]以故群牧滋繁，數至百有餘萬，諸司牧官以次進階。自太祖及興宗垂二百年，群牧之盛如一日。天祚初年，馬猶有數萬群，每群不下千疋。祖宗舊制，常選南征馬數萬疋，牧于雄、霸、清、滄間，[9]以備燕雲緩急，復選數萬，給四時遊畋，餘則分地以牧，法至善也。至末年，累與金戰，番漢戰馬損十六七，雖增價數倍，竟無所買，乃冒法買官馬從軍。諸群牧私賣日多，畋獵亦不足用，遂爲金所敗。棄衆播遷以迄于亡，松漠以北舊馬，[10]皆爲大石林牙所有。[11]

[1]遙輦氏：契丹氏族。唐開元二十三年（735），可突于殘黨泥禮殺李過折，立阻午可汗，傳九世，至907年阿保機建國。遙輦九可汗繼位後各建宮衛，遼朝立國後，有遙輦九帳大常衮司之設，掌遙輦九世宮分之事務。

[2]群牧：契丹管理畜群的專門機構。諸路設群牧使司，下設某群太保、某群侍中、某群敞史，朝廷設總典群牧使司，有總典群牧部籍使、群牧都林牙。以“群”爲單位設某群牧司，設群牧使、群牧副使。此外，還有祇管理馬及牛群的機構。遼亡之後，金稱契

丹群牧爲"烏魯古"。　蓄息：【劉校】據中華點校本校勘記，"蓄"應作"蕃"。

[3]及即位，伐河東，下代北郡縣：此事在太祖即位之前。【劉校】據中華點校本校勘記，依本書卷一《太祖本紀上》，伐河東下代北在唐天復二年（902），阿保機即位前五年。

[4]耶律斜軫（？—999）：字韓隱，于越曷魯之孫。保寧初受命節制西南面諸軍，仍援河東。改南院大王。乾亨元年（979）秋，宋軍攻下河東，乘勝襲燕，高梁河一戰，他與耶律休哥分左右翼夾擊，大敗宋軍。統和初，承天皇太后蕭綽稱制，益見委任，爲北院樞密使。四年（986）宋軍三路來攻，斜軫指揮擊退西路來攻的宋軍，以功加守太保。本書卷八三有傳。

[5]厥後東丹國歲貢千疋：所言不確。諸部貢馬應是東丹國建立後——即太宗時期以及其後的事。

[6]阻卜：即達旦、韃靼。元人諱言達旦，而稱達旦爲阻卜。詳王國維《觀堂集林》卷一四《達旦考》。　吾獨婉：本書卷三一《營衛志上》有窩篤盌斡魯朵，"興宗置。是爲延慶宮。孳息曰'窩篤盌'"。　惕德：【劉校】中華點校本校勘記云，原誤"惕隱"，據本書卷二五《道宗本紀五》大安十年（1094）正月、六月及卷六九《部族表》改。今從改。

[7]越里篤、剖阿里、奧里米、蒲奴里：均是遼境內東北地區部族名。加上越里吉，統稱五國部。

[8]吐渾：古代部族名。即吐谷渾。據《新五代史》卷七四《四夷附錄第三》，吐渾"自後魏以來，名見中國，居於青海之上。當唐至德中，爲吐蕃所攻，部族分散，其內附者，唐處之河西。其大姓有慕容、拓拔、赫連等族。懿宗時，首領赫連鐸爲陰山府都督，與討龐勛，以功拜大同軍節度使。爲晉王所破，其部族益微，散處蔚州界中……晉高祖立，割鴈門以北入於契丹，於是吐渾爲契丹役屬，而苦其苛暴"。另據《五代會要》卷二八"吐渾"，"至開運中，捍虜（契丹）於澶州"，"其族白可久，名在承福之亞，因

牧馬率本帳北遁，契丹授以官爵，復遣潛誘承福。承福亦思叛去，事未果，漢高祖知之，乃以兵環其部族，擒承福與其族白鐵櫃、赫連海龍等五家，凡四百有餘人，伏誅。籍其牛馬，命別部長王義宗統其餘屬"。　党項：中國古代族名。又稱党項羌，唐以後主要活動於靈、慶、銀、夏等州，即今甘肅、寧夏、陝西和內蒙古等省區交界地區。

[9]牧于雄、霸、清、滄間：即在燕京以南與宋相鄰地區放牧戰馬。雄、霸、清、滄，均爲州名。雄州，治所在今河北省雄縣；霸州，治所在今遼寧省朝陽市；清州，治所在今河北省青州市；滄州，治所在今河北省滄州市。

[10]松漠：契丹原住地。即今內蒙古自治區東部西遼河上游地區，又稱"平地松林"，唐初在此置松漠都督府以統契丹諸部。

[11]大石林牙（1094—1143）：即耶律大石。字重德，是遼太祖阿保機的八代孫，通漢文及契丹文字，且善騎射，亦是遼末契丹皇室中少有的文武全才。天慶五年（1115）登進士第。燕京陷落後，大石在保大四年（1124）七月脫離天祚。最初，他活動於今內蒙古自治區東部地區，要在契丹初興之地復興遼朝。但是由於抵擋不住金軍的攻擊，他也衹好步步向西北的遊牧部族地區退卻，並在那裏"置北、南面官屬，自立爲王，率所部西去"。號召遊牧各部與他"共救君父"。大石沿襲遼朝傳統的政治體制，建立了有南北面官的政權。這個政權的實際首領雖是大石，但它仍然承認天祚皇帝作爲遼朝合法君主的地位，這一政權爲以後西遼在中亞立國做了準備。大石約於1132年在八拉沙袞稱帝改元，號葛兒罕。復上漢尊號曰天祐皇帝，改元延慶。本書卷三〇有傳，但所記時間未可盡信。【劉注】此外，西遼國號"哈喇契丹"，亦沿襲遼朝的雙國號"遼·契丹"。

遼之食貨其可見者如是耳。[1]至於鄰國歲幣，[2]諸屬國歲貢土宜,[3] 雖累朝軍國經費多所仰給，然非本國所出，況名數已見《本紀》，茲不復載。

[1]遼之食貨其可見者如是耳：遼之食貨可見者尚多，如考古工作者在今內蒙古自治區、遼寧省以及北京市等地的遼代遺址和墓葬中發現了大批的陶器和瓷器。其中大多數是遼朝境內各族工匠燒製的，此即在我國陶瓷史上別具一格的遼瓷。後來的遼瓷與遼早期契丹貴族墓葬出土的瓷器有一脉相承的特點。今內蒙古自治區阿魯科爾沁旗寶山1號遼墓和耶律羽之墓是兩座遼早期貴族墓葬，出土的瓷器中有一部分可能是神册建元以前生產的。這兩座遼早期貴族墓葬中的白瓷和青瓷，可能與赤峰松山遼代窯址有關係。遼上京是塞外最大的陶瓷生產基地，附近的重要窯址有：上京皇城西山坡下的遼代窯址、上京漢城南山窯址和白音高洛窯址。燕京地區的陶瓷生產興起於遼佔領這一地區之後，它對先期已獲得發展的定窯陶瓷技術多所借鑒，同時又融合了遼朝境內各地陶瓷的燒製經驗，形成自己的特點。近年來在北京發現多座遼代窯址，有門頭溝龍泉務村北永定河西岸的遼金窯址、房山區河北鎮磁家務窯址、密雲區小水峪瓷窯址和平谷區劉家店鎮寅洞村窯址等。其中龍泉務和磁家務的窯址尤爲重要。遼瓷中最具代表性的就是體現遊牧民族特色的雞冠壺和黃釉瓷器。此外，三彩器和綠釉瓷器，在遼瓷中也具有代表性。再如紡織業，遼的絲織品種類繁多，織造工藝水準也很高。契丹從虜掠的漢人那裏學習織造技藝，"中國織紝工作無不備"。僅耶律羽之墓隨葬的紡織品就有錦、絹、羅、綺、綾、紗等，採用編織、印染、刺繡、描繪等多種工藝製作，品質佳，圖案精美。內蒙古自治區察右前旗豪欠營第6號遼墓出土的四經絞幾何紋花羅，在經向單位1.8釐米、緯向單位1釐米範圍內有七朵小花散點排列，視覺效果類似今天的隱花或隱條。豪欠營第6號遼墓女屍身上最外面的一件繡花羅地錦袍，是十經絞花羅，看上去，絞經構成的一組

圖案花紋猶如龜背，所以這種花羅又叫龜背紋羅。1990 年上半年，遼上京遺址附近連續發現了三座被盜遼墓，每個墓葬裏都出現了殘損的絲織品。這批絲織品有絹、縐紗、羅、綺、綾、錦。絹在這幾個墓葬中出土較多，有藍、黃、紅、白等顏色。縐紗採用特殊的生產工藝，產生強烈的起縐效果，這種生產原理至今還在沿用。這裏的羅都是四經絞羅，在漢唐之際使用極盛，流行時間很長，綾和綺也是在這三座遼墓中多見的品種，它們的圖案有一個共同特徵，即多用幾何紋或小團花。巴林右旗慶州白塔內也曾出土這樣的綾綺。錦是比較高檔的絲織品，在這批墓葬中出土的每一塊錦都相當珍貴。據宋人路振《乘軺錄》記載，中京地區沿靈河"有靈、錦、顯、霸四州地，生桑麻貝錦，州民無田租，但供蠶織，名曰太后絲蠶戶"。這一帶的桑麻種植及絲織品和麻織品的生產，在遼朝都佔有重要地位，每年向北宋輸送的布帛，多書"白川州稅戶所輸"。此外，造紙及印刷業、金屬工具及器皿加工製造等都有，能滿足當時社會生活的需要。

[2]歲幣：石晉與北宋每年向遼輸送的巨額錢絹。石晉每年向契丹貢獻的財物。《舊五代史》卷一三七《外國列傳》載，清泰三年（遼天顯十一年，936）十一月，耶律德光冊石敬瑭"爲大晉皇帝，約爲父子之國，割幽州管內及新、武、雲、應、朔州之地以賂之，仍每歲許輸帛三十萬"。此外，《通鑑》卷二八〇晉高祖天福元年（936）十一月則載，晉"割幽、薊、瀛、莫、涿、檀、順、新、媯、儒、武、雲、應、環、朔、蔚十六州以與契丹，仍許歲輸帛三十萬匹"。統和二十四年（宋景德元年，1004）遼宋議和，雙方訂立了"澶淵之盟"，商定宋每年送給遼朝銀十萬兩、絹二十萬匹。重熙十一年（1042）正月，遼又派出使節至宋，以要求歸還關南十縣地等事相威脅，迫使宋增加歲幣金帛二十萬。

[3]諸屬國歲貢土宜：指高麗、夏國等每年向遼進貢土產。

　　夫冀北宜馬，海濱宜鹽，無以議爲。遼地半沙磧，三時多寒，春秋耕獲及其時，黍稷高下因其地，蓋不得與中土同矣。然而遼自初年農穀充羨，振饑恤難用不少靳，旁及鄰國，沛然有餘，果何道而致其利歟？此無他，勸課得人，規措有法故也。世之論錢幣者，恒患其重滯之難致、鼓鑄之弗給也，於是楮幣權宜之法興焉。西北之通舟楫，比之東南十纔一二。遼之方盛貨泉流衍，國用以殷，給成賞征，賜與億萬，未聞有所謂楮幣也，[1] 又何道而致其便歟？此無他，舊儲新鑄並聽民用故也。孟子曰：“周于利者凶年不能殺。”[2] 人力苟至，一夫猶足以勝時災，況爲國乎。以是知善謀國者，有道以制天時、地利之宜，無往而不遂其志。食莫大於穀，貨莫大於錢，特志二者，以表遼初用事之臣亦善裕其國者矣。

　　[1] 楮幣：紙錢。《日知録》卷一一《鈔》：“今日上下皆銀，輕裝易致，而楮幣自無所用。”注：“周必大《二老堂雜誌》：近歲用會子，乃四川交子法，特官券耳。不知何人目爲‘楮幣’，遂入殿試御題。若正言之，猶紙錢也，乃以爲文，何邪？”
　　[2] 周于利者凶年不能殺：見《孟子·盡心下》，意思是説人們追求物質豐厚，生活有保障，故凶荒之年亦無生路斷絶之憂。

（李錫厚注　劉鳳翥校）

遼史　卷六一

志第三十

刑法志上

　　刑也者，始於兵而終於禮者也。鴻荒之代，生民有兵如蠆有螫，自衛而已。蚩尤惟始作亂，[1]斯民鴟義，[2]姦宄並作，刑之用豈能已乎？帝堯清問下民，[3]乃命三后恤功于民，[4]伯夷降典，折民惟刑。故曰刑也者，始於兵而終於禮者也。先王順天地四時以建六卿。[5]秋，刑官也，象時之成物焉。秋傳氣於夏，變色於春，推可知也。

　　[1]蚩尤惟始作亂：《史記》卷一《五帝本紀》：“蚩尤作亂，不用帝命。”《正義》曰：“言蚩尤不用黃帝之命也。於是黃帝乃徵師諸侯，與蚩尤戰於涿鹿之野，遂禽殺蚩尤。”
　　[2]斯民鴟義：言平民都產生了惡義。“鴟義”見《尚書·呂刑》：“蚩尤惟始作亂，延及於平民，罔不寇賊，鴟義姦宄，奪攘矯虔。”明人丘濬《大學衍義補》卷一三三引蔡沈曰：“言鴻荒之世，

渾厚敦厖，蚩尤始開暴亂之端，驅扇熏炙，延及平民，無不爲寇、爲賊。'鴟義'者，以鴟張跋扈爲義；矯虔者，矯詐虔劉也。”

[3]帝堯：傳說上古時代帝名。帝嚳之子，初封於陶，又封於唐，故號陶唐氏。以子丹朱不肖，傳位於舜。參《史記·五帝本紀》。

[4]乃命三后恤功于民：“三后”指伯夷、禹和稷。見《尚書·呂刑》：“乃命三后，恤功于民：伯夷降典，折民惟刑；禹平水土，主名山川；稷降播種，農殖嘉穀。”孔傳：“伯夷下典禮，教民而斷以法；禹治洪水，山川無名者主名之；后稷下教民播種，農畝生善穀。所謂堯命三君，憂功於民。”

[5]六卿：指《周禮·考工記》所記之六官，即天官、地官、春官、夏官、秋官和冬官。《周禮注疏·原目》漢鄭氏目録：“六官之記，可見者堯育重黎之後，羲和及其仲叔四子掌天地、四時。《夏書》亦云‘乃召六卿’。商周雖稍增改，其職名六官之數則同矣。”《考工記》所記“六卿”雖上古之官制，實是戰國時期之人僞託。賈公彥疏釋曰：“《冬官》一篇其亡已久，有人尊集舊典，録此三十工以爲《考工記》，雖不知其人，又不知作在何日，要之在於秦前。是以得遭秦滅焚典籍，韋氏、裘氏等闕也。故鄭云前世識其事者，記録以備大數耳。”

　　遼以用武立國，禁暴戢姦，莫先於刑。國初制法，有出於五服、三就之外者，[1]兵之勢方張、禮之用未遑也。及阻午可汗知宗室雅里之賢，[2]命爲夷离堇以掌刑辟，[3]豈非士師之官非賢者不可爲乎。太祖、太宗經理疆土，擐甲之士歲無寧居，威克厥愛，[4]理勢然也。子孫相繼，其法互有輕重，中間能審權宜，終之以禮者，惟景、聖二宗爲優耳。

[1]五服、三就：見《尚書·虞書》："五刑有服，五服三就。"
"服"是服從的意思，刑罰有五，五刑既然服從，即就三處行刑。
孔傳："五刑，墨、劓、刖、宮、大辟；服，從也，言得輕重之中
正。"又曰："既從五刑，謂服罪也。行刑當就三處：大罪於原野，
大夫於朝，士於市。"

[2]阻午：契丹遙輦氏當政時期的第二任可汗。　雅里：遼太
祖阿保機之始祖。又稱涅里、泥里。

[3]夷離堇：契丹部族官名。源於突厥語官名"俟斤"
（Irkin）。突厥各部的最高元首稱"可汗"（Qaghan），其他各部酋
長則稱爲俟斤。初，契丹"其君大賀氏，有勝兵四萬，臣於突厥，
以爲俟斤。"（《新唐書》卷二一九《契丹傳》）後，契丹首領自立
爲可汗，其下所屬各部酋長則稱爲"俟斤"，亦即夷離堇。契丹立
國後，大部族之夷離堇稱王，小部族之夷離堇則稱爲節度使。舉凡
一部之軍政、民政皆由其統掌。參韓儒林《穹廬集》（第314—316
頁）。

[4]威克厥愛：見《尚書·夏書·胤征》："嗚呼！威克厥愛，
允濟；愛克厥威，允罔功。"意思是能以威嚴克服寵愛，則必有成
功；反之以寵愛勝過威嚴，則無以濟衆信，必然無功。

　　然其制，刑之凡有四：曰死，曰流，曰徒，曰
杖。[1]死刑有絞、斬、凌遲之屬，[2]又有籍沒之法。[3]流
刑量罪輕重，置之邊城、部族之地，遠則投諸境外，又
遠則罰使絕域。徒刑一曰終身，二曰五年，三曰一年
半。終身者決五百，其次遞減百。又有黥刺之法。[4]杖
刑自五十至三百，[5]凡杖五十以上者，以沙袋決之；又
有木劍、大棒、鐵骨朵之法。[6]木劍、大棒之數三，自
十五至三十；鐵骨朵之數，或五、或七。有重罪者，將

決以沙袋，先于脽骨之上及四周擊之。

[1]刑制之凡有四：唐律在杖刑以下還有“笞”，所以凡五種。

[2]凌遲：死刑的一種。明人周祈《名義考》卷七：宋人趙與旹《賓退錄》卷八“律文，罪雖甚重，不過絞、斬而已。凌遲一條，五季方有之，至今俗稱爲‘法外’云”。明人丘濬《大學衍義補》卷一〇四：“自隋唐以來，除去前代慘刻之刑，死罪惟有斬、絞二者。至元人，又加之以凌遲處死之法焉。所謂凌遲處死，即前代所謂呙也，前代雖於法外有用之者，然不著於刑書。著於刑書，始於元焉。”

[3]籍没：中國古代依照法律登記罪犯所有的家產，予以没收的稱爲“籍没”。遼代的籍没之法，還包括將犯罪者親屬收爲官奴婢。

[4]黥刺：亦稱墨刑，刑罰的一種。《尚書·呂刑》：“爰始淫爲劓、刵、椓、黥。”即面上刺字。宋人葉夢得《石林燕語》卷七：“狄武襄，起行伍，位近臣，不肯去其黥文，時特以酒濯面，使其文顯，士卒亦多譽之。”

[5]杖刑自五十至三百：【劉校】三百，原本作“二百”，中華修訂本據明抄本、南監本、北監本和殿本改。今從改。

[6]鐵骨朵：《遼史拾遺》卷一五引《燕北錄》曰：“鐵爪（番呼髮覻）以熟鐵打作，八片虚合，或用柳木作柄，約長三尺，兩邊鐵裹。打數不過七下。”

拷訊之具，有麄、細杖及鞭、烙法。麄杖之數二十；細杖之數三，自三十至于六十。鞭、烙之數，凡烙三十者鞭三百，烙五十者鞭五百。被告諸事應伏而不服者，以此訊之。

品官公事誤犯，民年七十以上、十五以下犯罪者，聽以贖論。贖銅之數，杖一百者，輸錢千。亦有八議、八縱之法。[1]

[1]八議：【劉注】又稱"八辟"，八種人的犯罪須經特別審議，並可減免刑罰的方法。漢代改名八議，三國魏正式寫入法典，一直沿用到清代。唐代長孫無忌《唐律疏議‧名例》："八議：一曰議親，謂皇帝袒免以上親，及太皇太后、皇太后緦麻以上親，皇后小功以上親；二曰議故，謂故舊；三曰議賢，謂有大德行；四曰議能，謂有大才業；五曰議功，謂有大功勳；六曰議貴，謂職事官三品以上，散官二品以上，及爵一品者；七曰議勤，謂有大勤勞；八曰議賓，謂承先代之後爲國賓者。"後來成爲歷代封建帝王的親族、近臣減刑免刑的特權規定。

籍没之法始自太祖爲撻馬狘沙里時，奉痕德菫可汗命，[1]案于越釋魯遇害事，[2]以其首惡家屬没入瓦里。[3]及淳欽皇后時析出，[4]以爲著帳郎君，[5]至世宗詔免之。其後内外戚屬及世官之家，犯反逆等罪復没入焉，餘人則没爲著帳户。其没入宫分、分賜臣下者亦有之。[6]

[1]痕德菫：契丹遙輦氏末代可汗名。又稱"欽德"，其立爲契丹可汗應早於天復元年（901）。據《新唐書》卷二一九《契丹傳》，唐咸通（860—874）間，契丹可汗爲習爾之。"習爾之死，族人欽德嗣。光啓時，方天下盜興，北疆多故，乃鈔奚、室韋，小小部種皆役服之，因入寇幽、薊"。可見，光啓（885—888）時，欽德已在位。

[2]于越：契丹語官名。爲契丹貴官，非有大功德者不授。位在北、南大王之上。

[3]瓦里：本書卷一一六《國語解》“瓦里：官府名，宮帳、部族皆設之。凡宗室、外戚、大臣犯罪者，家屬没入於此”。另據本書卷三一《營衛志上》，諸宮衛轄“石烈二十三，瓦里七十四，抹里九十八”。由此可知“瓦里”衹是部族組織中小於石烈、大於抹里的單位。“没入瓦里”的貴族，實際上是交契丹民衆監管。

[4]淳欽皇后：遼太祖阿保機皇后述律氏的諡號。遼興宗重熙二十一年（1052）九月追諡。本書卷七一有傳。

[5]著帳郎君：皇族、外戚及世官犯罪者没入者獲免之後授予的官職。

[6]没入宮分：即没入斡魯朵諸宮衛爲著帳户。

木劍、大棒者，太宗時制：木劍面平背隆，大臣犯重罪，欲寬宥則擊之。沙袋者，[1]穆宗時制，其制用熟皮合縫之，長六寸，廣二寸，柄一尺許。徒刑之數詳于《重熙制》，杖刑以下之數詳于《咸雍制》，其餘非常用而無定式者，不可殫紀。

[1]沙袋：刑具。金代猶用之，參見《建炎以來繫年要録》卷四七末紹興元年（1131）“是秋”。

太祖初年，庶事草創，犯罪者量輕重決之。其後治諸弟逆黨權宜立法。親王從逆，不磬諸甸人，[1]或投高崖殺之；淫亂不軌者，五車轢殺之；逆父母者視此；訕詈犯上者，[2]以熟鐵錐擉其口殺之。從坐者，量罪輕重杖決。杖有二：大者重錢五百，小者三百。又爲梟磔、生瘗、射鬼箭、炮擲、支解之刑，[3]歸於重法，閑民使不爲變耳。歲癸酉下詔曰：[4]“朕自北征以来，四方獄訟積滯頗多。今休戰息民，群臣其副朕意詳決之，無或冤枉。”乃命北府宰相蕭敵魯等分道疏決。[5]有遼欽恤之意，昉見于此。神册六年，[6]克定諸夷，上謂侍臣曰：“凡國家庶務鉅細各殊，若憲度不明則何以爲治，群下亦何由知禁。”乃詔大臣定《治契丹及諸夷之法》,[7]漢人則斷以《律》《令》,[8]仍置鍾院以達民冤。[9]

[1]不磬諸甸人：【劉注】磬，彎腰。表示謙恭、服從。《禮記·曲禮上》“立如齊”，鄭玄注：“磬且聽也。”孔穎達疏：“磬者謂屈身如磬之折殺。”甸人，古官名。掌田野之事及公族死刑。《禮記·文王世子》：“公族，其有死罪，則磬於甸人；其刑罪，則纖剸，亦告於甸人。”

[2]訕詈：譏毀詬罵。《長編》卷二三六熙寧五年（1072）閏七月庚申載神宗曰：“聞開封近勘到府界百姓但有作禳，已典買弓箭，因致怨讟，慮亦有不易者。先是，皇城司察保丁以教閱不時及買弓箭、衣著勞費，往往訕詈。”

[3]射鬼箭：契丹人的巫術、刑罰。皇帝出征及祭祀先帝時，都要行這種巫術。即取死囚一人，置於所要前往之方向，以亂箭射殺，名爲射鬼箭。契丹人認爲，以此可以袚除不祥。班師歸來則以俘虜射鬼箭。後來則以此作爲刑罰的一種。

[4]歲癸酉：指後梁乾化三年（913）。

[5]宰相：契丹部族官名。契丹可汗之下有北、南二府，各部族則分屬二府，故北宰相亦稱北府宰相，南宰相亦稱南府宰相。蕭敵魯（？—918）：阿保機妻述律氏之兄。阿保機即汗位以後，敵魯與曷魯等總宿衛事，爲佐命功臣。後拜北府宰相。本書卷七三有傳。

[6]神册：遼太祖耶律阿保機年號（916—922）。

[7]《治契丹及諸夷之法》：專門適用於契丹及遼境内其他少

數民族的法律。遼朝"以國制治契丹，以漢制待漢人"。所謂"國制"即契丹部族社會的舊制，而"漢制"則主要是指唐制。神册六年（921），阿保機"詔大臣定《治契丹及諸夷之法》，漢人則斷以《律》《令》"。本書卷七四《康默記傳》載，神册立法之前，"時諸部新附，文法未備，默記推析《律》意，論決重輕，不差毫釐。罹禁網者，人人自以爲不冤"。由於《治契丹及諸夷之法》不健全、不完備，所以立法之後，在許多情況下，也仍然需要執行《唐律》中的規定。比如，本書卷四《太宗本紀下》載，會同二年（939），"乙室大王坐賦調不均，以木劍背撻而釋之"。"賦調不均"這是遼初乙室部移居山後地區、一部分人開始從事農業生産之後纔出現的新問題，故在《治契丹及諸夷之法》中没有相應的規定。《唐律·户婚律》："諸差科賦役違法及不均平，杖六十。"乙室大王所受處罰，顯然是以這一規定爲依據的。又如，本書卷一二《聖宗本紀三》統和六年（988）"奚王籌寧殺無罪人李浩，所司議貴，請貸其罪，令出錢贍浩家，從之"。"議貴"是《唐律》中關於對權貴犯罪應減免處罰的規定，爲"八議"之一："議者，原情議罪，稱定刑之律而不正決之"（《唐律疏議》卷二《名例律》）。正因爲遼朝統治者在制定了《治契丹及諸夷之法》後，仍需在部族中繼續輔之以推行《唐律》，所以統和元年（983），聖宗纔同意樞密院把南京所進《律》文譯成契丹文。

〔8〕《律》《令》：即《唐律》《唐令》。

〔9〕鍾院：供冤發擊鍾陳達於皇帝，以便訴冤情。《續文獻通考·刑考》："謹按，鍾院者，凡有冤，擊鍾以達於上，猶怨鼓云。至穆宗時廢，窮民冤無所訴。景宗詔復之，仍命鑄鍾，紀詔其上，道所以廢置之意。"

至太宗時，治渤海人一依漢法，[1]餘無改焉。會同四年，[2]皇族舍利郎君謀毒通事解里等，[3]已中者二人，命重杖之，及其妻流于厥拔離弭河，[4]族造藥者。[5]

[1]渤海人：即遼滅渤海國以後其治下的渤海人。因其生產、生活方式與漢人相近，故治渤海人一依漢法。

[2]會同：遼太宗耶律德光年號（938—947）。

[3]通事：唐官名。唐於中書省置通事舍人十六人，從六品上。掌朝見引納，殿庭通奏。四方入貢，也經由通事舍人轉呈皇帝。後，任此職者多通“四夷”語言。　解里（？—914）：即耶律轄底之子迭里特。據本書卷一一二《轄底傳》：迭里“太祖在潛，已加眷遇，及即位拜迭剌部夷离堇”。後從剌葛亂，與其父轄底俱被縊殺。

[4]于厥：部族名。即烏古。

[5]族：即夷三族，古稱爲“孥戮”。《唐律疏議·進律表》：“周罪人不孥，謂罪止其身，不及其家之人。秦始作夷三族法，謂父族、母族、妻族也。”

　　世宗天禄二年，天德、蕭翰、劉哥及其弟盆都等謀反，[1]天德伏誅，杖翰，流劉哥，遣盆都使轄戛斯國。[2]夫四人之罪均而刑異。遼之世，同罪異論者蓋多。

[1]蕭翰（？—949）：契丹外戚。應天皇太后述律氏之侄。大同元年（947）從太宗入汴，爲宣武軍節度使。世宗即位後，附世宗反對應天皇太后，娶世宗妹阿不里。天禄間，一再謀反，伏誅。本書卷一一三有傳。

[2]轄戛斯：即黠戛斯，唐代西北民族名。原居西伯利亞葉尼塞河流域。契丹興起並據有漠北時，稱轄戛斯，遼朝在其地設有轄戛斯大王府。金代稱之爲紇里迄斯，蒙古人稱之爲吉利吉斯，清代隨着准噶爾人的叫法稱之爲布魯特。西遼的西遷和十三世紀蒙古的

西征都影響到黠戛斯，促成部分黠戛斯人南遷。十五世紀以後，黠戛斯人被准噶爾人驅逐到中亞費爾干納一帶。十八世紀中葉，清朝平定准噶爾，部分黠戛斯人返回七河流域故居。【劉注】俄羅斯至今有哈卡斯共和國。首府阿巴坎，其主體民族即古代的轄戛斯。

穆宗應曆十二年，國舅帳郎君蕭延之奴海里彊陵拽剌禿里年未及之女，[1]以法無文，[2]加之宮刑，[3]仍付禿里以爲奴。因著爲令。十六年，諭有司："自先朝行幸頓次必高立標識以禁行者。比聞楚古輩，故低置其標深草中，利人誤入，因之取財。自今有復然者，以死論。"然帝嗜酒及獵，不恤政事，五坊、掌獸、近侍、奉饍、掌酒人等，[4]以獐鹿、野豕、鶻雉之屬亡失傷斃，及私歸逃亡，在告踰期，召不時至，或以奏對少不如意，或以飲食細故，或因犯者遷怒無辜，輒加炮烙、鐵梳之刑，[5]甚者至于無筭。或以手刃刺之，斬、擊、射、燎、斷手足、爛肩股、折腰脛、劃口碎齒、棄屍于野，且命築封于其地，死者至百有餘人。京師置百尺牢以處繫囚。蓋其即位未久，惑女巫肖古之言，取人膽合延年藥，故殺人頗衆。後悟其詐，以鳴鏑叢射、騎踐殺之。[6]及海里之死爲長夜之飲，五坊、掌獸人等及左右給事誅戮者相繼不絕。雖嘗悔其因怒濫刑，諭大臣切諫，在廷畏懦，鮮能匡捄，[7]雖諫又不能聽。當其將殺壽哥、念古，殿前都點檢耶律夷臘葛諫曰：[8]"壽哥等斃所掌雉，畏罪而亡，法不應死。"帝怒，斬壽哥等，[9]支解之。命有司盡取鹿人之在繫者凡六十五人，斬所犯重者四十四人，餘悉痛杖之。中有欲寘死者，賴王子必攝等諫得免。[10]已而怒頗德飼鹿不時，致傷而斃，遂殺之。季年，暴虐益甚，嘗謂太尉化葛曰：“朕醉中有處決不當者，醒當覆奏。”徒能言之，竟無悛意，故及於難。雖云虐止褻御，[11]上不及大臣，下不及百姓，然刑法之制，豈人主快情縱意之具邪。

[1]國舅帳：遼朝有大國舅司，掌乙室己、拔里二帳之事。世宗以其舅氏爲國舅別部，剌只撒古魯應掌國舅別部。　捜剌：契丹語“走卒”謂之“捜剌”，後爲軍官名。有掌旗鼓者，稱“旗鼓捜剌”，還有專司偵候、探報等職者。　年未及之女：【劉校】據中華點校本校勘記，“及”下疑脱“笄”字。

[2]法無文：表明當時沒有成文法。

[3]宮刑：閻若璩《尚書古文疏證》卷四：“（鄭）康成注《周禮》云‘宮者，丈夫割其勢，女子閉於宮中’。若今宦男女是。是暫罷旋復矣。直至隋文帝開皇元年方永行停止……隋初始革男子宮刑，婦人猶幽閉於宮。”

[4]五坊：契丹北面官機構名。唐始置。唐設雕、鶻、鷂、鷹、狗五坊，專供皇帝狩獵時用。　近侍：皇帝身邊的侍從。宋人王楙《野客叢書》卷一五：“漢《起居注》在宮爲女史之職，自魏晉以來，《起居注》皆近侍之人所録，不復女職矣。”

[5]炮烙、鐵梳之刑：用燒紅的鐵烙人的刑罰謂之炮烙。又據《太平御覽》卷六〇五：“作筆當以鐵梳梳兔豪毛及羊青毛。”以鐵梳施刑罰，僅見於遼。

[6]鳴鏑：“大頭矢，或曰鳴鏑。”見明人方以智《通雅》卷三五。《史記》卷一一〇《匈奴列傳》：“冒頓乃作爲鳴鏑，習勒其騎射，令曰‘鳴鏑所射而不悉射者，斬之’。”《集解》引《漢書音義》曰：“鏑，箭也，如今鳴射也。韋昭曰：矢鏑飛則鳴。”

[7]匡捄（jiù）：【靳注】匡扶挽救。“捄”，同“救”。

[8]殿前都點檢：官名。後周世宗設置殿前司，以都點檢、副都點檢爲正副長官，位在都指揮使之上，爲禁軍統帥。宋初廢。遼設殿前都點檢，爲南面軍官，當係模倣周制。

[9]斬壽哥等：【劉校】原本作“斬壽奇等”，明抄本、南監本、北監本、殿本作“哥”，中華點校本及修訂本徑改。今從改。

[10]必攝：太宗第五子。

[11]褻御：指宦官，他們多是皇帝最信任的人。宋人晁補之《雞肋集》卷四五論唐代的宦官之患説：“肅宗以興復大功，神器所歸不在宦官輔翊也，猶驕李輔國用爲兵部尚書，令宰臣送上，遂離間兩宮，虧損上德。而代宗又甚焉，至加輔國尚父，位三公，而元振尤親近用事，譖害大臣。方迫於戎寇，播越憂懼，故一賤士足以悟之，而竟牽褻御之愛，優柔不斷，以毀大刑。然則唐之患藩鎮、宦官，皆代宗啓之。”

　　景宗在潛已監其失。及即位，以宿衛失職，斬殿前都點檢耶律夷臘葛。[1]趙王喜隱自囚所擅去械鏁，[2]求見自辯，語之曰：“枉直未分，焉有出獄自辯之理？”命復縶之。既而躬録囚徒，盡召而釋之。保寧三年，以穆宗廢鍾院，窮民有冤者無所訴，故詔復之，仍命鑄鍾，紀詔其上，道所以廢置之意。吳王稍爲奴所告，[3]有司請鞫，帝曰：“朕知其誣，若案問，恐餘人效之。”命斬以徇。五年，近侍實魯里誤觸神纛，[4]法應死，杖而釋之。庶幾寬猛相濟。然緩于討賊，應曆逆黨至是始獲而誅焉，議者以此少之。

[1]斬殿前都點檢耶律夷臘葛：【劉校】中華修訂本校勘記云，“斬”原誤“監”。據本書卷八《景宗紀上》保寧元年（969）二月

及卷七八本傳改。今從改。

[2]趙王喜隱（？—981）：阿保機幼子李胡之子。字完德，初封趙王。穆宗時曾兩次謀反，下獄。景宗保寧初，宥之，妻以皇后之姊，封宋王，授西南面招討使。稍見進用，復誘群小謀叛，囚於祖州。乾亨三年（981）宋降卒二百餘人欲劫立喜隱，以城堅不得入，立其子留禮壽，上京留守除室擒之。留禮壽伏誅，賜喜隱死。本書卷七二有傳。

[3]吳王稍：東丹王耶律倍第三子。無傳，《皇子表》亦不載。聖宗時曾任上京留守。

[4]神纛：據本書卷一一六《國語解》：“神纛，從者所執。以旄牛尾爲之，纓槍屬也。”

聖宗沖年嗣位，睿智皇后稱制，[1]留心聽斷，嘗勸帝宜寬法律。帝壯，益習國事，銳意於治。當時更定法令凡十數事，多合人心，其用刑又能詳慎。先是契丹及漢人相毆致死，其法輕重不均，至是一等科之。統和十二年詔契丹人犯十惡，[2]亦斷以“律”。舊法死囚尸市三日，至是一宿即聽收瘞。二十四年詔：“主非犯謀反、大逆及流、死罪者，[3]其奴婢無得告首；若奴婢犯罪至死，聽送有司，其主無得擅殺。”二十九年以舊法“宰相、節度使世選之家子孫犯罪徒、杖如齊民，[4]惟免黥面”，詔自今但犯罪當黥，即准法同科。開泰八年以竊盜贓滿十貫，爲首者處死，其法太重，故增至二十五貫，其首處死，從者決流。嘗敕諸處刑獄有冤不能申雪者，聽詣御史臺陳訴，[5]委官覆問。往時大理寺獄訟，凡關覆奏者以翰林學士、給事中、政事舍人詳決，[6]至是始置少卿及正主之，猶慮其未盡，而親爲錄囚。數遣使詣諸道審決冤滯，如邢抱朴之屬，[7] 所至，人自以爲無冤。

[1] 睿智皇后（? —1009）：北府宰相蕭思温女。諱綽，小字燕燕。景宗即位，選爲貴妃。尋册爲皇后，生聖宗。景宗崩，尊爲皇太后，攝國政。統和元年（983），上尊號曰承天皇太后。本書卷七一有傳。

[2] 十惡：《唐律疏議》卷一《名例》所開列的"其數甚惡"的十類罪過，有"謀反""謀大逆""謀叛""惡逆""不道""大不敬""不孝""不睦""不義"和"内亂"。關於懲治"十惡"的規定，其核心在於維護統治秩序。阿保機稱帝前，契丹尚處在氏族社會末期，故在他們的傳統觀念中是没有所謂"十惡"的。遼朝建國後，在專制皇權形成和鞏固的過程中，統治者始利用《唐律》中有關"十惡"的規定，鎮壓契丹人的反抗活動。

[3] 大逆：《唐律疏議·名例》："二曰謀大逆。"注："謂謀毁宗廟、山陵及宫闕。"疏議曰："此條之人干紀犯順，違道悖德，逆莫大焉，故曰大逆。"

[4] 世選：氏族社會遺留下來的選任首領和官員的制度。契丹立國初期汗位繼承在形式上仍實行世選。世選與世襲的區別在於：世襲之制即專制時代盛行的嫡長子繼承制。在這種制度下，嫡長子是當然的繼承人。世襲制度下的繼承問題是皇帝自己的事情，不容許他人介入。世選之制則不同，在這種制度下，有權勢、地位的貴族們可以介入確定汗位繼承人之事，由他們在可汗的兄弟子侄中量才推選繼承人。這種"世選"制度不僅存在於契丹社會中，在這一發展階段上的各個民族，無不如此。

[5] 御史臺：專司監察與糾彈的機構。《唐六典·御史臺》："御史大夫一人，從三品……魏、晉、宋、齊曰蘭臺，梁、陳、後魏、北齊、隋皆曰御史臺，皇朝因之……專知在京百司更置。右肅政臺

專知按察諸州。"《通典·選舉典·雜議論下》："若官長選用濫失，有聞而吏部不舉，請委御史臺彈之；御史臺不舉，即左右彈之。(按《六典》御史有糾不當者，即左右丞得彈奏)。"

[6]大理寺：察理刑獄，掌刑辟的機構。主官爲大理卿。 翰林學士、給事中、政事舍人：此三者都參與冤案的覆審。翰林學士，唐代始設，以專知制誥。此外，遼代尚有宣政殿、觀書殿諸學士，其職掌不見於本書，當亦如宋之雜學士以爲加銜，並不司文翰之事。遼又稱學士爲"林牙"。給事中，《唐六典·門下省》有記，"給事中四人，正五品上"。"掌侍奉左右，分判省事。凡百司奏抄侍中審定，則先讀而署之，以駁正違失"。漢時，給事中多名儒國親爲之，掌左右顧問。政事舍人，《通典·刑典·詳讞》有記，"諸處刑獄有冤不能申雪者，聽詣御史臺陳訴，委官覆問。往時大理寺獄訟凡關覆奏者，以翰林學士、給事中、政事舍人詳決"。

[7]邢抱朴（?—1004）：應州（今山西省應縣）人。保寧初，爲政事舍人、知制誥。統和四年（986），加戶部尚書。遷翰林學士承旨，與室昉同修《實錄》。十二年，拜參知政事。改南院樞密使，二十二年卒，贈侍中。本書卷八〇有傳。

五院部民有自壞鎧甲者，[1]其長佛奴杖殺之，上怒其用法太峻，詔奪官。吏以故不敢酷。撻刺干乃方十因醉言宮掖事，[2]法當死，特貰其罪。五院部民偶遺火，延及木葉山兆域，[3]亦當死，杖而釋之，因著爲法。至於敵八哥始竊薊州王令謙家財，[4]及覺，以刀刺令謙，幸不死。有司擬以盜論，止加杖罪。又那母古犯竊盜者十有三次，皆以情不可恕，論棄市。[5]因詔自今三犯竊盜者黥額、徒三年，四則黥面、徒五年，至于五則處死。若是者，重輕適宜，足以示訓。近侍劉哥、烏古斯嘗從齊王妻而逃，[6]以赦，後會千齡節出首，[7]乃詔諸近侍、護衛集視而腰斬之。於是國無倖民，綱紀修舉，吏多奉職，人重犯法。故統和中，南京及易、平二州以獄空聞。[8]至開泰五年，諸道皆獄空，有刑措之風焉。[9]

[1]五院：契丹部族名。天贊元年（922），以迭剌部強大難制，析五石烈爲五院，六爪爲六院，各置夷离堇。會同元年（938），更夷离堇爲大王，部隸北府，以鎮南境。

[2]宮掖：指皇宮。掖，即掖庭，爲宮中的旁舍，嬪妃居住的地方。《後漢書》卷二三《竇憲傳》："憲恃宮掖聲勢，遂以賤直請奪沁水公主園田。"竇憲是外戚。

[3]木葉山：此指永州境內一座山，契丹人視此山爲神山，其地在西拉木倫河與老哈河匯合處一帶。上建契丹始祖廟，奇首可汗在南廟，可敦（可汗之妻）在北廟，"繪塑二聖並八子神像"。《長編》卷九七宋天禧五年（1021）八月甲申（《宋會要·蕃夷》作天禧四年）記載，宋綬等始至木葉山，"山在中京東微北。自中京東過小河……度土河，亦云撞撞水，聚沙成墩，少人煙，多林木，其河邊平處，國主曾於此過冬。凡八十里至張司空館，七十里至木葉館。離中京皆無館舍，但宿穹帳，欲至木葉三十里許，始有居人瓦屋及僧舍。又歷荊榛荒草，復渡土河，至木葉山，本阿保機葬處。又云祭天之地。東向設氊屋，署曰省方殿，無階，以氊藉地，後有二大帳。次北，又設氊屋，曰慶壽殿，去山尚遠。國主帳在氊屋西北，望之不見"。按，據本書卷三二《營衛志中》"省方殿"是冬捺鉢的殿帳，冬捺鉢在廣平淀，在永州東南三十里。可知木葉山即距此不遠。

[4]敵八哥始竊：依《唐律疏議·賊盜律》，類似這種"先盜後強"，即"先竊其財，事覺之後，始加威力"，當屬"強盜"。依律："其持杖者，雖不得財，流三千里；五匹，絞；傷人者，斬。"

得財達五匹者處絞刑。敵八哥強盜傷人，本應處斬，然而却袛加杖刑。這足以説明，契丹與漢人之間在法律上還存在着不平等。針對這種情況，興宗時期又曾進一步採取措施："往時北人殺漢人者罰，漢人殺北人者死，近聞反此二法，欲悦漢人。漢人未能收其心，而北人亦以怒矣。"事見《長編》卷一五六慶曆五年（1045）閏五月癸丑歐陽脩言。　　薊州：治所在今天津市薊州區。

[5]棄市：執行死刑。古代在鬧市上行刑，並暴屍於街頭，稱爲棄市。

[6]齊王：太宗第二子罨撒葛。會同元年（938）封太平王。景宗封齊王，贈皇太叔，後貶西北邊戍。

[7]千齡節：遼以聖宗生日爲千齡節。

[8]南京：治所在今北京市。　易：州名。治所在今河北省易縣。　平：州名。唐置，治所在今河北省盧龍縣。

[9]刑措之風：刑措，言犯罪者稀少，故刑罰廢而不用。【劉校】刑措之風，原本、南監本、北監本作"刑錯之風"，明抄本、殿本作"刑措之風"，中華點校本及修訂本徑改。今從改。

故事，樞密使非國家重務未嘗親決，凡獄訟惟夷离畢主之。[1]及蕭合卓、蕭朴相繼爲樞密使，[2]專尚吏才，始自聽訟。時人轉相效習，以狡智相高，風俗自此衰矣。故太平六年下詔曰："朕以國家有契丹、漢人，故以南、北二院分治之，蓋欲去貪枉除煩擾也；若貴賤異法，則怨必生。夫小民犯罪，必不能動有司以達於朝，惟内族、外戚多恃恩行賄，[3]以圖苟免，如是則法廢矣。自今貴戚以事被告，不以事之大小，並令所在官司案問，具申北、南院覆問得實以聞；其不案輒申及受請託爲奏言者，以本犯人罪罪之。"七年詔中外大臣曰："制條中有遺闕及輕重失中者，其條上之，議增改焉。"

[1]夷离畢：遼官名。爲執政官，相當於副宰相參知政事。後來官分南、北，北面官有夷离畢院，主要掌刑政。【劉校】據中華修訂本校勘記，"夷离畢"，諸本皆作"夷离堇"，按本書卷一一六《國語解》云"後置夷离畢院以掌刑政"。今據改。

[2]蕭合卓（？—1025）：突呂不部人，字合魯隱。始爲本部吏。統和十八年（1000），使宋還，遷北院樞密副使。開泰三年，爲左夷离畢。本書卷八一有傳。

[3]内族：遼稱耶律氏爲"内族"，是循金修《遼史》之例。據《金史》卷五九《宗室表》："金人初起完顏十二部，其後皆以部爲氏，史臣記録有稱'宗室'者，有稱完顏者。稱完顏者亦有二焉，有同姓完顏，蓋疏族，若石土門、迪古乃是也；有異姓完顏，蓋部人，若歡都是也。大定以前稱'宗室'，明昌以後避睿宗諱稱'内族'，其實一而已，書名不書氏，其制如此。"遼之耶律氏不入宗室屬籍者，稱"庶耶律"，如本書卷八九《耶律庶成傳》，此人本是季父房之後，"爲妻胡篤所誣，以罪奪官，絀爲'庶耶律'"。

（李錫厚注　劉鳳翥校）

遼史　卷六二

志第三十一

刑法志下

　　興宗即位，欽哀皇后始得志[1]，昆弟專權。馮家奴等希欽哀意，誣蕭涊卜等謀反，[2]連及嫡后仁德皇后。[3]涊卜等十餘人與仁德姻援坐罪者四十餘輩，皆被大辟，[4]仍籍其家。[5]幽仁德于上京，[6]既而遣人弒之。迫殞非命，中外切憤。

　　[1]欽哀皇后（？—1057）：淳欽皇后弟阿古只五世孫。小字耨斤。爲聖宗元妃，生宗真，仁德皇后無子，取而養之如己出。聖宗死後，宗真即位，耨斤自立爲皇太后，攝政，並殺害仁德皇后，謀廢興宗，立重元。本書卷七一有傳。欽哀，據《遼陵石刻集録》，欽哀皇后哀册篆蓋作“欽愛皇后哀册”。

　　[2]蕭涊卜：興宗即位初期的北府宰相。

　　[3]仁德皇后（982—1032）：聖宗皇后。姓蕭氏，小字菩薩哥，睿智皇后弟隗因之女，母爲韓匡嗣之女。年十二，選入掖庭。統和十九年（1001），册爲齊天皇后。生皇子二，皆早卒。開泰五

年（1016），宮人耨斤生興宗，后養爲子。興宗即位後，耨斤自立爲皇太后，將其殺害，年五十。追尊仁德皇后。與欽哀並祔慶陵。

［4］大辟：死刑。《漢書》卷二三《刑法志》"大辟之罰，其屬二百"。師古曰："大辟，死刑也。"

［5］籍：亦稱"籍没"，古代依照法律，登記罪犯所有的家産，予以没收，稱爲"籍没"。遼代的籍没之法，還包括將犯罪者親屬收爲官奴婢。

［6］上京：遼代五京之一。遺址在今内蒙古自治區巴林左旗林東鎮。

欽哀後謀廢立，遷于慶州。[1] 及奉迎以歸，頗復預事，其酷虐不得逞矣。然興宗好名，喜變更，又溺浮屠法，務行小惠，數降赦宥，釋死囚甚衆。

［1］慶州：州城遺址在今内蒙古自治區巴林右旗索博日嘎鎮。

重熙元年詔："職事官公罪聽贖、私罪各從本法，[1] 子弟及家人受賕，不知情者止坐犯人。"先是南京三司銷錢作器皿三斤、持錢出南京十貫及盜遺火家物五貫者處死。至是銅逾三斤、持錢及所盜物二十貫以上處死。二年有司奏："元年詔曰，犯重罪徒終身者加以捶楚而又黥面，是犯一罪而具三刑，宜免黥。其職事官及宰相、節度使世選之家，子孫犯姦罪至徒者，未審黥否？"上諭曰："犯罪而悔過自新者亦有可用之人，一黥其面，終身爲辱，朕甚憫焉。後犯終身徒者，止刺頸。奴婢犯逃，若盜其主物，主無得擅黥其面，刺臂及頸者聽。犯竊盜者，初刺右臂，再刺左，三刺頸之右，四刺左，至于五則處死。”五年，《新定條制》成，詔有司凡朝日執之，[2]仍頒行諸道。蓋纂修太祖以來法令，參以古制。其刑有死、流、杖及三等之徒而五，凡五百四十七條。

[1]職事官：執掌具體政務的官吏。《新唐書》卷一五七《陸贄傳》：“按甲令，有職事官、有散官、有勳官、有爵號。其賦事受奉者，惟職事一官，以敘才能，以位勳德，所謂施實利而寓虛名也；勳、散、爵號，止於服色、資蔭，以馭崇貴，以甄功勞，所謂假虛名佐實利者也。”

[2]詔有司凡朝日執之：【靳校】“凡”原作“定”，中華修訂本據明抄本、南監本、北監本和殿本改。今從改。

時有群牧人竊易官印以馬與人者，[1]法當死，帝曰：[2]“一馬殺二人，不亦甚乎？”減死論。又有兄弟犯彊盜當死，以弟從兄，且俱無子，特原其弟。至於枉法受賕、詐赦走遞、偽學御書、盜外國貢物者例皆免死。郡王貼不家奴彌里吉告其主言涉怨望，[3]鞫之無驗，當反坐，以欽哀皇后裹言，竟不加罪，亦不斷付其主，僅籍没焉。寧遠軍節度使蕭白彊掠烏古敵烈都詳穩敵魯之女為妻，[4]亦以后言免死，杖而奪其官。梅里狗丹使酒殺人而逃，會永壽節出首，[5]特赦其罪。皇妹秦國公主生日，帝幸其第，伶人張隋本宋所遣汋者，[6]大臣覺之以聞，召詰，款伏，乃遽釋之。後詔：“諸職官私取官物者以正盜論。諸帳郎君等於禁地射鹿決杖三百，不徵償，[7]小將軍決二百，已下至百姓犯者決三百。”聖宗之風替矣。

[1]群牧：契丹管理畜群的專門機構。諸路設群牧使司，下設某群太保、某群侍中、某群敞史，朝廷設總典群牧使司，有總典群牧部籍使、群牧都林牙。以"群"爲單位設某群牧司，設群牧使、群牧副使。此外，還有衹管理馬及牛群的機構。遼亡之後，金稱契丹群牧爲"烏魯古"。

[2]帝曰：【劉校】原本作"常曰"，明抄本、南監本、北監本、殿本作"帝曰"。中華點校本及修訂本徑改。今從改。

[3]怨望：怨恨；心懷不滿。漢代賈誼《過秦論》中："百姓怨望，而海内叛矣。"　貼不：聖宗弟隆佑之子。

[4]詳穩：遼朝軍官名。元帥府下設大詳穩司。"詳穩"即漢語"將軍"的轉譯。【劉注】"詳穩"即漢語"將軍"的轉譯的説法似有值得商榷之處。在契丹小字中，"詳穩"作𘳍，"將軍"作𘳍，或𘳍、𘳍。在契丹大字中，"詳穩"作𘳍，"將軍"作𘳍。"詳穩"不是漢語"將軍"的轉譯，而是音譯的契丹語，契丹語中"將軍"是漢語借詞。

[5]永壽節：遼以興宗生辰爲永壽節。

[6]汋（zhuó）者：即間諜。"汋"音酌，與"酌"通。《周禮·秋官》："士師之職，掌士之八成。一曰邦汋。"注引鄭司農云："汋讀如酌，酒尊中之酌。國汋者斟酌盜取國家密事，若今時刺探尚書事。"

[7]徵償：強制賠償。《唐律疏議·雜律·棄毀官私器物》："諸棄毀、亡失及誤毀官私器物者，各備償；若被強盜者，各不坐、不償；即雖在倉庫，故棄毀者徵償；如法其非可償者，坐而不備。"疏議曰："官私器物，其有故棄毀或亡失及誤毀者，各備償。注云：謂非在倉庫而別持守者，謂倉庫之外別處持守而有棄毀、亡失及誤毀官私器物，始合備償。若被強盜，各不坐、不償。雖在倉庫之内，若有故棄毀，徵償如法。其非可償者，止坐其罪，不合徵償。故注云'謂符印、門鑰、官文書類者，實節、木契、制敕並是'。"

道宗清寧元年詔諸宮都部署曰:[1] "凡有機密事即可面奏，餘所訴事以法施行。有投誹訕之書，其受及讀者皆棄市。"[2]二年命諸郡長吏如諸部例，與僚屬同決罪囚，無致枉死獄中。下詔曰:"先時諸路死刑皆待決于朝,[3]故獄訟留滯。自今凡強盜得實者，聽即決之。"四年復詔左夷离畢曰:"比詔外路死刑聽所在官司即決，然恐未能悉其情或有枉者。自今雖已款伏，仍令附近官司覆問，無冤然後決之；有冤者即具以聞。"咸雍元年詔獄囚無家者給以糧。六年帝以契丹、漢人風俗不同，國法不可異施，於是命惕隱蘇、樞密使乙辛等更定《條制》,[4]凡合于《律》《令》者具載之，其不合者別存之。時校定官即重熙舊制，更竊盜贓二十五貫處死一條增至五十貫處死，又删其重復者二條，爲五百四十五條。取《律》一百七十三條，又創增七十一條，凡七百八十九條。增重編者至千餘條，皆分類列以大康間所定，復以《律》及《條例》參校，續增三十六條。其後因事續校，至大安三年止，又增六十七條。條約既繁，典者不能徧習，愚民莫知所避，犯法者衆，吏得因緣爲姦。故五年詔曰:"法者所以示民信而致國治，簡易如天地，不忒如四時，使民可避而不可犯。比命有司纂修刑法，然不能明體朕意，多作條目以罔民于罪，朕甚不取。自今復用舊法，餘悉除之。"

[1]諸宮都部署：應即諸行宮都部署。遼在北、南面官系統中，分別設契丹行宮都部署和漢人行宮都部署，其上則有諸行宮都部署。行宮都部署完全是做中原王朝官制設置的，它不同於專管斡魯

朶事務的某宮都部署的宮官。宋朝皇帝巡幸亦有行宮，且亦有行宮都部署之設。後避英宗趙曙名諱，改稱行宮都總管。詳本書卷四七《百官志三》。

[2]棄市：執行死刑。古代在鬧市上行刑，並暴屍於街頭，稱爲棄市。

[3]待決于朝：【劉校】“待”，原本、北監本作“侍”，明抄本、南監本和殿本作“待”。中華點校本及修訂本徑改。今從改。

[4]惕隱：契丹官名。又稱梯里己，掌皇族政教。　樞密使：官名。樞密院之首長。遼有北、南樞密院，爲遼朝的實際宰輔機構，分別爲北、南面官的首腦機構。北樞密院又稱契丹樞密院，掌軍事、部族；南樞密院又稱漢人樞密院，掌漢人州縣之事。　乙辛（？—1083）：即耶律乙辛。字胡覩袞，五院部人。重熙中，爲文班吏。道宗清寧五年（1059），爲南院樞密使，改知北院，封趙王。九年，重元亂平，拜北院樞密使，進封魏王。咸雍五年（1069），加守太師。詔四方有軍旅，許以便宜從事，勢震中外。大康元年（1075），誣皇后致死，三年又害死太子耶律濬。七年冬，坐以禁物鬻入外國，幽於來州。九年，謀奔宋及私藏兵甲事發，伏誅。本書卷一一〇有傳。

然自大康元年北院樞密使耶律乙辛等用事，宮婢單登等誣告宣懿皇后，[1]乙辛以聞，即詔乙辛劾狀，因實其事。上怒，族伶人趙惟一，斬高長命，皆籍其家，仍賜皇后自盡。[2]三年乙辛又與其黨謀搆昭懷太子，[3]陰令右護衛太保耶律查剌，告知樞密院事蕭速撒等八人謀立皇太子。[4]詔案無狀，出速撒、達不也外補，流護衛撒撥等六人。詔告首謀逆者重加官賞，否則悉行誅戮。乙辛教牌印郎君蕭訛都斡自首“臣嘗預速撒等謀”，[5]因籍姓名以告。帝信之，以乙辛等鞫案，至杖皇太子，囚之宮中別室，殺撻不也、撒剌等三十五人。又殺速撒等諸子，其幼稚及婦女、奴婢、家產皆籍没之，或分賜群臣。燕哥等詐爲太子爰書以聞，上大怒，廢太子，徙上京，乙辛尋遣人弒于囚所。帝猶不寤，朝廷上下，無復紀律。

[1]宣懿皇后（？—1075）：小字觀音，欽愛皇后蕭耨斤弟樞密使蕭惠之女。清寧初年，立爲懿德皇后。生太子濬，有專房之寵。大康元年（1075），賜自盡。天祚帝乾統元年（1101），追謚爲宣懿皇后，與道宗合葬慶陵。本書卷七一有傳。

[2]賜皇后自盡：此即遼史上的“十香詞冤案”。大康元年（1075）六月，道宗詔皇太子總領朝政。奸臣乙辛發現皇太子年輕有爲，正是他專權固寵的最大障礙。他決定通過誣陷皇后，進而達到動搖皇太子地位的目的。道宗在位日久，昏庸愈甚，飾非拒諫，無以復加，對知書達禮的宣懿皇后越來越疏遠。皇后嘗作《回心院詞》排解心中的苦悶，並被之管弦，與伶人趙惟一在宮中演唱。遼朝没有類似中原王朝那樣嚴格的後宮制度，伶人出入宮禁，陪伴皇后消遣，本不足怪。然而皇后身邊有一宮女名單登，是漢人，見此情景甚爲驚異。不久，此事便被乙辛知道了，乙辛以爲可以大加利用。於是，指使單登與教坊朱頂鶴一同誣陷皇后私通趙惟一。其證據據説是皇后爲單登手書的《十香詞》及《懷古詩》。然而《十香詞》格調低下，淫俗不堪，與皇后的身份、教養及性格絶不相類，明眼人一問便可發現是故意栽贓陷害。至於《懷古詩》，乙辛一夥更是肆意曲解。詩云：“宮中只數趙家妝，敗雨殘雲誤漢王；惟有知情一片月，曾窺飛燕入昭陽。”詩中寫的是漢成帝皇后趙飛燕，誣陷者以詩中有“趙惟一”三字，即硬説是皇后與之私通的證據。道宗並不認真分析和調查，而是把此案交給原本是幕後策劃者的耶

律乙辛及張孝傑處理，於是一切都被“證實”了。大康元年（1075）十一月，道宗賜皇后自盡，無辜的伶官趙惟一亦遭族誅。宣懿皇后遭誣陷的《十香詞》冤案始末，在《遼史》中並無具體記載，而是詳載於王鼎《焚椒錄》中。王鼎字虛中，涿州（今屬河北省）人，清寧進士，官至翰林學士，壽昌間升任觀書殿學士，後因細故，遭奪官，被流放到遼朝境内西北部的鎮州。《焚椒錄》即是他流放期間所作，前有自敘，内稱冤案初起時，他正在宮禁中侍奉道宗。當時他家奶母有女名蒙哥，是乙辛家婢女，甚得寵，王鼎即通過這條渠道獲悉此事的詳細經過。除此之外，還有名“蕭司徒”者亦向他講述過這件事的始末。這就是說，《焚椒錄》所記《十香詞》冤案實有所本。清王士禎作《居易錄》，以王鼎書所記與《契丹國志》不合，即懷疑爲僞書，這是沒有根據的。《契丹國志》基本上是雜抄宋人著作成書，其中失實、缺漏之處不一而足。《焚椒錄》所記這一冤案雖不見《契丹國志》記載，但與《遼史》所記不但並無牴牾，而且恰好可以互爲補充，王鼎書基本可信。

[3]昭懷太子：即耶律濬（1058—1077）。道宗長子。天祚帝生父。大康三年（1077）被廢，隨即被耶律乙辛殺害。九年（1083）追謚昭懷太子。乾統元年（1101），追謚爲大孝順聖皇帝，廟號順宗。本書卷七二有傳。

[4]蕭速撒（？—1077）：字禿魯董，突呂不部人。清寧中，歷北面林牙、彰國軍節度使，入爲北院樞密副使。大康二年，乙辛銜之，誣構速撒首謀廢立；按之無驗，出爲上京留守。乙辛復令蕭訛都斡以前事誣告，上怒，不復加訊，遣使殺之。本書卷九九有傳。

[5]蕭訛都斡：國舅少父房之後。咸雍中，補牌印郎君。大康三年（1077），樞密使乙辛令護衛太保耶律查刺誣告耶律撒刺等廢立。訛都斡按乙辛旨意，實其事。後與乙辛議論不合，被誅。本書卷一一一有傳。

天祚乾統元年凡大康三年預乙辛所害者悉復官爵，籍没者出之，流放者還鄉里。至二年始發乙辛等墓，剖棺戮尸，[1]誅其子孫，餘黨子孫減死，徙邊，其家屬奴婢皆分賜被害之家。如耶律撻不也、蕭達魯古等黨人之尤兇狡者，[2]皆以賂免。至于覆軍失城者，第免官而已。行軍將軍耶律涅里三人有禁地射鹿之罪，皆棄市。其職官諸局人有過者，鐫降決斷之外悉從軍。賞罰無章，怨讟日起；[3]劇盜相挺，叛亡接踵。天祚大恐，益務繩以嚴酷，由是投崖、砲擲、釘割、嚛殺之刑復興焉。[4]或有分尸五京，[5]甚者至取其心以獻祖廟。雖由天祚捄患無策，流爲殘忍，亦由祖宗有以啓之也。

[1]戮尸：刑罰的一種。陳屍示衆，以示羞辱。

[2]耶律撻不也（？—1077）：字撒班，係出季父房。清寧年間（1055—1064）補牌印郎君，累經升遷爲永興宮使。大康三年（1077），授北院宣徽使。耶律乙辛謀害太子，撻不也知乙辛姦惡，想要殺乙辛及蕭特里得、蕭十三等人。乙辛知道這一消息後，令其同黨誣構撻不也參與廢立事，於是撻不也被殺。本書卷九九有傳。

[3]怨讟（dú）：【靳注】亦作"怨黷"，指怨恨誹謗。《左傳·宣公十二年》："民不罷勞，君無怨讟。"

[4]投崖：契丹特有的酷刑。不予斬首，而令其自投懸崖而死。主要用於處罰犯反逆罪的親王。　嚛殺：【靳注】一種酷刑。使割肉碎裂而殺之。本書卷一一二《逆臣上·耶律察割傳》："壽安王復令敵獵誘察割，嚛殺之。"《宋史》卷四四九《忠義傳四》："（趙汝翳）宣城人，善射。城破被執，先斷其兩臂，而後嚛殺之。"

[5]五京：遼代五京分別爲上京臨潢府（今內蒙古自治區巴林左旗林東鎮）、中京大定府（今內蒙古自治區寧城縣大明鎮）、東

京遼陽府（今遼寧省遼陽市）、南京析津府（今北京市）和西京大同府（今山西省大同市）。

遼之先代用法尚嚴，使其子孫皆有君人之量，知所自擇，猶非祖宗貽謀之道，不幸一有昏暴者少引以藉口，何所不至。然遼之季世，與其先代用刑同而興亡異者何歟？蓋創業之君施之于法未定之前，民猶未敢測也，亡國之主施之于法既定之後，民復何所賴焉！此其所爲異也。傳曰"新國輕典"，[1]豈獨權事宜而已乎？

[1]新國輕典：見《周禮·大司寇》："大司寇之職掌建邦之三典以佐王，刑邦國、詰四方：一曰刑新國用輕典，二曰刑平國用中典，三曰刑亂國用重典。"鄭玄注："新國者，新辟地、立君之國。用輕法者，爲其民未習於教。"

天祚末年遊畋無度，頗有倦勤意。諸子惟文妃所生敖盧斡最賢，[1]蕭奉先乃元妃兄，[2]深忌之。會文妃之女兄適耶律撻曷里，[3]女弟適耶律余覩，[4]奉先乃誣告余覩等謀立晉王，尊天祚爲太上皇。遂戮撻曷里及其妻，賜文妃自盡。敖盧斡以不與謀得免。及天祚西狩奉聖州，[5]又以耶律撒八等欲劫立敖盧斡，遂誅撒八，盡其黨與。敖盧斡以有人望，即日賜死。當時從行百官、諸局承應人及軍士聞者皆流涕。

[1]文妃（？—1121）：即天祚文妃蕭氏。小字瑟瑟，國舅大父房之女。乾統三年（1003）冬，立爲文妃。生蜀國公主、晉王敖盧斡。敖盧斡平素在眾人之中有威望。天祚元妃之兄蕭奉先對敖盧

榦深懷妒忌，於是誣衊南軍都統耶律余覩陰謀立晉王敖盧榦，以爲文妃參與此事，賜死。本書卷七一有傳。　敖盧榦（？—1122）：天祚皇帝長子，生母是文妃蕭氏。有人望，内外歸心。保大元年（1121），蕭奉先使人誣告南軍都統耶律余覩與文妃密謀立晉王敖盧榦爲帝，余覩被逼投降金朝，文妃被誅。二年，天祚帝賜敖盧榦死。本書卷七二有傳，記事與本紀多有不合。

[2]蕭奉先（？—1122）：天祚元妃之兄。因元妃故，奉先得以累次陞遷，最後官至樞密使，封蘭陵郡王。天慶四年（1114），阿骨打起兵進犯寧江州，天祚命奉先弟嗣先爲都統，率領蕃、漢兵前去征討，於出河店敗績逃走。奉先擔心其弟嗣先被誅，奏請天祚肆赦。從此以後士無鬥志，遇敵即潰。當初，蕭奉先曾誣告耶律余覩勾結駙馬蕭昱陰謀立其外甥晉王爲帝，導致蕭昱被殺，余覩被逼投奔女直。本書卷一〇二有傳。

[3]耶律撻曷里：【劉注】其妻爲天祚文妃之姐，蕭奉先誣告耶律余覩勾結駙馬蕭昱和耶律撻曷里陰謀立其外甥晉王爲帝，耶律撻曷里遇害。

[4]耶律余覩（？—1132）：皇族。保大初年，曾任副都統。其妻是天祚文妃之妹。文妃生晉王；蕭奉先之妹是天祚元妃，生秦王。奉先擔心秦王不能繼承皇位，於是指使人誣陷余覩結納駙馬蕭昱等陰謀立晉王爲帝。天祚爲此殺蕭昱，賜文妃死。余覩在軍中得知此事後，恐怕不能自明而被誅，即率千餘士兵，連同軍帳中的親信叛歸女直。本書卷一〇二有傳。

[5]奉聖州：即新州。治所在今河北省涿鹿縣。

　　蓋自興宗時遽起大獄，仁德皇后戕于幽所，遼政始衰。道宗殺宣懿皇后，遷昭懷太子，太子尋被害。天祚知其父之冤而己亦幾殆，至是又自殺其子敖盧榦。傳曰："於所厚者薄，無所不薄矣。"[1] 遼二百餘年，骨肉屢相殘滅。天祚荒暴尤甚，遂至于亡。噫！

[1]於所厚者薄，無所不薄矣：見《孟子·盡心上》。意思是說如果對於應厚待者反而薄待，那麼就會對一切人都刻薄。

（李錫厚注　劉鳳翥校）

遼史　卷六三

表第一

世表

　　天開於子，地闢於丑，人生於寅。[1]天地人之初，一焉耳矣。天動也，有恒度；地靜也，有恒形；人動靜無方，居止靡常。天主流行，地主蓄泄，二氣無往而弗達，[2]亦惟人之所在而畀付焉。庖犧氏降，[3]炎帝氏、黃帝氏子孫衆多，[4]王畿之封建有限，[5]王政之布濩無窮，故君四方者，多二帝子孫，而自服土中者本同出也。考之宇文周之書，[6]遼本炎帝之後，而耶律儼稱遼爲軒轅後。[7]儼志晚出，盍從《周書》。蓋炎帝之裔曰葛烏菟者，世雄朔陲，後爲冒頓可汗所襲，[8]保鮮卑山以居，號鮮卑氏。[9]既而慕容燕破之，[10]析其部曰宇文、曰庫莫奚、曰契丹。[11]契丹之名，昉見于此。

　　[1]天開於子，地闢於丑，人生於寅：據宋人趙順孫《論語纂疏》卷八，此説始於宋儒邵雍（邵康節），“此是邵子《皇極經世》

中説"。

[2]二氣：中國古代哲學有一種觀點，認爲陰陽二氣是世界的本元。《周易正義》卷首："然變化運行在陰陽二氣，故聖人初畫八卦，設剛柔兩畫，象二氣也。"

[3]庖犧氏：即伏羲氏。唐代司馬貞《補史記·三皇本紀》："太皥、庖犧氏風姓，代燧人氏繼天而王。母曰華胥，履大人跡於雷澤而生庖犧於成紀，蛇身人首，有聖德。""庖犧""伏犧"又作"宓犧"。《漢書》卷八七《揚雄傳》："是以宓犧氏之作易也，緜絡天地，經以八卦。文王附六爻，孔子錯其象而彖其辭，然後發天地之臧，定萬物之基。"師古曰："宓"音"伏"。

[4]黃帝：華夏民族傳説中的始祖。即軒轅氏。 炎帝：華夏民族另一傳説中的祖先。姜姓。一説炎帝即神農氏。

[5]王畿：此爲周制，指王都周圍千里的地域。《周禮·夏官·職方氏》："乃辨九服之邦國，方千里曰王畿。"《後漢書》卷七〇《孔融傳》："王畿之制，千里寰内不以封建諸侯。"

[6]宇文周之書：即《周書》五十卷，唐代令狐德棻等撰。記載北周一代歷史。北周統治者屬鮮卑宇文部，故稱"宇文周"。

[7]耶律儼（？—1113）：析津（今北京市）人。字若思。本姓李氏。咸雍進士。壽昌初，授樞密直學士。拜參知政事。修《皇朝實録》七十卷。本書卷九八有傳。

[8]冒頓可汗：漢初匈奴首領。"葛烏菟"既云爲冒頓所滅，却不見於《漢書·匈奴傳》，顯然係僞託。《周書》卷一《太祖紀》："其先出自炎帝神農氏，爲黃帝所滅，子孫遯居朔野。有葛烏菟者，雄武多算略，鮮卑慕之，奉以爲主，遂總十二部落，世爲大人。"

[9]鮮卑：我國古代少數民族名。其語言屬東胡語系。秦、漢時曾居於遼東，附於匈奴。東漢時北匈奴西遷後，鮮卑進入匈奴故地，勢力漸盛，分東、中、西三部，各置大人統領。晉初分爲數部，其中以慕容、拓跋二氏爲最強。拓跋氏建國號魏，史稱北魏，

後分裂成東魏和西魏。取代東魏的北齊以及取代西魏的北周，其統治者也都是鮮卑人或鮮卑化的漢人。隋、唐以後境内的鮮卑人逐漸融合於漢民族中。

[10]慕容燕：史稱前燕（337—370）。文明帝慕容皝在北方建立的割據政權。

[11]庫莫奚：即奚族。《北史》卷九四《奚傳》謂："奚，本曰庫莫奚。其先東部胡宇文之別種也。"同卷《契丹傳》又云："契丹國在庫莫奚東，與庫莫奚異種同類。並爲慕容晃所破，俱竄於松漠之間。登國中，魏大破之，遂逃迸，與庫莫奚分住。"是奚與契丹原爲一族，至北魏始分而爲二。

隋、唐之際，契丹之君號大賀氏。武后遣將擊潰其衆，大賀氏微，別部長過折代之。過折尋滅，迭剌部長涅里立迪輦組里爲阻午可汗，[1]更號遙輦氏。[2]唐賜國姓，曰李懷秀。既而懷秀叛，唐更封楷落爲王。而涅里之後曰耨里思者，左右懷秀、楷落至于屈戍，幾百年，國勢復振。

[1]迭剌部：契丹部族名。據本書卷三二《營衛志中》"部族上"，遙輦氏時期，原來耶律（即世里）有七部，後合併爲一，成爲迭剌部。　阻午：契丹遙輦氏當政時期的第二任可汗。

[2]遙輦氏：契丹氏族。唐開元二十三年（735），可突于殘黨泥禮殺李過折，立阻午可汗，傳九世，至907年阿保機建國。遙輦九可汗繼位後各建宮衛，遼朝立國後，有遙輦九帳大常袞司之設，掌遙輦九世宮分之事務。

至耨里思之孫曰阿保機，[1]功業勃興，號世里氏，是爲遼太祖。於是世里氏與大賀、遙輦號“三耶律”。自時厥後，國日益大。起唐季，涉五代、宋，二百餘年。名隨代遷，字傳音轉，此其言語、文字之相通，可考而知者也。其所不可知者，有若奇首可汗、胡剌可汗、蘇可汗、昭古可汗，皆遼之先，而世次不可考矣。摭其可知者，作遼世表。

[1]耨里思之孫曰阿保機：【劉校】中華點校本校勘記，據本書卷二《太祖紀下》贊及下文“太祖四代祖耨里思”，應是玄孫。

帝統	契丹先世。
漢	冒頓可汗以兵襲東胡，滅之。[1]餘衆保鮮卑山，因號鮮卑。[2]
魏	青龍中，[3]部長比能稍桀驁，[4]爲幽州刺史王雄所害，散徙潢水之南，黃龍之北。[5]
晉	鮮卑葛烏菟之後曰普回。普回有子莫那，自陰山南徙，[6]始居遼西。九世爲慕容晃所滅，[7]鮮卑衆散爲宇文氏，或爲庫莫奚，或爲契丹。[8]

[1]冒頓可汗以兵襲東胡，滅之：《漢書》卷九四上《匈奴傳》載：冒頓既立，時東胡強，聞冒頓殺父自立，乃使使謂冒頓曰：“欲得頭曼時號千里馬。”冒頓問群臣，群臣皆曰：“此匈奴寶馬也，勿予。”冒頓曰：“奈何與人鄰國愛一馬乎？”遂與之。頃之，東胡以爲冒頓畏之，使使謂冒頓曰：“欲得單于一閼氏。”冒頓復問左右，左右皆怒曰：“東胡無道，乃求閼氏！請擊之。”冒頓曰：“奈

何與人鄰國愛一女子乎?"遂取所愛閼氏予東胡。東胡王愈驕,西侵。與匈奴中間有棄地莫居千餘里,各居其邊爲甌脱。（服虔曰:"甌脱,作土室以伺也。"師古曰:"境上候望之處,若今之伏宿舍也。"）東胡使使謂冒頓曰:"匈奴所與我界甌脱外棄地,匈奴不能至也,吾欲有之。"冒頓問群臣,或曰:"此棄地,予之。"於是冒頓大怒,曰:"地者,國之本也,奈何予人!"諸言與者,皆斬之。冒頓上馬,令國中有後者斬,遂東襲擊東胡。東胡初輕冒頓,不爲備。及冒頓以兵至,大破滅東胡王,虜其民衆、畜產。

[2]因號鮮卑:《晉書》卷一〇八《慕容廆載記》東胡"與匈奴並盛,控弦之士二十餘萬,風俗、官號與匈奴略同。秦漢之際,爲匈奴所敗,分保鮮卑山,因以爲號"。《世表》將鮮卑名號出現提前至漢代,沒有根據。

[3]青龍:魏明帝年號(233—237)。

[4]比能:即軻比能。《三國志·魏書》卷二《文帝國紀》載:黃初六年(225)三月"并州刺史梁習討鮮卑軻比能,大破之"。

[5]爲幽州刺史王雄所害,散徙潢水之南,黃龍之北:這一段源自《新唐書》卷二一九《契丹傳》。

[6]陰山:昆侖山的西北支。西起河套西北,向東綿亘於今内蒙古、河北等省區,與内興安嶺相接。該山脈隨地易名,此所謂"陰山",可能是指今内蒙古境内的大青山。

[7]爲慕容晃所滅:【劉校】據中華點校本校勘記,依《晉書》卷一〇九《前燕載記》,"晃"應作"皝"。

[8]鮮卑衆散爲宇文氏,或爲庫莫奚,或爲契丹:這一段據《周書》卷一《文帝紀上》:"有葛烏菟者,雄武多算略,鮮卑慕之,奉以爲主,遂總十二部落,世爲大人。其後曰普回,因狩得玉璽三紐,有文曰皇帝璽,普回心異之,以爲天授。其俗謂天曰宇,謂君曰文,因號宇文國,並以爲氏焉。普回子莫那,自陰山南徙,始居遼西,是曰獻侯,爲魏舅生之國。"

| 元魏 | 契丹國在庫莫奚東，異族同類，東部鮮卑之別支也，至是，始自號契丹。爲慕容氏所破，俱竄松漠之間。[1]道武帝登國間，大破之，遂與庫莫奚分背。經數十年，稍滋蔓，有部落於和龍之北數百里。太武帝太平真君以來，歲致名馬。獻文時，使莫弗紇何辰來獻，始班諸國末，欣服。[2]萬丹部、何大何部、伏弗郁部、羽陵部、日連部、匹絜部、黎部[3]吐六于部以名馬文皮來貢，得交市于和龍、密雲之間。太和三年，高句麗與蠕蠕謀取地豆于以分之，契丹懼，莫弗賀勿于率其部落車三千乘、衆萬餘口內附，止於白狼水東。[4] |

[1]松漠：契丹原住地。即今内蒙古自治區東部西遼河上游地區，又稱“平地松林”，唐初在此置松漠都督府以統契丹諸部。

[2]始班諸國末，欣服：【劉校】據中華點校本校勘記，“此源於《魏書》卷一〇〇《契丹傳》：‘得班饗於諸國之末’，‘心皆忻慕’，‘莫不思服’，‘欣服’二字，語義不完”。

[3]“萬丹部”至“黎部”：【劉校】據中華點校本本卷校勘記：“萬丹部，按《營衛志》中及《魏書》卷一〇〇、《新唐書》卷二一九《契丹傳》並作悉萬丹部。日連部，連原誤‘速’，據本書卷三五《營衛志中》及《魏書》《新唐書·契丹傳》改。”另據中華點校本卷三二校勘記，伏弗郁部、羽陵部，按此二部本《魏書·契丹傳》。“《魏書·顯祖紀》兩見，並作‘具伏弗郁’‘郁羽陵部’，《册府元龜》卷九六九同。《魏書·勿吉傳》又見‘郁羽陵’之名，《魏書·契丹傳》誤，《通典·邊防典》《北史·契丹傳》及本志均沿誤”。匹絜部及黎部，按此本《魏書·契丹傳》。

"《魏書·顯祖紀》《勿吉傳》並作'匹黎爾部',《册府元龜》卷九六九、《通典·邊防典》作'匹黎部',均作一部之名。本志沿《魏書·契丹傳》誤,分爲二部"。

[4]"契丹國"以下引自《魏書》卷一〇〇《契丹傳》,有删節。原文是:"契丹國,在庫莫奚東,異種同類,俱竄於松漠之間。登國中,國軍大破之,遂逃迸,與庫莫奚分背。經數十年,稍滋蔓,有部落,於和龍之北數百里,多爲寇盜。真君以來,求朝獻,歲貢名馬。顯祖時,使莫弗紇何辰奉獻,得班饗於諸國之末。歸而相謂,言國家之美,心皆忻慕,於是東北群狄聞之,莫不思服。悉萬丹部、何大何部、伏弗郁部、羽陵部、日連部、匹絜部、黎部、吐六于部等,各以其名馬文皮入獻天府,遂求爲常。皆得交市於和龍、密雲之間,貢獻不絶。太和三年,高句麗竊與蠕蠕謀,欲取地豆于分之。契丹懼其侵軼,其莫弗賀勿于率其部落車三千乘、衆萬餘口,驅徙雜畜,求入内附,止於白狼水東。"

北齊	天保四年九月,契丹犯塞,文宣帝親討之,至平州,乃趨長塹。[1]司徒潘相樂率精騎五千,自東道趨青山;安德王韓軌帥騎四千東斷走路。帝親踰山嶺奮擊,虜男女十餘萬,雜畜數十萬。相樂又於青山大破別部,所虜生口分置諸州。復爲突厥所逼,又以萬家寄處高麗境内。[2]

[1]長塹:【劉校】"塹"原誤"漸",中華點校本據《北齊書》卷四《文宣帝紀》及《北史》卷九四《契丹傳》改。今從改。

[2]"天保四年"至"高麗境内":這一段摘自《北齊書·文宣帝紀》,原文是:"九月,契丹犯塞。壬午,帝北巡冀、定、幽、安,仍北討契丹。冬十月丁酉,帝至平州,遂從西道趣長塹。詔司

徒潘相樂率精騎五千自東道趣青山。辛丑，至白狼城。壬寅，經昌黎城。復詔安德王韓軌率精騎四千東趣，斷契丹走路。癸卯，至陽師水，倍道兼行，掩襲契丹。甲辰，帝親踰山嶺，爲士卒先，指麾奮擊，大破之，虜獲十萬餘口、雜畜數十萬頭。樂又於青山大破契丹別部。所虜生口皆分置諸州。是行也，帝露頭袒膊，晝夜不息，行千餘里，唯食肉飲水，壯氣彌厲。丁未，至營州。"

| 隋 | 開皇四年，率諸莫弗賀來謁。五年，悉衆款塞，高祖納之，聽居故地。六年，諸部相攻不止，又與突厥相侵，高祖使使諭解之。別部出伏等違高麗，率衆內附，置於渴奚那頡之北。開皇末，別部四千餘戶違突厥來降，高祖給糧遣還；固辭不去，部落漸衆。遂北徙，逐水草，當遼西正北二百里，依紇臣水而居。[1]東西亘五百里，南北三百里，分爲十部，兵多者三千，少者千餘。有征伐，酋帥相與議之，興兵則合符契。[2]突厥沙鉢略可汗遣吐屯潘垤統之，契丹殺吐屯。大業七年，貢方物。[3] |

[1]紇臣水：【劉校】據中華點校本校勘記，"按《隋書》卷八四、《北史》卷九四《契丹傳》作託紇臣水"。

[2]"開皇四年"至"興兵則合符契"：摘引自《隋書》卷八四《契丹傳》，原文是："開皇四年，率諸莫賀弗來謁。五年，悉其衆款塞，高祖納之，聽居其故地。六年，其諸部相攻擊，久不止，又與突厥相侵，高祖使使責讓之。其國遣使詣闕，頓顙謝罪。其後契丹別部出伏等背高麗，率衆內附。高祖納之，安置於渴奚那

頡之北。開皇末，其別部四千餘家背突厥來降。上方與突厥和好，重失遠人之心，悉令給糧遷本，勑突厥撫納之。固辭不去。部落漸衆，遂北徙逐水草，當遼西正北二百里，依託紇臣水而居。東西亘五百里，南北三百里，分爲十部。兵多者三千，少者千餘。逐寒暑，隨水草畜牧。有征伐，則酋帥相與議之，興兵動衆合符契。"

[3]"突厥沙鉢略可汗"至"貢方物"：以上見《北史》卷九四《契丹傳》。

唐	契丹地直京師東北五千里而贏，東距高麗，西奚，南營州，北靺鞨、室韋，阻冷陘山以自固。射獵居處無常。其君大賀氏有勝兵四萬，析八部，臣于突厥，以爲俟斤。凡調發攻戰，則諸部畢會，獵則部得自行。與奚不平，每鬭不利，輒遁保鮮卑山。[1]武德初，[2]大帥孫敖曹與靺鞨長突地稽俱來朝。二年，入犯平州境。六年，君長咄羅獻名馬、豐貂。貞觀二年，摩會來降，突厥請以梁師都易契丹，太宗曰："契丹、突厥不同類，師都唐編户，我將擒之，不可易降者。"三年，摩會入朝，賜皷纛，由是有常貢。帝伐高麗，悉發契丹、奚首領從軍。還過營州，以窟哥爲左武衛將軍。大帥辱紇主據曲率衆來歸，[3]即其部爲玄州，以據曲爲刺史，隸營州都督府。窟哥舉部内屬，乃置松漠都督府，以窟哥爲都督，封無極男，賜姓李氏。以達稽部爲峭落州，紇便部爲彈汗州，獨活部爲無

逢州，芬問部爲羽陵州，突便部爲日連州，
芮奚部爲徒河州，墜斤部爲萬丹州，伏部
爲匹黎、赤山二州，俱隸松漠府，以辱紇
主爲刺史。窟哥死，與奚叛，行軍總管阿
史德樞賓執松漠都督阿不固，[4]獻于東都。
窟哥二孫：曰枯莫離，彈汗州刺史、歸順
郡王；曰盡忠，松漠都督。敖曹曾孫曰萬
榮，[5]歸誠州刺史。時營州都督趙文翽數侵
侮其下，盡忠等怨望，與萬榮共舉兵，殺
文翽，據營州，自號“無上可汗”，推萬榮
爲帥。不二旬，眾數萬，攻崇州，執擊討
副使許欽寂。武后怒，詔將軍曹仁師等二
十八將擊之，更號萬榮曰“萬斬”，盡忠曰
“盡滅”。戰西硤石黃獐谷，王師敗績。進
攻平州，不克。武后益發兵擊契丹。萬榮
夜襲檀州，清邊道副總管張九節拒戰，萬
榮敗走。俄盡忠死，突厥默啜襲破其部。
萬榮收散兵，復振。別將駱務整、何阿小
入冀州，殺刺史陸寶積，掠數千人。武后
聞盡忠死，詔夏官尚書王孝傑等率兵十七
萬討萬榮，戰東硤石，敗績，孝傑死之，
萬榮進屠幽州。又詔御史大夫婁師德等率
兵二十萬擊之，萬榮乘銳，跋行而南，殘
瀛州屬縣。[6]神兵道總管楊玄基率奚兵掩
擊，[7]大破萬榮，執何阿小，別將李楷固、
駱務整降。萬榮委軍走，玄基與奚四面合
擊，萬榮眾潰，東走。張九節設三伏待之。

萬榮窮蹙，與家奴輕騎走潞河東，[8]儇甚，臥林下。奴斬其首以獻，九節傳東都。契丹餘衆不能立，遂附突厥。開元二年，盡忠從父弟失活率部落歸唐。

失活，玄宗賜丹書鐵券。開元四年，與奚長李大酺偕來，詔復置松漠府，以失活爲都督，封松漠郡王；仍置静析軍；以失活爲經略大使，八部長皆爲刺史。五年，以楊氏爲永樂公主下嫁失活。[9]六年，卒。

娑固，失活之弟，帝以娑固襲爵。開元七年十一月，娑固與公主來朝。衙官可突于勇悍，得衆心，娑固欲除之；事泄，可突于攻之，娑固奔營州。都督許欽澹及奚君李大酺攻可突于，不勝，娑固、大酺皆死。韓愈作"可突干"，劉昫、宋祁及《唐會要》皆作"可突于"。

[1]"契丹地直京師東北五千里"至"輒遁保鮮卑山"：以上見《新唐書》卷二一九《契丹傳》。

[2]武德初：【劉校】原作"武德中"，中華點校本據下文及《舊唐書》卷一九九《契丹傳》改。今從改。

[3]辱紇主據曲：【劉校】中華點校本校勘記云，原闕"辱"字，據《新唐書·契丹傳》改。據曲，《新唐書·契丹傳》《地理志》並作"曲據"，《舊唐書·地理志》作"李去閭"。

[4]阿不固：【劉校】據中華點校本校勘記，依《新唐書·契丹傳》作"阿卜固"。

[5]敖曹曾孫曰萬榮：【劉校】據中華點校本校勘記，曾孫，

《舊唐書·契丹傳》同。《新唐書·契丹傳》作“有孫曰萬榮”。

[6]瀛州：治所在今河北省河間市。

[7]神兵道總管楊玄基：【劉校】據中華點校本校勘記，原作“神兵總管楊立基”，據《新唐書·契丹傳》改。

[8]潞河：源出今河北省张家口市宣化區，流經北京市密雲、通州兩區，經天津合於衛河入海。

[9]五年，以楊氏爲永樂公主下嫁失活：【劉校】據中華點校本校勘記，依《舊唐書·契丹傳》，唐開元三年（715），其首領李失活内附。“明年，失活入朝，封宗室外甥女楊氏爲永樂公主以妻之”。

唐	鬱于，娑固從父弟也，可突于推以爲主，遣使謝罪，玄宗册立襲娑固位。開元十年，鬱于入朝，以慕容氏爲燕郡公主下嫁鬱于，卒。 咄于，[1]鬱于之弟，襲官爵。開元十三年，咄于復與可突于猜阻，與公主來奔，改封遼陽王。[2] 邵固，咄于之弟，[3]國人共立之。開元十三年冬，朝于行在，從封禪泰山，改封廣化郡王，以陳氏爲東光公主下嫁邵固。[4]十八年，爲可突于所弒，以其衆降突厥，東光公主走平盧。 屈列，[5]不知其世系，可突于立之。開元二十二年六月，幽州節度使張守珪大破可突于。[6]十二月，又破之，斬屈列及可突于等，傳首東都，餘衆散走山谷。

過折，[7]本契丹部長，爲松漠府衙官，斬可突于及屈列歸唐。幽州節度使張守珪立之，封北平郡王。是年，可突于餘黨泥禮弒過折，屠其家，一子刺乾走安東，拜左驍衛將軍。自此，契丹中衰，大賀氏附庸於奚王，以通于唐，朝貢歲至。至德、寶應間再至，大曆中十三至，[8]貞元九年、十年、十一年三至，元和中七至，太和、開成間四至。泥禮，耶律儼《遼史》書爲涅里，陳大任書爲雅里，蓋遼太祖之始祖也。

李懷秀，唐賜姓名，契丹名迪輦俎里，[9]本八部大帥。天寶四年降唐，拜松漠都督。安禄山表請討契丹，懷秀發兵十萬，[10]與禄山戰潢水南，禄山大敗，自是與禄山兵連不解。耶律儼《紀》云，太祖四代祖耨里思爲迭剌部夷离菫，遺將只里姑、括里，大敗范陽安禄山于潢水，適當懷秀之世。則懷秀固遙輦氏之首君，爲阻午可汗明矣。

楷落，以唐封恭仁王，代松漠都督，遂稱契丹王。其後寖大。貞元四年，犯北邊，幽州以聞。自禄山反，河北割據，道隔不通，世次不可悉考。[11]

契丹王屈戍，武宗會昌二年授雲麾將軍，是爲耶瀾可汗。[12]幽州節度使張仲武奏契丹舊用回鶻印，乞賜聖造，詔以"奉國契丹"爲文。《高麗古今録》作"屈戌"。

契丹王習爾，[13]是爲巴剌可汗。咸通中，再遣使貢獻，部落寖強。

契丹王欽德，習爾之族也，是爲痕德菫可汗。光啓中，鈔掠奚、室韋諸部，皆役服之，數與劉仁恭相攻。晚年政衰。八部大人，法常三歲代，迭剌部耶律阿保機建旗皷，[14]自爲一部，不肯受代，自號爲王，盡有契丹國，遙輦氏遂亡。

蕭韓家奴有言，先世遙輦可汗洼之後，國祚中絶，自夷离菫雅里立阻午可汗，大位始定。以《唐史》《遼史》參考，大賀氏絶于邵固，雅里所立則懷秀秀也，其間唯屈列、過折二世。屈列乃可突于所立，過折以別部長爲雅里所殺。《唐史》稱泥里爲可突于餘黨，則洼可汗者，殆爲屈列耶。

[1]咄于：【劉校】據中華點校本校勘記，新、舊《唐書·契丹傳》及《通考》卷三四五並作"吐于"。

[2]遼陽王：【劉校】據中華點校本校勘記，新、舊《唐書·契丹傳》作"遼陽郡王"。

[3]邵固，咄于之弟：【劉校】據中華點校本校勘記，新、舊《唐書·契丹傳》作"李盡忠之弟"。

[4]東光公主：【劉校】據中華點校本校勘記，新、舊《唐書·契丹傳》作"東華公主"。

[5]屈列：【劉校】據中華點校本校勘記，新、舊《唐書·契丹傳》作"屈烈"，張九齡《曲江集》卷八作"據埒"。

[6]幽州節度使張守珪：【劉校】據中華點校本校勘記，“新、舊《唐書·契丹傳》並作‘幽州長史張守珪’。按當時張守珪官銜爲‘幽州節度副大使、幽州長史兼御史大夫’，見《曲江集》卷九”。按張九齡《曲江集》卷七《勑擇日告廟》作“幽州節度使、副大使張守珪”。《舊唐書》卷九九《蕭嵩傳》載開元二十四年（736）“幽州節度使張守珪坐賂遺中官牛仙童，貶爲括州刺史”。

[7]過折：【劉校】據中華點校本校勘記，按《曲江集》卷五、卷八作“鬱捷”，卷九、卷一一作“過折”。“遇”“鬱”音同，“過”似應作“遇”。

[8]大曆中十三至：【劉校】據中華點校本校勘記，“原誤‘大曆十二年’，據《新唐書·契丹傳》改。按大曆凡十四年，約每年一次”。今從改。

[9]契丹名迪輦俎里：【劉校】據中華點校本校勘記，按上文作“迪輦組里”。

[10]懷秀發兵十萬：【劉校】中華點校本校勘記云，“據《新唐書·契丹傳》，安禄山發幽州、雲中、平盧、河東兵十餘萬。非懷秀發兵十萬”。

[11]世次不可悉考：【劉校】據中華點校本校勘記，按本書卷四五《百官志一》，遙輦九帳大常袞司已列遙輦九世可汗世次。

[12]授雲麾將軍，是爲耶瀾可汗：【劉校】據中華點校本校勘記，“‘是爲耶瀾可汗’原在下文‘幽州節度使’下，誤以屈戌爲幽州節度使。據《新唐書·契丹傳》改”。今從改。

[13]習爾：【劉校】據中華點校本校勘記，《新唐書》卷二一九《契丹傳》作“習爾之”。

[14]建旗皷：設立象徵部族首領權威的儀仗。皷，即鼓。

（李錫厚注　劉鳳翥校）

遼史　卷六四

表第二

皇子表

　　帝官天下，王者家焉。[1] 至于親九族，[2] 敬五宗，[3] 其揆一也。三代以上，[4] 封建久長，故吳、魯、燕、蔡、衛、晉、鄭，太史遷既著世家，[5] 又列年表，不厭其詳。自漢以降，封建實亡，猶有其名，長世者登世家，自絕者置列傳，然王子侯猶可以年表也。班固以爲文無實，併諸侯削年而表，世君子韙之。自魏以降，不帝不世，王侯身徙數封，朝不謀夕，於是列而傳之。功不足以垂法，罪不足以著戒，碌碌然，[6] 抑又甚焉。今摘其功罪傑然者列諸傳；敍親親之恩，敬長之義，而無他可書者，略表見之，爲皇子表。

　　[1] 帝官天下，王者家焉：歷史上統治者的兩種截然不同的傳承方式。據《册府元龜》卷二五七《儲宮部·建立》，唐代宗廣德二年（764）正月己卯，立元帥尚書令雍王适爲皇太子，适上表稱：

"且五帝三王立嗣殊制。王者家天下，以傳子；帝者官天下，以傳賢。胡有居五帝之時，行三王之禮？"

[2]九族：《白虎通義》卷八《宗族》曰："生相親愛，死相哀痛，有會聚之道，故謂之族。《尚書》曰：'以親九族'。族所以九何？九之爲言'究'也。親疏恩愛，究竟也。謂父族四、母族三、妻族二。父族四者：謂父之姓一族也，父女昆弟適人有子爲二族也，身女昆弟適人有子爲三族也，身女子適人有子爲四族也；母族三者：母之父母一族也，母之昆弟二族也，母昆弟子三族也。母昆弟者，男女皆在外親，故合言之。妻族二者：妻之父爲一族，妻之母爲二族。妻之親略，故父母各一族。"

[3]五宗：大宗爲一，小宗有四，合爲"五宗"。《白虎通義》卷八《宗族》曰："聖者所以必有宗，何也？所以長和睦也。大宗能率小宗，小宗能率群弟，通於有無，所以紀理族人者也。宗其爲始祖後者爲大宗，此百世之所宗也。宗其爲高祖後者，五世而遷者也。高祖遷於上，宗則易於下。宗其爲曾祖後者，爲曾祖宗；宗其爲祖後者，爲祖宗；宗其爲父後者，爲父宗。以上至高祖宗皆爲小宗，以其轉遷別於大宗也。別子者，自爲其子孫爲，祖繼別也各自爲宗。小宗有四，大宗有一，凡有五宗，人之親所以備矣。"

[4]三代：指夏、商、周。

[5]太史遷：即太史公司馬遷，著《太史公書》（《史記》），有"世家"三十篇，並有"十二諸侯年表"。【劉校】太史，原本和明抄本作"大史"，中華點校本及修訂本據南監本、北監本、殿本徑改。今從改。

[6]碌碌然：【劉校】原本作"錄錄然"，中華點校本據明抄本、南監本、北監本、殿本徑改。今從改。

帝系	名字	第行	封爵	官職	功	罪	薨壽	子孫
蕭祖四子：[1]昭烈皇后蕭氏生，懿祖第二，[2]見《帝紀》。	洽脊，字牙新。	第一。		迭剌部夷离菫。[3]	有德行。分五石烈爲七，六爪爲十一。			房在五院司。[4]
	葛剌，字古昆。	第三。		舍利。			早卒。	房在六院司。[5]
	洽禮，字敵輦。	第四。		舍利。				房在六院司。

[1]蕭祖：爲遼太祖耶律阿保機之四代祖耨里思的廟號，重熙二十一年（1052）七月追封。耶律儼《紀》云，唐玄宗天寶年間，太祖四代祖耨里思爲迭剌部夷离菫，曾遣將只里姑、括里，大敗范陽安禄山於潢水。

[2]懿祖：爲遼太祖耶律阿保機的曾祖父薩拉德的廟號，重熙二十一年（1052）七月追封。

[3]迭剌部：契丹部族名。據本書卷三二《營衛志中·部族上》，遙輦氏時期，原來耶律（即世里）有七部，後合併爲一，成爲迭剌部。　夷离菫：契丹部族官名。源於突厥語官名"俟斤"（Irkin）。突厥各部的最高元首稱"可汗"（Qaghan），其他各部酋

長則稱爲俟斤。初，契丹“其君大賀氏，有勝兵四萬，析八部，臣於突厥，以爲俟斤”（《新唐書》卷二一九《契丹傳》）。後，契丹首領自立爲可汗，其下所屬各部酋長則稱爲“俟斤”，亦即夷离堇。契丹立國後，大部族之夷离堇稱王，小部族之夷离堇則稱爲節度使。舉凡一部之軍政、民政皆由其統掌。參韓儒林《穹廬集》（上海人民出版社 1982 年版，第 314—316 頁）。

[4]五院司：即五院部，契丹部族名。原爲迭剌部一部分。太祖阿保機以迭剌部強大難制，析爲五院部和六院部。

[5]六院司：即六院部。

懿祖四子：莊敬皇后蕭氏生,[1]玄祖第三,[2]見《帝紀》。	叔剌。	第一。	舍利。			早卒。	
	帖剌，字痕得。	第二。	九任迭剌部夷离堇。			卒年七十。	六院司,呼爲夷离堇房。〔子轄底〕。[3]

裹古直，字巖母根。	第四。		舍利。	善射。		年幾冠，墮馬卒。	六院司，呼爲舍利房。

[1]莊敬皇后：小字牙里辛，蕭祖曾過其家，爲懿祖聘。乾統三年（1103），追尊爲莊敬皇后。

[2]玄祖：遼太祖耶律阿保機祖父勻德實的廟號。重熙二十一年（1052）七月追封。本書卷五九《食貨志上》載："勻德實爲大迭烈府夷离菫，喜稼穡，善畜牧，相地利以教民耕。"

[3]子轄底：【劉校】原無此三字，據本書卷一一二《轄底傳》補。本傳稱轄底爲"蕭祖孫夷离菫帖刺之子"。

玄祖四子：簡獻皇后蕭氏生，[1]德祖第四，[2]見《帝紀》。	麻魯。	第一。		舍利。		早卒。	

巖木，字敵輦。	第二。	重熙中，[3]追封蜀國王。	三爲迭剌部夷离董。	身長八尺，多力，能裂麖皮。[4]語音如鍾，彌里本嶺去家數里，嘗登嶺呼其從，家人悉聞之。		年四十五薨。	三子：胡古只、末撚、楚不魯[5]。其後即三父房之孟父。[6]
釋魯，[7]字述瀾。	第三。	重熙中，追封爲隋國王。	于越。[8]	駢脅多力，[9]賢而有智。先是，遙輦氏歲貢于突厥，[10]至釋魯爲于越始免。教民種樹桑麻。		年五十七，爲子滑哥所弒。	子滑哥。其後即三父房之仲父。[11]

　　[1]簡獻皇后：阿保機祖母的謚號。本書卷七一有傳。

　　[2]德祖：阿保機父親撒剌的的廟號。重熙二十一年（1052）七月追封。

　　[3]重熙：遼興宗年號（1032—1055）。

　　[4]能裂麚（jiā）皮：【劉校】據中華修訂本校勘記，“麚”原作“付”，據明抄本、北監本、殿本及本書卷一一六《國語解》改。今從改。

　　[5]三子：【劉校】“三”原作“二”，據文意改。　胡古只、末掇、楚不魯：【劉校】據中華修訂本校勘記，“末”原作“求”，據本書卷六六《皇族表》及卷七七《耶律頹昱傳》改。今從改。又按，原無“楚不魯”三字，據本書卷六六《皇族表》補。

　　[6]三父房：【劉注】契丹以玄祖之後爲皇族，分爲三房：玄祖伯子麻魯無後，次子巖木之後曰孟父房；叔子釋魯曰仲父房；季子爲德祖，德祖之元子是爲太祖天皇帝，謂之橫帳；次曰剌葛，曰迭剌，曰寅底石，曰安端，曰蘇，皆曰季父房。遙輦九帳和皇族三父房都是耶律氏，是氏族而不是部落。此處“三父房”原本作“主父房”，明抄本、南監本、北監本、殿本均作“三父房”。中華點校本及修訂本徑改。今從改。

　　[7]釋魯：即述瀾，玄祖匀德實第三子，阿保機的伯父。據本書卷六四《皇子表》，賢而有智，爲迭剌部于越時教民種樹桑麻。年五十七，爲子滑哥所弒。重熙中追封爲隋國王。

　　[8]于越：契丹語官名。爲契丹貴官，非有大功德者不授。位在北、南大王之上。

　　[9]多力：【劉校】“多”原本作“人”，明抄本、南監本、北監本、殿本均作“多”。中華點校本及修訂本徑改。今從改。

　　[10]遙輦氏：契丹氏族。唐開元二十三年（735），可突于殘黨泥禮殺李過折，立阻午可汗，傳九世，至907年阿保機建國。遙輦九可汗繼位後各建宮衛，遼朝立國後，有遙輦九帳大常衮司之設，掌遙輦九世宮分之事務。　突厥：古代族名。曾建立突厥汗

國，至 6 世紀時分裂爲東西兩汗國。當阿保機建立契丹王朝時，突厥汗國早已滅亡。此處的"突厥"可能是指東突厥汗國的餘部。

[11]其後即三父房之仲父：【劉校】"即"原本誤作"良"，諸本均作"即"。中華點校本及修訂本徑改。今從改。

德祖六子宣簡皇后蕭氏生五子,[1]太祖第一,見《帝紀》。	剌葛,[2]字率懶。	第二。		太祖即位,爲惕隱,[3]改迭剌部夷离堇。	爲惕隱,討涅烈部,破之,改爲迭剌部夷离堇。從太祖親征,統本部兵攻下平州。[4]	性愚險。破涅烈部而驕,與弟迭剌、安端等謀亂。[5]事覺,按問,具伏,太祖令誓而捨之。太祖曰："汝謀此事,不過欲富貴爾。"出爲迭剌部夷离堇。	自幽州南竄,[7]爲人所殺。[8]	子賽保。即三父房之季父。

| | | | | | | 復謀爲亂，誘群弟據西山以阻歸路，太祖聞而避之，次赤水城。剌葛詐降，復使神速焚明王樓，大掠而去。至擘只、喝只二河，[6]與追兵戰，衆潰。及鴨里河，女骨部人邀擊之，剌葛輕騎遁去。 | | |

					至榆河，先鋒敵魯生擒之。太祖念其同氣，不忍加刑，杖而釋之。神册二年，南奔。		

[1]宣簡皇后：阿保機母親的謚號。重熙二十一年（1052）七月追封。死於天顯八年（933），本書卷七一有傳。

[2]剌葛：阿保機兄弟，排行第二。關於他與諸弟謀作亂事，《通鑑》卷二七〇後梁均王貞明四年（918）於事後追述此事："初，契丹主之弟撒剌阿撥號北大王，謀作亂於其國。事覺，契丹主數之曰：'汝與吾如手足，而汝興此心，我若殺汝，則與汝何異！'乃因之期年而釋之。撒剌阿撥帥其衆奔晉，晉王李存勗厚遇之，養爲假子，任爲剌史。"天祐十五年（918），晉軍渡河攻汴州，與梁戰於胡柳，失利，撒剌携妻子奔梁。所謂"撒剌阿撥"可能就是剌葛，爲後唐莊宗李存勗所殺。《通鑑》卷二七二後唐莊宗同光元年冬十月（923）詔："契丹撒剌阿撥叛兄棄母，負恩背國，宜與趙巖等並族誅於市。"

[3]惕隱：契丹官名。又稱梯里己，掌皇族政教。

[4]平州：唐置，治所在今河北省盧龍縣。

[5]迭剌：阿保機弟。排行第三，聰明過人，是契丹小字的創

製者。曾參與其兄剌葛謀反。 安端：在阿保機兄弟中排行第五，也曾參與"謀反"。世宗天禄初，賜號"明王"，成爲東丹國的統治者。

[6]至擘只、喝只二河：【劉校】據中華點校本校勘記，"按《紀》太祖二年四月作培只河、柴河"。

[7]幽州：治所在今北京市。

[8]爲人所殺：【劉注】據《舊五代史》卷三〇《莊宗紀第四》，剌葛於同光元年（923）十月丙戌，被後唐莊宗斬於汴橋下。

迭剌，字雲獨昆。[1]	第三。		天顯元年，[2]爲中臺省左大相。[3]	性敏給。太祖曰"迭剌之智，卒然圖功，吾所不及；緩以謀事，不如我。"回鶻使至，[4]無能通其語者，太后謂太祖曰："迭剌聰敏可使。"遣迓之。相從二旬，能習其言與書，因制契丹小字，[5]數少而該貫。	與兄剌葛謀反，剌葛遁，迭剌與安端降，太祖杖而釋之。神册三年，[6]欲南奔，事覺，親戚請免於上，又赦之。	〔子允，孫琮，曾孫昌言、昌時、阿難奴。[7]孫桂、解里、筠〕。[8]

[1]字雲獨昆：【劉注】《耶律琮神道碑》作："烈祖諱匀賭衮，乃大聖皇帝之同母弟也。"雲獨昆、匀賭衮乃契丹語第二個名的同名異譯。

[2]天顯：遼太祖耶律阿保機年號。天顯元年（926）遼太宗耶律德光即位而未改元，沿用十三年（926—938）。

[3]中臺省：東丹國宰輔機構。設左、右大相及左、右次相。

[4]回鶻：古代民族名，即回紇。本突厥別部。北魏時稱袁紇，亦曰烏護、烏紇，至隋稱韋紇。大業元年（605），因反抗突厥的壓迫，與僕固、同羅、拔野古等成立聯盟，總稱回紇。唐天寶三載（744）破東突厥，建政權於今鄂爾渾河流域，有今蒙古高原之地。唐時助平安史之亂，屢尚公主。唐貞元四年（788）自請改稱回鶻。開成五年（840），爲轄戛斯所破，部衆分三支西遷：一支遷吐魯番盆地，稱高昌回鶻或西州回鶻；一支遷蔥嶺以西楚河一帶，即蔥嶺以西回鶻；一支遷河西走廊，稱河西回鶻。歷五代、遼、金，回鶻皆嘗入貢。元明時稱畏吾兒。其族在唐時奉摩尼教，宋元以來改奉回教。

[5]契丹小字：遼代契丹族有自己創制的文字。神册五年（920），創制"契丹大字"。後來，太祖阿保機弟迭剌又制"契丹小字"。契丹小字是拼音文字。自金明昌二年（1191），契丹文字已被明令停止使用，後逐漸湮沒無聞。近數十年來，兩種契丹文字的碑刻皆有發現，但因與漢字對譯的資料很少，特別是還沒有發現契丹文字的字典，所以釋讀工作非常艱難。

[6]神册：遼太祖耶律阿保機年號（916—922）。

[7]子允，孫琮，曾孫昌言、昌時、阿難奴：【劉校】原無此十三字，據《耶律琮神道碑》補。耶律琮，字伯玉，本書卷八六《耶律合住傳》作"耶律合住"。琮是漢名，合住是契丹語小名的音譯。

[8]孫桂、解里、筠：【劉校】原無此三孫，據劉鳳翥、唐彩蘭、青格勒編著《遼上京地區出土的遼代碑刻彙輯》（社會科學文

獻出版社 2009 年版）收錄的《蕭孝恭墓誌銘》補。墓誌稱"此三人皆大聖皇帝親弟大内相之孫也"。

孫阿烈。	太祖命輔東丹王，淳欽皇后遣司徒劃沙殺于路。[4]	生而闇懦。與兄剌葛作亂，兵敗，太祖赦之。後復與剌葛遁至榆河，自刺不死，被擒，太祖釋之。	太祖遺詔寅底石守太師政事令，[2]輔東丹王。[3]	重熙間，追封許國王。	第四。	寅底石，字阿辛。[1]

[1]阿辛：【劉注】劉鳳翥、唐彩蘭、青格勒編著《遼上京地區出土的遼代碑刻彙輯》所收《蕭和妻秦國太妃耶律氏墓誌銘》稱"太祖聖元皇帝同母弟、守太師兼中書令、贈許國王諱亞思，夫人蘭陵氏，曾王父母也"。阿辛、亞思爲契丹語第二個名的不同音譯。第二個名均有尾音 n，阿辛的音譯更加接近實際讀音。

[2]政事令：遼朝南面宰相。遼世宗天祿四年（950）建政事省之前，漢人宰相無定稱；建政事省之後，南面宰相稱"政事令"，且多由契丹貴族擔任這一職務。

[3]東丹王：即遼太祖耶律阿保機長子，漢名倍，契丹名圖欲（突欲，899—936），生母爲淳欽皇后述律平。天顯元年（926）太祖滅渤海建東丹國，突欲被冊爲人皇王，主東丹國政。阿保機死後，其母述律氏立德光，突欲被迫浮海投奔後唐。後唐明宗賜其姓名李贊華。清泰三年（遼天顯十一年，936）石敬瑭率軍攻入洛陽，後唐末帝李從珂約倍與之同死，倍不從，遇害。本書卷七二《義宗

倍傳》也記載"神冊元年春立爲皇太子"。然而，即使確有此事，耶律倍也是徒具"皇太子"名義而已。當時契丹皇太子並不被視爲法定繼承人，因此，阿保機死後，耶律倍還得與其弟德光一同參加選汗，而且最終被德光所排除。

〔4〕淳欽皇后：遼太祖阿保機皇后述律平的謚號。遼興宗重熙二十一年（1052）九月追謚。本書卷七一有傳。

安端，字猥隱。	第五。	天禄初，[1]以功王東丹國，[2]賜號明王。	神冊三年，爲惕隱。天顯四年，爲北院夷离堇。[3]	神冊三年，討平雲州。[4]天顯元年，征渤海，[5]破老相兵三萬餘人；安邊、鄭頡、定理三府叛，[6]平之。太宗即位，有定策功，會同中，[7]伐晉，率兵先出鴈門，下忻、代。[8]世宗初立，以兵往應，及李胡戰于泰德泉，[9]敗之。	與兄剌葛謀亂，妻粘睦姑告變，太祖誓而免之。復叛，兵敗，見擒，杖而釋之。子察割弑逆被誅，穆宗赦通謀罪，放歸田里。	〔應曆二年十二月辛亥薨〕。[10]

[1]天禄：遼世宗年號（947—951）。

[2]東丹國：天顯元年（926）正月，耶律阿保機率軍攻入渤海王都忽汗城，滅掉了號稱"海東盛國"的渤海國。《五代會要·契丹》記載："天成元年七月，攻渤海國扶餘城，下之，命其長子突欲爲國主，號東丹王。"天成元年即遼天顯元年。可能是由於直至當年七月，消息始傳到中原。阿保機以渤海故地建東丹國，意即"東契丹"，並以其長子耶律倍爲東丹王，賜天子冠服，建元"甘露"。東丹建立之初仍都忽汗城，改稱天福城。【劉注】"東丹意即東契丹"的説法似有值得商榷之處。在契丹小字中，"契丹"作"天天火"。"東丹"作"仍天"。二者没有音或義的關聯。"契丹"是一個不能再分割的完整的單詞，在契丹語中，"契丹"不能簡稱成爲"丹"。

[3]天顯四年，爲北院夷离堇：【劉校】據中華點校本校勘記，"天顯"原誤"天贊"。"按《紀》天顯元年安端猶爲惕隱，時北院夷离堇爲斜涅赤。卷七三《耶律斜涅赤傳》載斜涅赤天顯中卒。安端繼之"。今從改。

[4]雲州：治所在今山西省大同市。 神册三年，討平雲州：【劉注】"三年"原作"元年"，據本書卷一《太祖本紀上》神册"三年正月丙申，以皇弟安端爲大内惕隱，命攻雲州及西南諸部"改。

[5]渤海：靺鞨粟末部在今中國東北地區建立的政權。唐武后聖曆元年（698），靺鞨粟末部首領大祚榮建立振國（亦稱震國）。唐玄宗先天二年（713，當年十二月改元"開元"）遣使封大祚榮爲左驍衛大將軍、渤海郡王，又設置忽汗州，加授大祚榮爲忽汗州大都督，並改稱渤海。寶應元年（762）晉爲國。天顯元年（926）爲遼所滅，改稱東丹。【劉注】渤海國最初的國號爲"靺鞨"，不

爲"震國"或"振國"。《新唐書》卷二一九《渤海傳》:"睿宗先
天中(應爲'玄宗先天二年'),遣使拜祚榮爲左驍衛大將軍、渤
海郡王。以所統爲忽汗州,領忽汗州都督,自是始去靺鞨號,專稱
渤海。"這裏不稱"始去震國之號,專稱渤海",而稱"始去靺鞨
之號,專稱渤海"。可見,稱"大祚榮建立震國"是混淆了封號與
國號的區別。《新唐書》卷二一九《渤海傳》稱"武后封乞四比羽
爲許國公,乞乞仲象(大祚榮之父)爲震國公"。"許國公"和
"震國公"都是封號,並不意味着有"許國""震國"等政權。乞
乞仲象死後。他兒子大祚榮繼承了"震國公"的封號,但他不滿足
"公"級別,所以"自號震國王"。"震國王"僅僅是封號,並不意
味着有"震國"。少數民族往往以其民族名爲國號,如"契丹"
"蒙古"等。渤海也應如此。　天顯元年征渤海:【劉校】據中華
點校本校勘記,"天顯"原誤"天贊"。"按《紀》神册三年正月攻
雲州。天顯元年正月征渤海,據改"。今從改。

[6]安邊、鄚頡、定理:三者皆渤海國府名。安邊,治所在安
州,今俄羅斯境内奥耳加城。鄚頡,治所在鄚州,故城在今黑龍江
省哈爾濱市阿城區。定理,治所在今俄羅斯濱海地區蘇城。

[7]會同:遼太宗年號(938—947)。

[8]忻、代:前者指忻州,治所在今山西省忻州市;後者指代
州,治所在今山西省代縣。

[9]李胡(912—960):阿保機第三子,一名洪古,字奚隱。
爲其母述律氏所鍾愛。太宗即位後,天顯五年(930)立爲皇太弟,
兼天下兵馬大元帥。太宗死後,應天皇太后反對世宗兀欲而欲立李
胡,失敗,母子被囚。穆宗時因參與其子喜隱謀反事而下獄死。興
宗時,更謚"章肅皇帝"。本書卷七二有傳。　泰德泉:契丹地名。
據本書卷三三《營衛志下》,六院部大王及都監春夏居泰德泉之北,
以鎮南境。　及李胡戰於泰德泉:【劉注】"及"原本誤作"以",

中華修訂本據明抄本、南監本、北監本、殿本改作"及"。中華點校本徑改。今從改。

[10]應曆二年十二月辛亥薨：【劉校】原本無此十字。據本書卷六《穆宗本紀上》補。

蘇,字雲獨昆。[1]	第六。[2]	神冊五年爲惕隱。六年爲南府宰相。[3]	言無隱情，太祖尤愛之。滄州節度使劉守文求救，[4]太祖命往救，解滄州圍。刺葛詐降，蘇往來其間。既平，蘇力爲多。天贊三年，[5]與迭里略地西南。天顯初，征渤海，攻破忽汗城，[6]大諲譔降。性柔順，事上忠謹。太祖二十功臣，蘇居其一。	在南府，以賄聞，民頗怨。	征渤海國還，薨。	已上並係季父房。〔孫豁里斯，四世孫燕哥〕。[7]〔四世孫蒲古，五世孫鐵驪〕。[8]

[1]字雲獨昆:【劉注】本書卷一一〇《耶律燕哥傳》:"耶律燕哥,字善寧。季父房之後。四世祖鐸穩,太祖異母弟,父曰豁里斯。"雲獨昆、鐸穩乃同一個契丹語第二個名的不同音譯。

[2]第六:【劉校】據中華修訂本校勘記,原作"第四","據明抄本、南監本、北監本、殿本改。據下文,知陳大任《遼史・皇族傳》係以諸子年齒排序,而本表改以嫡庶爲序。疑蘇序齒本爲第四,底本因襲陳氏舊文漏改"。中華點校本徑改,今從。

[3]南府宰相:契丹部族官名。契丹可汗之下有北、南二府,各部族則分屬二府,故北宰相亦稱北府宰相,南宰相亦稱南府宰相。

[4]劉守文 (?—909):劉守光之兄。據《新五代史》卷三九《劉守光傳》:"其兄守文聞父且囚,即率兵討守光,至於盧臺,爲守光所敗,進戰玉田,又敗,乞兵于契丹。明年,守文將契丹、吐渾兵四萬人戰于雞蘇,守光兵敗,守文陽爲不忍,出於陣而呼其衆曰:'毋殺我弟'!守光將元行欽識守文,躍馬而擒之,又囚之於別室,既而殺之。"守文與守光戰於玉田,《通鑑》繫於開平二年 (908)。此後守文借契丹兵與守光復戰於雞蘇,則是在開平三年五月。雞蘇,據胡三省注在薊州 (今天津市薊州區) 西。

[5]天贊:遼太祖年號 (922—926)。

[6]忽汗城:即渤海上京龍泉府,治所在今黑龍江省寧安市渤海鎮。

[7]孫豁里斯,四世孫燕哥:【劉校】原無此九字,據本書卷一一〇《耶律燕哥傳》補。其本傳稱"耶律燕哥,字善寧,季父房之後。四世祖鐸穩,太祖異母弟。父曰豁里斯"。

[8]四世孫蒲古,五世孫鐵驪:【劉校】原無此十字,據本書卷八七《耶律蒲古傳》補。其本傳稱"耶律蒲古,字提隱,太祖弟蘇之四世孫。……爲子鐵驪所弒"。

太祖四子：淳欽皇后蕭氏生三子，太宗第二，見《帝紀》。

倍，小字圖欲，唐明宗賜姓東丹，[1] 名慕華，改賜姓李，名贊華。

第一。

神册元年，立爲皇太子。天顯元年，爲東丹國人皇王，建元甘露，稱制行事，置左右大相及百官，一用漢法。太宗立，詔居東平郡，[2] 升爲南京。[3] 太宗謚曰文武元皇王。

唐遣人來招，倍浮海奔唐，[5] 唐人迎以天子儀衛，改瑞州爲懷化軍，拜懷化軍節度使，瑞、慎等州觀察使。移鎮滑州。[6] 召入，遙領虔州節度使。

聰敏好學，通陰陽、醫藥、箴灸之術，知音律，善畫，工文章。太祖征烏古、党項，[7] 倍爲先鋒都統。[8] 經略燕地，至定州，[9] 聞太祖與李存勗拒於雲碧店，[10]

外寬内忍，刻急，喜殺人。

唐主珂將自焚，遣壯士李彦紳害之，薨年三十八，葬醫巫閭山。[11]

嫠國先、道隱已下並係橫帳。[12]

			世宗謚讓國皇帝。統和中，[4]更謚文獻皇帝。重熙二十年，增謚文獻欽義皇帝。		引兵馳赴，存勗退走。陳渤海可取之計。天顯元年，從征渤海，拔扶餘城，太祖欲括戶口，諫止，且勸乘勢攻忽汗城，夜圍降之。唐李從珂自立，密報太宗曰"從珂弑君，不可不討"。			

[1]唐明宗（867—933）：即李克用養子李嗣源。因其屢建戰功，爲宣武軍節度使，兼蕃漢内外馬步軍總管。後唐莊宗李存勗曾當面許諾"天下與爾共之"。同光元年（923）拜中書令。以名位

高，見疑忌。天成元年（926），趙在禮反於魏，嗣源奉命討除，與叛軍合，南下入汴州。莊宗在洛陽爲亂軍所殺。嗣源隨即入洛陽，即位。更名亶，是爲唐明宗。卒於長興四年（933）。

[2]東平：後稱東京遼陽府。即今遼寧省遼陽市。

[3]南京：本屬渤海。遼太祖滅渤海，以其地設東平郡，太宗天顯三年（928）升爲南京，府名遼陽。天顯十三年（938）改爲東京遼陽。

[4]統和：遼聖宗年號（983—1012）。

[5]唐：五代之一。同光元年（923）由李存勖建立，國號唐，都洛陽（今屬河南省），史稱後唐。

[6]滑州：治所在今河南省滑縣。

[7]烏古：部族名。又稱嫗厥律、于厥律，居契丹西北。 党項：中國古代族名。又稱党項羌，唐以後主要活動於靈、慶、銀、夏等州，即今甘肅、寧夏、陝西和內蒙古等省區交界地區。

[8]都統：官名。唐乾元中，始以都統名官，總諸道征伐。後若調諸道兵馬會戰，多置此職，爲臨時軍事長官，不賜旌節，事解即罷。遼設諸路兵馬都統署司，下有諸路兵馬都統署，都統爲其長官。

[9]定州：治所在今河北省定州市。

[10]李存勖（885—926）：即後唐莊宗。五代時期後唐的建立者。晉王李克用之子。初嗣位爲晉王，據太原，與梁逐鹿中原。龍德三年（923）稱帝，國號唐，史稱後唐，都洛陽。同年十月攻陷梁都汴（今河南省開封市），梁末帝死於兵間。三年後，李存勖死於內亂。

[11]醫巫閭山：遼西名山。位於今遼寧省北鎮市。

[12]婁國（？—952）：東丹王耶律倍之子。字勉辛。天祿五年（951），遙授武定軍節度使。及察割作亂，婁國手刃察割。改南京留守。誘敵獵及群不逞謀逆。事覺，縊於可汗州西谷。本書卷一一二有傳。

李胡，一名洪古，字奚隱。

第三。

天顯五年，立爲皇太弟。[1]統和中，追謚欽順皇帝。[2]重熙二十一年，更謚章肅皇帝。

天顯五年，兼天下兵馬大元帥。[3]

勇悍多力。天顯五年，徇代北，攻寰州，[4]多俘而還。太宗凡親征，常留守京師。

性酷忍，小怒，輒黥人面，或投水火中。世宗即位于鎮陽，[5]太后怒，遣李胡將兵往擊，至泰德泉，爲安端、劉哥所敗。耶律屋質諫太后，[6]李胡作色曰："我在，兀欲安得立?"屋質曰："民心畏公酷暴，無如之何!"太后曰："我與太祖愛汝異於諸子。諺曰：'偏憐之子不保業，難得之婦不主家。'我非不欲立汝，汝自不能矣。"李胡往世宗軍議和，解劍而後見。和約定，趍上京。有告李胡與太后謀廢立，徙祖州。[7]穆宗時，喜隱反，辭連李胡，囚之。

死于囚所，年五十，葬玉峰山西谷。

二子：宋王喜隱、衛王宛。

[1]皇太弟：【劉校】“弟”原本作“第”，明抄本、南監本、北監本、殿本均作“弟”。中華點校本及修訂本徑改。今從改。

[2]統和中，追謚欽順皇帝：【劉校】據中華點校本校勘記，“中”字原脱，據本書卷七二本傳補。又，“欽順，《紀》重熙二十一年九月及《遼文匯》六《韓橁墓誌》均作恭順，此與本傳作欽順者，因陳大任避金章宗父允恭名改”。

[3]天下兵馬大元帥：遼尊號。天贊元年（922）十一月，遼太祖以皇子堯骨（耶律德光）爲天下兵馬大元帥，後繼位，即遼太宗。此後，遼朝歷代皇帝立皇儲，多加此號，成爲皇帝以下的最高尊稱。

[4]寰州：五代後唐置，遼廢。故治在今山西省朔州市東。

[5]鎮陽：即鎮州，故址在今蒙古國布爾幹省青托羅蓋古城。

[6]耶律屋質（917—973）：遼宗室，字敵輦，會同間，爲惕隱。太宗死後，世宗初立，屋質調解太后與世宗的矛盾，得以避免大規模内戰。天禄二年（948），助世宗挫敗天德、蕭翰等謀反。三年，又表列泰寧王察割陰謀事，世宗不聽。後平定察割之亂及立穆宗，皆有功。本書卷七七有傳。

[7]徙祖州：【劉校】“徙”原本作“徒”，明抄本、南監本、北監本、殿本均作“徙”。中華點校本及修訂本徑改。今從改。

宮人蕭氏生一子。	牙里果，字敵輦。	第四。[1]		自晉還，始爲惕隱。	性沉默，善騎射。	天顯三年，救耶律沙于定州，[2]爲李源所獲，[3]至石晉立，[4]始得還。	以病薨。	二子：敵烈、奚底，皆知名。

[1]第四：【劉校】二字原脱，中華修訂本據明抄本、南監本、北監本、殿本補。中華點校本逕補。今從。

[2]耶律沙（？—988）：字安隱。景宗即位，總領南面邊防務。保寧間，宋攻河東，沙將兵救之，有功，加守太保。乾亨初，沙將兵再援北漢，敗於白馬嶺。復與宋戰於高梁河，並從韓匡嗣攻宋。本書卷八四有傳。

[3]李嗣源：李克用養子，即唐明宗。

[4]石晉：此指石敬瑭創立的後晉（936—946），五代第三個王朝。初，石敬瑭獲得契丹耶律德光支持，並向德光割地、稱臣、稱兒。少帝石重貴繼位後，與契丹交惡，爲契丹所滅。

太宗五子：靖安皇后蕭氏生二子，[1]穆宗第一，見《帝紀》。	罨撒葛。	第二。	會同元年，封太平王。[2]世宗詔許與晉主往復以昆弟禮。景宗封齊王，贈皇太叔，謚欽靖。	穆宗委以國政。	謀亂，令司天魏璘卜日，覺，貶西北邊戍。景宗即位，〔罨〕撒葛懼，[3]竄于大漠，召還，釋其罪。	保寧四年，[4]病疽薨。	

[1]靖安皇后蕭氏（？—935）：遼太宗皇后，淳欽皇后弟室魯之女，小字溫。天顯六年（931）八月庚申，生穆宗。本書卷七一有傳。

[2]會同元年封太平王：【劉校】據中華點校本校勘記，本書

卷二《太宗本紀下》載，封罨撒葛爲太平王在會同二年（948）三月。

　　[3]罨撒葛懼：【劉校】各本均脱"罨"字，據本書本卷"名字"欄補。

　　[4]保寧：遼景宗年號（969—979）。

| 宮人蕭氏生三子。 | 天德，[1]字苾扇。 | 第三。 | | | 猛悍趫捷，人望而畏。太宗討石重貴，[2]至望都，[3]晉將杜重威率兵十萬先據河梁。[4]上欲以計破之，募能斷糧道者，天德請以五千騎行。許之。從間道擊走衛送之軍，火其輜重。重威窮蹙，乃降。會同三年，與邸用和使晉。世宗即位，遣天德護送太宗靈柩于上京。[5]太后遣李胡拒世宗，遇耶律留哥等于泰德泉，戰甚力，敗之。 | 與李胡戰于泰德泉，太后聞之不悦，後不復用。與侍衛蕭翰謀反，[6]繫獄。耶律留哥、盆都等辭連天德，併按之。天德斷鎖，不能出。 | 天禄二年，伏誅。 |

[1]天德（？—948）：耶律德光第三子。猛悍趫捷，討石重貴有戰功。世宗即位，奉命護送太宗靈柩還上京，與李胡戰於泰德泉。後與蕭翰謀反，下獄。

[2]石重貴（914—964）：即後晉出帝。後晉高祖石敬瑭之姪，後晉末代皇帝，公元 942 年至 946 年在位。即位後與契丹交惡，開運三年（946）契丹攻入開封，被俘，後死於建州（今遼寧省朝陽市西南）。

[3]望都：縣名。治所在今河北省望都縣。

[4]杜重威（？—948）：朔州（今屬山西省）人。其妻石氏是晉高祖石敬瑭之妹。出帝與契丹絕好，契丹連歲入侵。重威為北面行營招討使、鄴都留守。開運三年（946）秋重威有異志，遣人向契丹請降，契丹許以重威為中原皇帝，重威信以為然，乃伏甲士召諸將，出降表，令諸將署名，並告軍士以糧盡出降，軍士解甲大哭，聲震原野。明年契丹北歸，漢高祖劉知遠攻鄴，重威食盡請降。為漢大臣共誅之。《舊五代史》卷一〇九、《新五代史》卷五二有傳。

[5]上京：遼前期都城。稱臨潢府，治所在今內蒙古自治區巴林左旗林東鎮波羅城。

[6]蕭翰（？—949）：契丹外戚。應天皇太后述律氏之姪。大同元年（947）從太宗入汴，為宣武軍節度使。世宗即位後，附世宗反對應天皇太后，娶世宗妹阿不里。天禄間，一再謀反，伏誅。本書卷一一三有傳。

敵烈，字巴速菫。	第四。	保寧初，封冀王。	多力善射。保寧初，宋人侵漢，[1]與南府宰相耶律沙將兵往援，却敵而還。	與宣徽使耶律海思等謀反，[2]事覺，穆宗釋之。乾亨初，[3]宋主攻河東，至白馬嶺，敵烈以先鋒度澗，未半，宋軍逆擊，師潰。	歿于陣。	子哇哥，白馬嶺之敗，俱歿。
必攝，字篯菫。	第五。	景宗封爲越王。[4]	應曆間，[5]族人恒特及蕭啜里有罪，欲亡，必攝密以聞。上以爲忠，常以侍從。上好畜鹿，有傷斃及逸去，即殺主者。適欲誅一監養鹿官，必攝諫而免。景宗時，討党項有功。		以疾薨。	

[1]漢：指五代時期的北漢，是十國之一。後漢乾祐四年（951）河東節度使劉崇稱帝，國號仍稱漢，都晉陽（今山西省太原市），史稱北漢。依附契丹。太平興國四年（979）爲北宋所滅。歷四主，凡二十九年。

[2]宣徽使：遼朝官名。遼設北、南宣徽，分隸北、南樞密院之下。宣徽北院使常執行軍事使命。此外，宣徽使還掌領朝會、宴饗、禮儀、祭祀及御前祗應之事。

[3]乾亨：遼景宗年號（979—983）。

[4]景宗封爲越王：【劉校】景宗，據中華點校本校勘記，原誤“穆宗”。“按《紀》封越王在保寧元年四月，據改”。今從改。

[5]應曆：遼穆宗年號（951—969）。

| 世宗三子：景宗第二。 | 吼阿不。 | 第一。舊史《皇族傳》書在第三，且云未詳所出。按《景宗本紀》云，景宗皇帝，世宗第二子。又按舊史《本傳》云，景宗立，親祭於墓，追册爲皇太子。當是世宗嫡長子也。 | 景宗立，追册爲皇太子，謚莊聖。 | | | 早薨。墓號太子院。 | |

應曆末,與宮人私通,上聞,怒,榜掠數百,刺一目而宫之,繫獄,將棄市。景宗即位,釋之,賜以所私宮人。保寧八年,妻造鴆毒,奪爵,貶烏古部。賦《放鶴詩》,徵還。	敏給好學,通契丹、漢字,[3]能詩。統和元年,應皇太后命,賦《移芍藥詩》。	景宗封爲寧王。保寧八年奪爵。統和元年,皇太后稱制,[2]詔復舊爵。	第三。舊史《皇族傳》書在第一。	只没,[1]字和魯菫。	妃甄氏生一子。

[1]只没:【劉校】據中華點校本校勘記,本書卷一〇《聖宗本紀一》統和元年(983)正月作"先帝庶兄質睦"。

[2]皇太后稱制:皇后稱制是北方民族傳統,大汗死後,在選立新汗之前,由大汗之妻權決軍國事。此皇太后指承天太后,聖宗年幼即位,故太后稱制。

[3]契丹、漢字:即契丹文字和漢文字。神册五年(920)創制的契丹大字,是一種採用漢字筆畫結構而創製的表意文字。契丹小字是拼音文字。

景宗四子：睿智皇后蕭氏生三子，[1]聖宗第一，見《帝紀》。	隆慶，[2]字燕隱，小字普賢奴。	第二。	八歲封恒王。統和十六年，徙王梁國。開泰初，[3]更王晉國，進王秦晉，追贈〔孝貞〕皇太弟。[4]	初兼侍中。[5]統和中，拜南京留守，[6]開泰初，加太師兼政令，尋拜大元帥，[7]賜金券。[8]	統和十七年南征，爲先鋒，至瀛州，遇宋將范庭召列陣以待。隆慶遣蕭柳擊敗之，逃入空墅，圍而盡殪。十九年，復敗宋人於行唐。[9]	入覲，還至北安州，[10]浴溫泉，疾薨，[11]葬醫巫閭山。	子五人：查葛、遂哥、謝家奴、驢糞、蘇撒。[12]

[1]睿智皇后蕭氏（？—1009）：諱綽，小字燕燕，北府宰相思溫女。景宗即位，選爲貴妃。尋册爲皇后，生聖宗。景宗崩，尊爲皇太后，攝國政。統和元年（983），上尊號曰承天皇太后。本書卷七一有傳。

[2]隆慶（？—1016）：遼聖宗耶律隆緒同母弟。統和中進封爲梁國王，拜南京留守，手握重兵，稱雄一方。統和十七年（999）南征，隆慶率軍爲先鋒，至瀛州（今河北省河間市），與宋將范廷

召相遇，隆慶命蕭柳迎戰，將宋軍擊潰，並圍而殲之。十九年（1001），他復敗宋人於行唐（今屬河北省）。他的權勢、地位不斷上升，威脅到遼聖宗。《宋朝事實類苑》卷七七引《乘軺録》稱其"調度之物，悉侈於隆緒"。【劉注】隆慶又名贊，《長編》卷五五宋真宗咸平六年（1003）七月己酉，李信云，景宗"凡四子，長名隆緒，即戎主；次名贊，偽封梁王"。

[3]開泰：遼聖宗年號（1012—1021）。

[4]追贈孝貞皇太弟：【劉校】原無"孝貞"二字，據劉鳳翥、唐彩蘭、青格勒編著《遼上京地區出土的遼代碑刻彙輯》收録的《秦晉國大長公主墓誌銘》補。墓誌稱大長公主的長女"適秦晉國王追謚孝貞皇太弟隆慶"。《契丹國志》卷一四《諸王傳》則作"孝文皇太弟"。

[5]侍中：唐官名。唐不設尚書令，最初以左、右僕射與中書令、侍中同爲宰相。中宗以後，不加同中書門下平章事者即不爲宰相。

[6]南京：今北京市。

[7]大元帥：即天下兵馬大元帥，遼尊號。

[8]金券：鐵券的美稱。鐵券即鐵契。《續古今考》卷五："後世賜鐵券，謂不死。"《長編》卷七九宋真宗大中祥符五年（1012）冬十月己酉載："以主客郎中、知制誥王曾爲契丹國主生辰使，宮苑使榮、州刺史高繼勳副之……契丹使邢祥接伴，祥詫其國中親賢賜鐵券，曾折之曰：'鐵券者，衰世以寵權臣，用安反側，豈所以待親賢耶。'祥愧不復語。"《宋朝事實類苑》卷九："祥符中王沂公奉使契丹，館伴邢祥頗肆談辨，深自衒鬻，且矜新賜鐵券。公曰：'鐵券蓋勳臣有功高不賞之懼，賜之以安反側耳。何爲輒及親賢？'祥大沮失。"

[9]行唐：此係遼境內之行唐縣。本書卷四〇《地理志四·南京道》："本定州行唐縣。太祖掠定州，破行唐，盡驅其民，北至檀州，擇曠土居之，凡置十寨，仍名行唐縣。隸彰愍宮。"

　　[10]北安州：即大興州，治所在今河北省承德市雙灤河鎮。【劉注】一説遼代北安州州治爲今河北省隆化縣隆化鎮土城子村古城址。

　　[11]疾薨：【劉注】據《宋會要輯稿》卷五二五七，隆慶薨於天禧四年（1020）（中華書局1957年版，第7679頁）。

　　[12]查葛（1003—1062）：【劉注】查葛是契丹語小名的音譯。據《耶律宗政墓誌銘》，查葛還有漢名宗政，字去回。其最後的官銜是資忠佐理保義翊聖同德功臣、武寧軍節度，徐、宿等州觀察處置等使，開府儀同三司、檢校太師、守太傅兼中書令、行徐州大都督府長史，判武定軍節度，奉聖、歸化、儒、可汗等州觀察、處置、屯田、勸農等使，上柱國、魏國王。其生平詳載《耶律宗政墓誌銘》。　遂哥：【劉注】遂哥是契丹語小名的音譯。據《耶律宗允墓誌銘》，遂哥還有漢名“曰宗德，大内惕隱，同中書門下平章事，汧王”。　謝家奴（1005—1064）：【劉注】謝家奴爲契丹語小名的音譯。據《耶律宗允墓誌銘》，謝家奴還有漢名宗允，字保信。其最後官銜是保順協贊推誠功臣、天雄軍節度、魏州管内觀察處置等使、開府儀同三司、檢校太師、守司徒、兼中書令行魏州大都督府長史、判匡義軍節度、饒州管内觀察處置等使、上柱國、魯王、追封鄭王。其生平詳載《耶律宗允墓誌銘》。　驢糞：（992—1053）：【劉注】亦作“旅墳”，是契丹語小名🉀的音譯。據漢字和契丹小字《耶律宗教墓誌銘》，驢糞還有漢名宗教，字希古。其最後官銜是保義軍節度使、同中書門下平章事、判奉先軍節度使事、廣陵郡王。其生平詳載《耶律宗教墓誌銘》。　蘇撒：【劉注】據契丹小字《耶律宗教墓誌銘》，蘇撒還有契丹語小名🉀（豬糞），身份是太師大王。

隆祐，[1]小字高七，一字胡都菫。[2]	第三。	乾亨初，封鄭王。統和中，徙更王吳王楚。開泰初，改王齊。[3]謚仁孝。重熙間，改謚孝靖。	統和中，伐宋，留守京師，拜西南面招討使。[4]及征高麗，[5]復留守京師，權知北院樞密使。[6]出守東京。[7]贈守太師。		開泰元年薨。	子三人：胡都古、合禄、貼不。[8]
一子不詳所出。藥師奴。[9]	第四。				早卒，葬王子院。	

[1]隆祐：【劉校】《秦晉國大长公主墓誌銘》作"隆裕"。《宋會要輯稿》卷五二五七（中華書局1957年版，第7659頁）和《契丹國志》卷一四《諸王傳》亦作"隆裕"。

[2]胡都菫：【劉注】契丹語第二個名[契丹字]的音譯。漢語意思

爲"受福"。

[3]開泰初，改王齊：【劉校】據中華點校本校勘記，"初"原作"中"。"按《紀》開泰元年二月，楚國王隆祐徙齊國王。據改"。今從改。

[4]西南面招討使：西南面招討司的長官。負責對西夏防禦。

[5]高麗（918—1392）：王建創建的高麗王朝。統治地域在今朝鮮半島，首都在開京（今朝鮮開城市）。

[6]北院樞密使：即契丹樞密院之樞密使。爲北面官之最高官職，掌軍事、部族。詳見本書卷四五《百官志一》。

[7]東京：遼五京之一，治所在今遼寧省遼陽市。

[8]胡都古：【劉注】契丹語小名才糸的音譯。漢語意思爲"福"。由他父親的第二個名才糸伏（胡都董）轉化而來。即去掉體現父親的第二個名的尾音 n，即變成了兒子的小名。係典型的父子連名習俗。據《契丹國志》卷一八，胡都古還有漢名宗業，"宗業，本齊國王隆裕之子。始封廣王，未幾徙封周王，歷中京留守，平洲、錦州節度使。"　合祿：【劉注】契丹語小名的音譯。據《契丹國志》卷一八和《永清公主墓誌銘》，合祿還有漢名宗範。他"歷龍化州節度使、燕京留守，封韓王"。　貼不：【劉注】據《永清公主墓誌銘》，他還有漢名宗熙。"初封裕彰郡王，次封衛王"。

[9]藥師奴：【劉注】據《長編》卷五五宋真宗咸平六年（1003）七月己酉，藥師奴又"名鄭哥，八月而夭"。

聖宗六子：欽哀皇后蕭氏生二子，[1]興宗第一，見《帝紀》。	重元，[2]小字吉只。	第二。	太平三年，[3]封秦國王。興宗立爲皇太弟，賜金券。道宗册爲皇太叔，免拜，不名，復賜金券。	歷南、北院樞密使，[4]南京留守，知元帥府事。[5]宗天下兵馬大元帥。	聖宗崩，欽哀皇后稱制密謀立重元，重元以所謀白於上，上益重之。後雖處戎職，未嘗離輦下，尊寵古未之有。	清寧九年，[6]車駕秋獵灤水，重元子涅魯古與陳六、蕭胡覩等四百餘人謀反，[7]誘脅弩手軍攻行宮。[8]將戰，其黨多悔過効順，各奔潰。重元奔走大漠，[9]歎曰："涅魯古使我至此。"	謀反，軍潰，自殺。	子涅魯古謀反，戰歿。

[1]欽哀皇后（？—1057）：淳欽皇后弟阿古只五世孫。小字耨斤。爲聖宗元妃，生宗真，仁德皇后無子，取而養之如己出。聖宗死後，宗真即位爲興宗，耨斤自立爲皇太后，攝政，並殺害仁德皇后，謀廢興宗，立重元。後失敗。本書卷七一有傳。【劉注】欽

哀，據其哀册篆蓋，應作"欽愛"。

　　[2]重元（1021—1063）：聖宗次子。本名宗元，因避興宗諱，改重元，小字孛吉只，亦作孛己只。太平三年（1023），封秦國王。聖宗死後，欽愛皇后稱制，曾密謀立重元。重元以所謀告於興宗，封爲皇太弟。賜以金券誓書。道宗即位，册爲皇太叔，爲天下兵馬大元帥，復賜金券。清寧九年（1063），與其子涅魯古謀亂，失敗自殺。本書卷一一二有傳。

　　[3]太平：遼聖宗年號（1021—1031）。

　　[4]南院樞密使：即漢人樞密院之樞密使。爲南面官最高官職。詳見本書卷四七《百官志三》。

　　[5]元帥府：主持遼朝南邊防務的機構。遼朝往往以皇位繼承人出任天下兵馬大元帥，早年德光、李胡都曾具有大元帥頭銜。後來，大元帥在燕京開府。余靖《武溪集》卷一八《契丹官儀》説："胡人之掌兵者，燕中有元帥府，雜掌番漢兵，太弟總判之……大抵胡人以元帥府守山前，故有府官。又有統軍，掌契丹、渤海之兵。馬軍、步軍，一掌漢兵以乙室王府。山後又有雲、應、蔚、朔、奉聖等五節度營兵，逐州又置鄉兵。"

　　[6]清寧：遼道宗年號（1055—1064）。

　　[7]涅魯古（？—1063）：耶律重元之子。有傳附本書卷一一二《耶律重元傳》後。　蕭胡覩（？—1063）：遼外戚。字乙辛。重熙中，尚秦國長公主，授駙馬都尉，以不諧離婚，復尚齊國公主，爲北面林牙。清寧中，歷北、南院樞密副使，清寧九年（1063）七月參與涅魯古叛亂，失敗投水死。五子，同日伏誅。本書卷一一四有傳。

　　[8]行宮：亦稱行帳。即遼朝皇帝轉徙隨行的車帳組成的朝廷，契丹語稱"捺鉢"，遼中葉逐漸形成"四時捺鉢"制度。

　　[9]大漠：指我國北部的廣大沙漠地區。

	討夏軍還，薨。	明敏，善射。討夏國，[3]督戰有功。	太平七年，遙領彰信軍節度使，爲王子郎君班詳穩。[1]重熙中，累遷契丹行宮都部署。[2]	重熙中，封柳城郡王。	第三。	別古特，字撒懶。	一子未詳所出。

[1]詳穩：遼朝軍官名。元帥府下設大詳穩司，屬北面軍官，掌兵馬事。"詳穩"即漢語"將軍"的轉譯。【劉注】"詳穩"即漢語"將軍"的轉譯的説法似有值得商榷之處。在契丹小字中，"詳穩"作 ，"將軍"作 ，或 、 ；在契丹大字中，"詳穩"作 ，"將軍"作 。"詳穩"不是漢語"將軍"的轉譯，而是契丹語的音譯。本書卷一一六《國語解》謂："詳穩，諸官府監治長官。"契丹語中"將軍"是漢語借詞。

[2]契丹行宮都部署：遼北面行宮官。遼在北南面官系統中，分別設契丹行宮都部署和漢人行宮都部署，其上則有諸行宮都部署。行宮都部署完全是倣中原王朝官制設置的，它不同於專管斡魯朵事務的某宮都部署的宮官。宋朝皇帝巡幸亦有行宮，且亦有行宮都部署之設，後避英宗趙曙名諱，改稱行宮都總管。

[3]夏國（1038—1227）：以党項民族爲主體建立的政權。公元1038年，元昊叛宋稱帝，建立大夏王朝，傳十代，至1227年爲蒙古所滅。元昊稱帝以前，作爲北宋境内的地方割據政權，已經具有獨立性。史稱西夏，先後與遼、北宋及金、南宋並立於中國境内。境土包括今寧夏回族自治區全部、甘肅省大部、陝西省北部以及青海省、内蒙古自治區的部分地區。

僕隗氏生二子。	吳哥，[1]字洪隱。	第四。	燕王。	開泰二年，爲惕隱，[2]出爲南京留守。		薨于南京。	四世孫敵烈、尤烈。尤烈繼梁王雅里稱帝。
	狗兒字屠魯昆。	第五。	太平元年，拜南府宰相。			暴疾薨。	

[1]吳哥：【劉注】吳哥爲契丹語小名的音譯，他還有漢名宗訓。

[2]開泰二年，爲惕隱：【劉注】本書卷一五《聖宗紀六》開泰二年（1013）七月“丁卯，封皇子宗訓大內惕隱”。

姜氏生一子。[1]	侯古，字訛里本。[2]	第六。	重熙十七年，封饒樂郡王。[3]咸雍中，[4]徙混同郡王。	重熙初，王子郎君班詳穩，後爲上京留守。		薨於上京。	〔子弘用〕。[5]

[1]姜氏：【劉校】據劉鳳翥、唐彩蘭、青格勒編著《遼上京地區出土的遼代碑刻彙輯》收錄的《寂善大師墓誌銘》，“姜氏”爲“耿氏”之誤，“祖諱崇美，……烈考諱紹忠”。

[2]侯古（1009—1072）：【劉注】侯古是契丹語小名的音譯。

根据漢字《耶律宗愿墓誌銘》侯古還有漢名宗愿，字德恭。其最後的官銜是忠亮佐國功臣、儀同三司、守司徒、兼侍中、判上京留守、臨潢府尹事、上柱國、混同郡王。　訛里本：根据契丹小字《耶律弘用墓誌銘》，訛里本是契丹語第二個名**北少丹叉**的音譯，漢語意思爲"朔""序言"的"序""頭一個"等。

　　[3]重熙十七年封饒樂郡王：【劉校】據中華點校本校勘記，原脱"十"字，依本書卷二〇《興宗本紀三》在十七年（1048）十一月，據補。今從。

　　[4]咸雍：遼道宗年號（1065—1074）。

　　[5]子弘用：【劉校】原無此三字。據契丹小字《耶律弘用墓誌銘》補。弘用（1054—1086）爲漢名，他還有契丹語小名**犬犬**（維里）和契丹語第二個名**夹平丹及肉**（敖盧幹）。生父訛里本大王是聖宗皇帝仲子。祖母爲淑儀耿氏。清寧二年（1056），封左院千牛衛將軍。其事蹟詳載契丹小字《耶律弘用墓誌銘》。

| 興宗三子：仁懿皇后蕭氏生三子，[1]道宗第一， | 和魯斡，[2]字阿輦。 | 第二。 | 重熙十七年，封越王。清寧初，徙王魯，進王宋魏。乾統三年，[3]册爲皇太叔〔祖〕。[4] | 清寧中，拜上京留守，改南京留守。乾統初，爲天下兵馬元帥，加守太師， | 重元亂，和魯斡夜赴戰。 | 天祚即位，弛圍場之禁。和魯斡請曰："天子以巡幸爲大事，雖居諒陰，[6] | 從獵於慶州，薨。[7] | 子三人：石篤、遠、淳。淳封秦晉王，稱帝。[8] |

見《帝紀》。			免拜，不名。三年，爲惕隱，加義和仁壽之號，復守南京。[5]	不可廢也。"上以爲然，復命有司促備春水之行。			
阿璉，[9]字訛里本。	第三。	重熙十七年，封許王。清寧初，徙陳王、秦王，進封秦越國。追封秦魏國王，謚恭正。[10]	清寧中，出爲遼興軍節度使。[11]咸雍間，歷西京、上京留守。[12]			從車駕秋獵，以疾薨。[13]	

[1]仁懿皇后蕭氏（？—1076）：小字撻里，欽哀皇后弟孝穆之長女。重熙四年（1035），立爲皇后。二十三年，號貞懿慈和文

惠孝敬廣愛崇聖皇后。道宗即位，尊爲皇太后。本書卷七一有傳。

[2]和魯斡（1041—1110）：【劉注】和魯斡爲契丹語小名的音譯。據漢字《耶律弘世墓誌銘》，他還有漢名弘本。事蹟詳載漢字《義和仁壽皇太叔祖耶律弘本哀册》。

[3]乾統：遼天祚帝年號（1101—1110）。

[4]皇太叔祖：【劉校】“祖”字原脱，據漢字《義和仁壽皇太叔祖耶律弘本哀册》補。

[5]“三年”至“復守南京”：【劉校】據中華點校本校勘記，“按《紀》乾統六年十一月，以皇太叔、南京留守和魯斡兼惕隱。義和仁壽之號，《紀》作‘義和仁聖’。‘復守’應作‘仍守’，因惕隱爲兼官，並未離去南京留守”。

[6]諒陰：亦作“諒闇”。本義是居喪期間所住的房子，借指居喪。多用於皇帝。《文選》卷一六潘安仁《閒居賦》：“今天子諒闇之際。”李善注：“天子，［晉］惠帝也。諒闇，今謂凶廬裏寒涼幽闇之處，故曰諒闇。”

[7]從獵於慶州，薨：【劉注】漢字《義和仁壽皇太叔祖耶律弘本哀册文》稱：“維乾統十年，歲次庚寅。閏八月丁酉朔，皇太叔祖薨于慶州西南之行帳。” 慶州：【劉注】遼代州城。州城故址在今内蒙古自治區巴林右旗幸福之路蘇木崗根嘎查。

[8]淳：即耶律淳（1063—1122），世號爲北遼。小字涅里，興宗第四孫，南京留守、宋魏王和魯斡之子。清寧初，太后鞠育之。既長，出爲彰聖等軍節度使。天祚即位，進王鄭。乾統二年（1102），加越王。六年，拜南府宰相，後又徙王魏。其父和魯斡薨，即以淳襲父守南京。冬夏入朝，寵冠諸王。天慶五年（1115），進封秦晉國王。保大二年（1122），天祚入夾山，在耶律大石等擁立下即位。號天錫皇帝，改保大二年爲建福元年，事未決，即病死，年六十。百官僞謚爲孝章皇帝，廟號宣宗，葬燕西香山永安陵。本書卷三〇《天祚本紀四》附《耶律淳傳》。

[9]阿璉（？—1087）：【劉注】阿璉是契丹語小名的音譯。據

《耶律弘世墓誌銘》，他還有漢名弘世，字康時。其事蹟詳載《耶律弘世墓誌銘》。

[10]恭正：【劉校】“恭”原誤作“欽”，此係陳大任《遼史》避金章宗父允恭諱改。據《耶律弘世墓誌銘》“按行冊禮爲秦魏國王，謚曰恭正”改。

[11]遼興軍：平州軍號。治所在今河北省盧龍縣。

[12]西京：治所在今山西省大同市。　上京：治所在今內蒙古自治區巴林左旗林東鎮波羅城。

[13]從車駕秋獵，以疾薨：【劉注】《耶律弘世墓誌銘》稱“歲在單閼秋七月，天子馭六龍，驅萬騎，雷動飈起，將校獵於黑嶺之壄，講武事也。詔王陪行，示友愛之至也。時殘暑猶甚。王宿疾暴作，留於途次。朔日，天駕臨問，命太醫治視。久之，術盡無及。粵二十八日，遂不起”。

道宗一子：宣懿皇后蕭氏生。[1]	濬，[2] 小字耶魯斡。	第一。	六歲封梁王，[3] 八歲立爲皇太子，謚昭懷，以天子禮葬。乾統初，追尊大孝順聖皇	大康元年，[4] 兼領北、南院樞密使。[5]	幼能言，好學，知書。文帝屢曰：“此子聰慧，殆天授。”七歲從獵，連中二鹿，上謂左右曰：“祖先騎射絕人，威振	年二十，爲乙辛誣害，[6] 囚上京，見殺，葬玉峰山。	子天祚皇帝，諱延禧。

		帝，廟號順宗。	天下，是兒雖幼，當不墜祖風。"後復遇十鹿，射之，得九，帝喜，爲設宴。		

[1]宣懿皇后（1040—1075）：欽愛皇后蕭耨斤弟樞密使蕭惠之女。小字觀音。清寧初年，立爲懿德皇后。生太子濬，有專房之寵。大康元年（1075），宮中婢女單登、教坊朱頂鶴誣告皇后與伶官趙惟一有私情，道宗詔令誅殺趙惟一全族，賜皇后自盡。天祚帝乾統元年（1101），追謚爲宣懿皇后，與道宗合葬慶陵。本書卷七一有傳。

[2]濬：即太子濬（1058—1077）。小字耶魯斡。道宗長子，天祚帝生父。大康三年（1077）被廢，隨即被耶律乙辛殺害。九年（1083）追謚昭懷太子。本書卷七二有傳。

[3]梁王：遼中期以後皇位繼承人的封號。"六歲封梁王"表明，耶律濬作爲皇位繼承人的地位，已經確定。

[4]大康：遼道宗年號（1075—1084）。

[5]兼領北、南院樞密使：【劉校】據中華點校本校勘記，"按《紀》大康元年六月稱'詔皇太子總領朝政'。本書卷七二本傳：'大康元年，兼領北南樞密院事。'"

[6]乙辛：即耶律乙辛（？—1083）。字胡覩袞，五院部人。重熙中，爲文班吏。道宗清寧五年（1059），爲南院樞密使，改知北院，封趙王。九年，重元亂平，拜北院樞密使，進封魏王。咸雍

五年（1069），加守太師，詔四方有軍旅，許以便宜從事，勢震中外。大康元年（1075），誣皇后致死，三年又害死太子耶律濬。七年冬，坐以禁物鬻入外國，幽於來州。九年，謀奔宋及私藏兵甲事發，伏誅。本書卷一一〇有傳。

天祚六子：文妃生一子。[1]	敖盧斡。[2]	第一。出繼大丞相耶律隆運後。[3]	初封晉王。		喜揚人善，勸其不能，中外稱其長者。	保大元年，[4]南軍都統耶律余覩以敖盧斡有人望，[5]與文妃密謀立之，不果，余覩降金，文妃伏誅，敖盧斡不與謀，得免。耶律撒八等復謀立敖盧斡，事覺，或勸之亡，曰"安忍爲蕘爾之軀，失臣子之節！"聞者傷之。	保大二年，以得人心縊死。	

元妃生一子。	雅里，字撒鸞。	第二。	七歲，欲立爲太子，別置禁衛，封梁王。天祚奔夏，衆推稱帝，改元神曆。			
四子未詳所出。[6]	撻魯。	第三。	燕國王。[7]			早薨。
	習泥烈。	第四。	趙王。			從天祚至白水濼，爲金師所獲。

至青塚濼,[8]爲金師所獲。			秦王。	第五。	定。
至青塚濼,爲金師所獲。			許王。	第六。	寧。

[1]文妃：天祚文妃蕭氏（？—1121）。小字瑟瑟，國舅大父房之女。乾統三年（1103）冬，立爲文妃。生蜀國公主、晉王敖盧斡。敖盧斡平素在衆人之中有威望。天祚元妃之兄蕭奉先對敖盧斡深懷妒忌，於是誣嶺南軍都統耶律余覩陰謀立晉王敖盧斡，以爲文妃參與此事，賜死。本書卷七一有傳。

[2]敖盧斡（？—1122）：天祚皇帝長子。生母是文妃蕭氏。封晉王有人望，内外歸心。保大元年（1121），蕭奉先使人誣告南軍都統耶律余睹與晉王母文妃密謀立晉王爲帝，余覩投降金朝，文妃被誅。二年，天祚帝賜敖盧斡死。本書卷七二有傳，記事與本紀多有不合。【劉校】“敖盧斡”之“盧”，各本皆作“魯”，據本書卷七二本傳改。

[3]耶律隆運（942—1011）：即韓德讓。韓匡嗣第四子，統和初年承天稱制，韓德讓以南院樞密使的身份“總宿衛事”。統和十七年（999），北院樞密使、魏王耶律斜軫病故，承天太后以韓德讓

兼知北院樞密使事，至此，遼朝的蕃漢軍政大權就集於韓德讓一身了。統和二十二年（1004），承天太后又賜韓德讓姓耶律，徙封晉王，並且仍舊爲大丞相，事無不統。次年十一月，她又詔德讓"出宮籍，屬於橫帳"。

[4]保大：遼天祚帝年號（1121—1125）。

[5]耶律余覩（？—1132）：皇族。保大初年，曾任副都統。其妻是天祚文妃之妹。蕭奉先之妹是天祚元妃，生梁王。奉先恐梁王不能繼承皇位，於是指使人誣陷余覩結納駙馬蕭昱等陰謀立晉王爲帝。天祚爲此殺蕭昱，賜文妃死。余覩在軍中得知此事後，怕不能自明而被誅，即率千餘士兵，連同軍帳中的親信叛歸女直。本書卷一〇三有傳。

[6]四子未詳所出：【劉校】據中華點校本校勘記，"按卷七一《后妃傳》德妃生子撻魯。又《紀》保大元年正月記'趙王母昭容'"。

[7]燕國王：【劉注】本書卷二七《天祚本紀一》乾統三年十一月丙申"梁王撻魯進封燕國王"。

[8]青塚：即王昭君墓。在今內蒙古自治區呼和浩特市南面。

（李錫厚注　劉鳳翥校）

遼史 卷六五

表第三

公主表

　　春秋之法，王姬下嫁書于策，[1]以魯公同姓之國爲之婚主故爾。古者，婦諱不出門，[2]内言不出梱。[3]公主悉列于傳，非禮也。然遼國專任外戚，公主多見《紀》《傳》間，不得不表見之。禮，男女異長，不當與皇子同列，別爲《公主表》。[4]

　　[1]王姬下嫁書於策：【劉校】“王姬”，原本、南監本、明抄本、殿本均作“主姬”，中華點校本和修訂本據北監本改。今從改。
　　[2]婦諱不出門：《禮記注疏·曲禮上》曰：“婦諱不出門。（注：婦親遠，於宮中言辟之。）大功、小功不諱。入竟而問禁，入國而問俗，入門而問諱。（注：皆爲敬主人也。禁，謂政教。俗，謂常所行與所惡也。國，城中也。）”
　　[3]内言不出梱：語出《禮記·曲禮上》：“外言不入於梱，内言不出於梱。”明代胡廣等《禮記大全》卷一曰：“梱，門限也。内外有限，故男不言内，女不言外。”

[4]別爲《公主表》:【劉校】各本均作"公主附表"。中華點校本本校勘記云,《羅校》載,"附"字衍。據本卷題目改。今從改。

屬	母	名	封	下嫁	事	罪	薨	子
太祖一女:		質古。		下嫁淳欽皇后弟蕭室魯。[1]	幼爲奧姑。契丹故俗,凡婚燕之禮,推女子之可尊敬者坐於奧,[2]謂之"奧姑。"		未封而卒。	

[1]淳欽皇后:遼太祖阿保機皇后述律氏的謚號。遼興宗重熙二十一年(1052)九月追謚。本書卷七一有傳。　蕭室魯:娶太祖之女質古。爲駙馬都尉。

[2]坐於奧:即西南隅坐,主持婚禮。

| 太宗二女: | 呂不古,第一。 | | | 應曆間,[1]封沂國長公主。保寧中,[2]進封燕國大長公主。 | 下嫁北府宰相蕭思温。[3] | | 以疾薨。 | |
| | 嘲瑰,第二。 | | | | 下嫁北府宰相蕭海璃。[4] | | 應曆初,未封卒。 | |

[1]應曆:遼穆宗年號(951—969)。

[2]保寧:遼景宗年號(969—979)。

[3]北府宰相：契丹部族官名。契丹可汗之下有北、南二府，各部族則分屬二府，故北宰相亦稱北府宰相，南宰相亦稱南府宰相。　蕭思温（？—970）：宰相蕭敵魯族弟忽没里之子。小字寅古。通書史。穆宗時爲南京留守，但畏懦不敢戰。應曆八年（958），周占束城，遼軍退渡滹沱河而屯，思温飾他説請濟師。已而，後周圍瀛州，陷益津、瓦橋、淤口三關，迫近固安，思温不知計所出。十九年（969），穆宗遇弑。思温與南院樞密使高勳、飛龍使女里等立景宗。保寧初，爲北院樞密使，兼北府宰相，仍命世預其選。思温女册爲皇后（即睿智皇后），加尚書令，封魏王。保寧二年（970），爲賊所害。本書卷七八有傳。

[4]蕭海璃（918—967）：【劉注】字寅的哂。貌魁偉，臂力過人。先娶明王安端女藹因翁主（《蕭興言墓誌銘》作"照國公主"），察割亂，藹因連坐，續娶嘲瑰公主。預北府宰相選，總知軍國事。本書卷七八有傳。

世宗三女：	懷節皇后生：[1]	和古典，第一。[2]	保寧間，封秦國長公主。	下嫁侍中蕭啜里。[3]		以疾薨。
		觀音，第二。	保寧間，封晉國長公主。	下嫁蕭夏剌。		
		撒剌，第三。		下嫁蕭斡里。		未封卒。

[1]懷節皇后：世宗懷節皇后蕭氏。小字撒葛只，淳欽皇后弟阿古只之女。生景宗、萌古公主。察割亂，遇害。初謐孝烈皇后，

重熙二十一年（1052）更今謚。本書卷七一有傳。

[2]和古典：【劉校】據中華點校本校勘記，"按《紀》統和元年（983）正月作胡骨典，四月作胡古典"。

[3]侍中：唐官名。唐不設尚書令，最初以左、右僕射與中書令、侍中同爲宰相。中宗以後，不加同中書門下平章事者即不爲宰相。遼承唐制。

景宗四女：	睿智皇后生三女：[1]	觀音女，[2]第一。	封魏國公主，進封齊國。景福中，[3]封燕國大長公主。	下嫁北府宰相蕭繼先。[4]	皇后尤加愛，賜奴婢萬口。	重熙中薨。[5]	〔子紹宗，[6]孫永、寧、安〕。[7]
		長壽女，[8]第二。	封吳國公主。統和初，[9]進封衛國，改封魏國長公主。	下嫁宰相蕭排押。[10]		開泰六年薨。[11]	

[1]睿智皇后（953—1009）：北府宰相思溫女。諱綽，小字燕燕。景宗即位，選爲貴妃。尋册爲皇后，生聖宗。景宗崩，尊爲皇太后，攝國政。統和元年（983），上尊號曰承天皇太后。本書卷七一有傳。【劉校】據中華點校本校勘記，"智"原作"聖"。"按卷七一本傳作'知'，《紀》《志》《表》《傳》另見者並作'智'，據

改”。今從改。

　　[2]觀音女：【劉注】《宋會要輯稿》卷五二五七宋真宗咸平六年（1003）七月，李信云遼景宗“三女，長曰燕哥，今年三十四，適蕭氏弟北宰臣留住哥（本書本傳作‘小字留只哥’），偽駙馬都尉”。

　　[3]景福：遼興宗年號（1031—1032）。

　　[4]蕭繼先（913—970）：字楊隱，小字留只哥。乾亨初，尚齊國公主，拜駙馬都尉。統和四年（986），拜北府宰相。自是出師，必將本府兵先從，戰稱捷力。卒，年五十八。本書卷七八有傳。【劉校】蕭繼先，《秦晉國大長公主墓誌銘》作“蕭繼遠”。

　　[5]重熙：遼興宗年號（1032—1055）。

　　[6]子紹宗：【劉校】原無此三字。據《秦晉國大長公主墓誌銘》補。墓誌稱：“子一人：紹宗，遼興軍節度使、守太傅、兼侍中、駙馬都尉、吳王、贈中書令、魏王，尚秦國長公主。星列三階，煥祥光於拱極，山摧一柱，先壯勢於擎天。先大長公主而薨。”

　　[7]孫永、寧、安：【劉校】原無此四字，據《秦晉國大長公主墓誌銘》補。墓誌稱：“孫三人：長曰永，崇德宮漢兒渤海都部署、彰武軍節度使、檢校太傅，娶故宋王次子于骨迪列桑格麥女耶律氏。次曰寧，忠正軍節度使、檢校尚書、左僕射。次曰安，房州觀察使、檢校兵部尚書。龍駒鳳雛，出而爲瑞。”

　　[8]長壽女：【劉注】《宋會要輯稿》卷五二五七宋真宗咸平六年（1003）七月，李信云遼景宗女“次曰長壽奴，今年二十九，適（蕭）氏姪東京留守悖野”。

　　[9]統和：遼聖宗年號（983—1012）。

　　[10]蕭排押（？—1023）：國舅少父房之後。字韓隱。統和初，爲左皮室詳穩。四年（986），破宋將曹彬、米信兵於望都，與樞密使耶律斜軫收復山西所陷城邑。是冬，攻宋，以功改南京統軍使。十三年，歷北、南院宣徽使。十五年，加政事令，遷東京留守。二十二年與宋和議成，爲北府宰相。兩度從聖宗征高麗。本書

卷八八有傳。【劉校】"押"原作"神",中華修訂本據本書卷八八《蕭排押傳》改。今從改。

[11]開泰:遼聖宗年號(1012—1021)。

	延壽女,[1]第三。	封越國公主,追封趙國。	下嫁蕭恒德。[2]	性沉厚,睿智皇后於諸女尤愛。甚得婦道,不以貴寵自驕。		年二十一,以疾薨。[3]	〔子匹敵〕。[4]
渤海妃生一女:[5]	淑哥,第四。	無封號。	乾亨二年,[6]下嫁盧俊。[7]		與駙馬都尉盧俊不諧,表請離婚,改適蕭神奴。		

[1]延壽女:【劉注】《宋會要輯稿》卷五二五七宋真宗咸平六年(1003)七月,李信云遼景宗第三女"延壽奴,今年二十七,適悖野母弟肯頭"。

[2]蕭恒德(?—997):國舅少父房之後。字遜寧,蕭排押弟。本書卷八八有傳。

[3]以疾薨:【劉注】《宋會要輯稿》卷五二五七宋真宗咸平六

年（1003）七月，李信云遼景宗第三女"延壽奴獵，爲鹿觸死。"

[4]子匹敵：【劉校】原無此三字。據本書卷八八《蕭恒德傳》補。匹敵，本書卷八八有傳。

[5]渤海：靺鞨粟末部在今中國東北地區建立的政權。唐武后聖曆元年（698），靺鞨粟末部首領大祚榮建立振國（亦稱震國）。唐玄宗先天二年（713，當年十二月改元"開元"）遣使封大祚榮爲左驍衛大將軍、渤海郡王，又設置忽汗州，加授大祚榮爲忽汗州大都督，並改稱渤海。寶應元年（762）晉爲國。天顯元年（926）爲遼所滅，改稱東丹。【劉注】渤海國最初的國號爲"靺鞨"，不爲"震國"或"振國"。《新唐書》卷二一九《渤海傳》："睿宗先天中（應爲'玄宗先天二年'），遣使拜祚榮爲左驍衛大將軍、渤海郡王。以所統爲忽汗州，領忽汗州都督，自是始去靺鞨號，專稱渤海。"這裏不稱"始去震國之號，專稱渤海"，而稱"始去靺鞨之號，專稱渤海"。可見，稱"大祚榮建立震國"是混淆了封號與國號的區別。《新唐書》卷二一九《渤海傳》稱"武后封乞四比羽爲許國公，乞乞仲象（大祚榮之父）爲震國公"。"許國公"和"震國公"都是封號，並不意味着有"許國""震國"等政權。乞乞仲象死後，他兒子大祚榮繼承了"震國公"的封號，但他不滿足"公"級別，所以"自號震國王"。"震國王"僅僅是封號，並不意味着有"震國"。少數民族往往以其民族名爲國號，如"契丹""蒙古"等。渤海也應如此。

[6]乾亨：遼景宗年號（979—983）。

[7]盧俊：北漢駙馬都尉。保寧八年（976）宋師壓境，俊詣遼乞師，有功。乾亨元年（979）白馬嶺之役，遼相耶律沙敗於宋軍。後耶律斜軫來援，始擊退宋軍。將趨太原，會俊以國亡出奔，言太原已陷。遼軍遂勒兵還。俊至遼，署同政事門下平章事，尚景宗公主，復拜駙馬都尉。《十國春秋》卷一〇七有傳。

聖宗十四女：	貴妃生一女：	燕哥，[1]第一。	封隨國公主，進封秦國。興宗封宋國長公主。	下嫁蕭匹里。[2]	〔事姑稱孝，敬夫如賓〕。[3]	〔重熙六年，以疾薨〕。[4]	〔子五人：蘇速、永、寧、塔北也、骨里〕。[5]

[1]燕哥（990—1037）：【劉注】據郭寶存、祁彥春《遼代〈蕭紹宗墓誌銘〉和〈耶律燕哥墓誌銘〉考釋》（《文史》2015年第三輯）所收《耶律燕哥墓誌銘》，燕哥公主爲聖宗長女，母爲貴妃蕭氏。“生而警慧，長而幽閑。桃李之華，夭穠孕秀；瑛瑤之質，溫潤含章。聖宗於諸女中尤鍾眷愛，以謂非名邦奧壤不足開湯沐之封，非戚閈勳門不足求河漢之匹。統和三十年，特封梁國公主，下嫁今遼興軍節度使、守太傅、蕭吳王紹宗。……恭惟公主，始四五歲失貴妃慈育。稟公宮之訓，率禮無違。故爲女也，稱有懿行，垂三十年與吳王好合，幹俟家之事，服勤不懈。故作嬪也，稱有令儀。”其生平事蹟詳載《耶律燕哥墓誌銘》。

[2]蕭匹里（996—1038）：【劉注】匹里是契丹語小名的音譯。據郭寶存、祁彥春考釋文章所收《耶律紹宗墓誌銘》，他還有漢名紹宗，字克構。曾祖胡毛里，贈韓王。祖守興，故推誠啓運翊世同德致理功臣、樞密使、守尚書令、行政事令、駙馬都尉、贈楚國王。他是蕭繼遠和大長公主的長子。其最後官銜是遼興軍節度使、吳王、贈政事令、魏王。其事蹟詳載《耶律紹宗墓誌銘》。

[3]事姑稱孝，敬夫如賓：【劉校】原無此八字，據《耶律燕哥墓誌銘》補。

[4]重熙六年，以疾薨：【劉校】原無此七字，據《耶律燕哥

墓誌銘》補。墓誌謂"重熙六年冬十月，與吳王受詔入覲，巾車来朝。纔奉宴言，遽嬰疾恙。鑾輿省問，毉餌頒宣。彌留月餘，沉劇日甚。木名無患，謾著於靈符；香號返魂。恨遙於仙島。越十二月一日，薨于行宮之別帳，享年四十有八"。

[5]"子五人"及"蘇速、永、寧、塔北也、骨里"：【劉校】原無此十二字，據《耶律燕哥墓誌銘》補。墓誌謂"有子五人：長曰蘇速，早逝。次曰永，左威衛將軍。次曰寧，右威衛將軍。次曰塔北也，右監門衛將軍。並虎子龍駒，珠英玉蔓。其於遠大，豈易測量。次曰骨里，夭亡"。

欽哀皇后生二女：[1]	巖母董，第二。	開泰七年，封魏國公主。進封秦國長公主，改封秦晉國長公主。清寧初，加大長公主。[2]	下嫁蕭啜不。[3]		改適蕭海里，不諧，離之。又適蕭胡覩，[4] 不諧，離之，乃適韓國王蕭惠。[5]		
	槃古，第三。	封越國公主，進封晉國。景福初，封晉蜀國長公主。清寧初，[6] 加大長公主。	下嫁蕭孝忠。[7]	姿質秀麗，禮法自將。			以疾薨。

[1]欽哀皇后（?—1057）：淳欽皇后弟阿古只五世孫。小字耨斤。爲聖宗元妃，生宗真，仁德皇后無子，取而養之如己出。聖

宗死後，宗真即位，耨斤自立爲皇太后，攝政，並殺害仁德皇后，謀廢興宗，立重元。本書卷七一有傳。

[2]改封秦晉國長公主，清寧初，加大长公主：【劉校】據中華點校本校勘記，"《遼文匯》八《妙行大師行狀碑》作'秦越國大長公主'"。

[3]下嫁蕭嘬不：【劉校】據中華點校本校勘記，依本書卷一七《聖宗本紀八》太平七年（1027）七月"巌母菫"作"粘米衮"，"蕭嘬不"作"蕭鉬不"。

[4]蕭胡覩（？—1063）：遼外戚。字乙辛。重熙中，尚秦國長公主，授駙馬都尉，以不諧離婚，復尚齊國公主，爲北面林牙。清寧中，歷北、南院樞密副使，清寧九年（1063）七月參與耶律重元子涅魯古叛亂，失敗投水死。五子，同日伏誅。本書卷一一四有傳。

[5]蕭惠（983—1056）：契丹外戚。字伯仁，小字脱古思，淳欽皇后弟阿古只五世孫。初爲國舅詳穩。從伯父排押征高麗，以功，授契丹行宮都部署。開泰二年（1013），改南京統軍使。後爲西北路招討使，封魏國公。興宗即位，知興中府，歷順義軍節度使、東京留守、西南面招討使，加開府儀同三司、檢校太師，兼侍中，封鄭王。重熙六年（1037），復爲契丹行宮都部署，加守太師，徙王趙。拜南院樞密使，更王齊。惠贊成復取三關，與太弟帥師壓宋境，迫使宋朝增歲幣請和。惠以首事功，進王韓。重熙十七年，尚帝姊秦晉國長公主，拜駙馬都尉。十九年，告老辭官，封魏國王。本書卷九三有傳。

[6]清寧：遼道宗年號（1055—1064）。

[7]蕭孝忠（？—1043）：遼駙馬。尚越國公主，拜駙馬都尉，累遷殿前都點檢。太平中，擢北府宰相。重熙七年（1038），爲東京留守。十二年，入朝，封楚王，拜北院樞密使。本書卷八一有傳。

蕭氏生二女：蕭氏，國舅夷離畢房之女。[1]	崔八，第四。	封南陽郡主，進封公主。	下嫁蕭孝先。[2]		太平末,[3]東京大延琳反,[4]遇害。	
	陶哥，第五。	封長寧郡主,[5]進封公主。	下嫁蕭楊六。			
蕭氏生一女：[6]	鈿匣，第六。[7]	封平原郡主,[8]進封荊國公主。	下嫁蕭雙古。[9]		〔重熙二十年以疾薨〕。[10]	〔子曷魯、興言、薩板〕。[11]

[1]夷離畢：遼官名。爲執政官，相當於副宰相參知政事。後來官分南、北，北面官有夷离畢院，主要掌刑政。

[2]蕭孝先（？—1037）：契丹駙馬。娶聖宗女南陽公主。本書卷八七有傳。

[3]太平：遼聖宗年號（1021—1031）。

[4]東京：遼五京之一。治所在今遼寧省遼陽市。　大延琳（？—1030）：渤海人。遼東京軍將。反遼鬪爭領導人。

[5]郡主：唐制，太子之女爲郡主。宋沿唐制，而宗室女亦得封郡主。歐陽脩《歸田録》卷二："宗室女封郡主者，謂其夫爲郡馬。"遼封宗室女爲郡主，亦是沿襲唐制。

[6]一女：【劉校】原本、明抄本、北監本作"二女"，中華點校本據殿本徑改。今從改。中華修訂本仍作"二女"，其校勘記稱"'二'，諸本皆同。"其説誤。殿本不同。

[7]第六：【劉注】《平原公主墓誌銘》作"聖宗大孝宣皇帝纘五聖以承祧，……公主即皇帝之長女也"。

[8]平原郡主（993—1051）：【劉注】《平原公主墓誌銘》稱"（公主）幼而聰晤，長乃貞純，蘊是德容，愈增愛重，乃封爲平原郡公主"。

[9]雙古：【劉注】蕭雙古爲蕭圖玉之子，蕭訛篤斡之父。據本書卷九三《蕭圖玉傳》稱："子雙古，南京統軍使。孫訛篤斡（蕭興言）。"雙古爲契丹語小名的音譯。據《蕭興言墓誌銘》，蕭雙古還有漢名"恭"。墓誌稱："皇考諱恭，北宰相兼侍中、燕京都統軍。自先數世，咸建巨功。遺風餘烈，國史存焉。恭之妻別胥，孫你大王之妹也。"別胥爲契丹語封號，丈夫爲宰相的女性纔有資格獲得這種封號。

[10]重熙二十年以疾薨：【劉校】原無此八字，據《平原公主墓誌銘》補。墓誌稱："（公主）生也有涯，忽嬰疾於正寢，無何，重熙二十年歲次辛卯正月癸丑朔，十二日甲子，薨于永州東之行帳，享年五十有九。"

[11]子曷魯、興言、薩板：【劉校】原無此七字，據《蕭興言墓誌》補。墓誌稱："（別胥）生三子：長曰曷魯將軍；季曰薩板將軍；公（興言）即別胥之中男也。"興言是漢名，據本書卷九三《蕭圖玉傳》，他還有契丹語小名訛篤斡。

馬氏生一女：	九哥，第七。	封潯陽郡主，進封公主。	下嫁蕭璉。[1]			

大氏生一女：	長壽，第八。	封臨海郡主，進封公主。	下嫁大力秋。		駙馬都尉大力秋坐大延琳事伏誅，改適蕭愷古。[2]	
白氏生四女：	八哥，第九。	封同昌縣主，進封公主。	下嫁劉三嘏。[3]			
	十哥，第十。	封三河郡主，進封公主。	下嫁奚王蕭高九。[4]			
	擘失，第十一。	封仁壽縣主，進封公主。	下嫁劉四端。[5]			
	泰哥，第十二。		下嫁蕭忽烈。			

李氏生一女：	賽哥，第十三。	封金鄉郡主，進封公主。	統和中，下嫁蕭圖玉。[6]	以殺奴婢，得罪。	薨於貶所。	〔子雙古，孫訛篤斡〕。[7]
艾氏生一女：	興哥，第十四。		下嫁蕭王五。[8]			子太山。[9]

[1]蕭璉：【劉注】據劉鳳翥、唐彩蘭、青格勒編著《遼上京地區出土的遼代碑刻彙輯》（社會科學文獻出版社2009年版）所收《蕭琳墓誌銘》，蕭璉是蕭琳之弟。武定軍節度使、檢校太師、駙馬都尉、知同洲軍州事。雄才大略，神智遠謀。爲海內之冠冕，作天下之楷模。

[2]坐大延琳事伏誅，改適蕭愷古：【劉校】“誅”原作“諫”，中華修訂本據明抄本、南監本、北監本、殿本改。今從改。又此處所記係改嫁事，依本卷體例，應移置於上一格。

[3]劉三嘏：河間（今屬河北省）人，北府宰相劉慎行第三子，尚聖宗女八哥。

[4]奚王：對奚部族首領的稱呼。即奚部族酋長。

[5]劉四端：河間人。北府宰相劉慎行第四子，尚聖宗第十一女擘失。

[6]蕭圖玉：【劉注】字兀衍，北府宰相海璟之子。統和初，爲烏古部都監。討速母縷等部有功，遷烏古部節度使。十九年（1001），總領西北路軍事。詔尚金鄉公主，拜駙馬都尉，加同政事門下平章事。本書卷九三有傳。

[7]子雙古，孫訛篤斡：【劉校】原無此七字，據本書卷九三《蕭圖玉傳》補。

[8]蕭王五：【劉注】"五"原作"六"，據契丹小字《蕭太山和永清公主墓誌銘》改。另據其墓誌，"王五"爲契丹語小名的音譯，他還有契丹語第二個名"特免"，其全名爲 ䷀䷀䷀䷀（特免·王五）。他是留寧·安哥太師和善哥夫人之子。是七個兄弟中的長子，爲駙馬。其妻爲興哥公主。又《金史》卷九一《石抹卡傳》稱："石抹卡本名阿魯古列。五代祖王五，遼駙馬都尉。"

[9]子太山：【劉注】原無此三字，據契丹小字《蕭太山和永清公主墓誌銘》補。"太山"爲契丹語小名的音譯，還有契丹語第二個名"歐懶"。其全名爲 ䷀䷀䷀（歐懶·太山），爲將軍。

興宗二女：	仁懿皇后生二女：	跋芹，第一。	封魏國公主。重熙末，徙封晉國，加長公主。	下嫁蕭撒八。	與駙馬都尉蕭撒八不諧，離之。清寧初，改適蕭阿速。以婦道不修，徙中京，[1]又嫁蕭窩匿。	
		斡里太，第二。	封鄭國公主。清寧間，加長公主。壽隆間，[2]加大長公主。	下嫁蕭余里也。[3]		

[1]中京：遼五京之一。稱大定府，故址在今内蒙古自治區寧城縣大明鎮。

[2]壽隆：遼道宗年號（1095—1101）。據遼代碑刻和錢幣，此年號本爲“壽昌”。元代修《遼史》時誤書爲“壽隆”。據中華修訂本校勘記，此係陳大任《遼史》避金欽慈皇后“壽昌”諱而改。後爲元修《遼史》所承襲。

[3]蕭余里也：國舅阿剌次子。字訛都椀。清寧初，補祗候郎君，尚鄭國公主，拜駙馬都尉，累遷南面林牙。咸雍中，有人告余里也與族人尤哲謀害耶律乙辛，經按問雖無此事，仍出爲寧遠軍節度使。自後余里也揣乙辛意，傾心事之。大康初，封遼西郡王。乙辛謀構皇太子，余里也多助成之。知北院樞密使事。後坐與乙辛黨，解職。本書卷一一一有傳。【劉注】據遼寧省文物考古研究所編著《關山遼墓》所收《蕭德恭墓誌銘》（文物出版社 2011 年版），蕭余里也還有漢名德良。墓誌稱：“次兄興宗朝駙馬都尉、知大國舅龍虎軍上將軍諱德良，妻齊國長公主耶律氏。早駿鸞馭而昇。”

道宗三女：	宣懿皇后生三女：	撒葛只，第一。	封郑国公主。咸雍中，徙封魏国。[1]	下嫁萧末。[2]	端丽有智。	大康初薨。[3]

[1]咸雍中，徙封魏國：咸雍，遼道宗年號（1065—1074）。【劉校】據中華點校本校勘記，“雍”原作“和”，“陳大任避金世宗雍名改，元人回改遺漏，今回改”。今從改。

[2]下嫁蕭末：【劉注】據大康元年（1075）《蕭德温墓誌》，

知德温弟德讓爲駙馬都尉，尚道宗長女魏國公主。又墓誌稱德温爲惠妃父，本書卷二三《道宗紀三》大康二年六月丁未封惠妃兄"漢人行宮都部署駙馬、都尉霞抹柳城郡王"，因知霞抹即德讓之契丹語名。此處作蕭末，或有脱誤。

　　[3]大康：遼道宗年號（1075—1084）。

糾里，第二。	封齊國公主，進封趙國。	下嫁蕭撻不也。[1]	駙馬都尉撻不也坐昭懷太子事被害，[2]其弟訛都斡欲逼尚公主，公主以訛都斡黨乙辛，惡之。未幾，訛都斡以事伏誅。[3]天祚幼，乙辛用事。[4]公主每以匡救爲心，竟誅乙辛。		大安五年，[5]以疾薨。	

〔子仲恭、仲宣〕。[12]		大康八年，以駙馬都尉蕭酬斡得罪，離之。[9]大安初，改適蕭特末。[10]爲都統，[11]與金人戰，敗於石輦鐸，被擒。	公主從天祚出奔。明年，攻應州，[8]留公主守輜重。金人圍之，公主奔行在所，天祚潛遁，爲金人所獲。	下嫁蕭酬斡。[7]	封越國公主。乾統初，[6]進封秦晉國大長公主。徙封梁宋國大長公主。	特里，第三。

[1]蕭撻不也（？—1077）：國舅郡王高九之孫。字斡里端。大康元年（1075），爲彰愍宮使，尚趙國公主，拜駙馬都尉。三年，改同知漢人行宮都部署。與北院宣徽使耶律撻不也善，乙辛嫉之，令人誣告謀廢立事。不勝搒掠，誣伏。上引問，昏瞶不能自陳，遂見殺。本書卷九九有傳。

[2]昭懷太子：即耶律濬（1058—1077）。道宗長子。天祚帝生父。大康三年（1077）被廢，隨即被耶律乙辛殺害。九年（1083）追謚昭懷太子。本書卷七二有傳。

[3]"其弟訛都斡欲逼尚公主"至"訛都斡以事伏誅"：此處所記有所隱諱。按本書卷二三《道宗紀三》大康三年七月辛亥謂

"牌印郎君訛都幹尚皇女趙國公主"，卷一一一《蕭訛都幹傳》亦稱其"尚皇女趙國公主，爲駙馬都尉"。

[4]乙辛：耶律乙辛（？—1083）。五院部人。字胡覩衮。重熙中，爲文班吏。道宗清寧五年（1059），爲南院樞密使，改知北院，封趙王。九年，重元亂平，拜北院樞密使，進封魏王。咸雍五年（1069），加守太師，詔四方有軍旅，許以便宜從事，勢震中外。大康元年（1075），誣皇后致死，三年又害死太子耶律濬。七年冬，坐以禁物鬻入外國，幽於來州。九年，謀奔宋及私藏兵甲事發，伏誅。本書卷一一〇有傳。

[5]大安：遼道宗年號（1085—1094）。

[6]乾統：遼天祚帝年號（1101—1110）。

[7]蕭酬斡（？—116）：國舅少父房之後。字訛里本。年十四，尚越國公主，拜駙馬都尉。後因皇后蕭坦思（酬斡妹）失寵，詔酬斡與公主離婚，籍興聖宮，流烏古敵烈部。天慶中，以妹復尊爲太皇太妃，召酬斡爲南女直詳穩，遷征東副統軍。天慶六年（1116），東京高永昌叛，酬斡力戰，殁於陣。本書卷一〇〇有傳。

[8]應州：治所在今山西省應縣。

[9]"大康八年"至"離之"：【劉校】據中華修訂本校勘記，此處繫年恐誤。按本書卷二四《道宗紀四》大安二年（1086）七月丁巳，"惠妃母燕國夫人削古以厭魅梁王事覺，伏誅。子蘭陵郡王蕭酬斡除名，置邊郡，仍隸興聖宮"；卷一〇〇《蕭酬斡傳》稱酬斡母"與妹魯姐爲巫蠱，伏誅。詔酬斡與公主離婚，隸興聖宮，流烏古敵烈部"，則酬斡獲罪當在大安二年（1086）。

[10]蕭特末：【劉注】《金史》卷八二《蕭仲恭傳》稱："父特末，爲中書令，守司空，尚主。"

[11]都統：官名。唐乾元中，始以都統名官，總諸道征伐。後若調諸道兵馬會戰，多置此職，爲臨時軍事長官，不賜旌節，事解即罷。遼設諸路兵馬都統署司，下有諸路兵馬都統署，都統爲其長官。

[12]子仲恭、仲宣:【劉注】原無此五字，據《金史》卷八二《蕭仲恭傳》和《蕭仲宣傳》以及契丹小字《蕭仲恭墓誌銘》補。

昭懷太子一女:		延壽。	封楚國公主，徙封許國。乾統元年，進封趙國，加秦晉國長公主。	下嫁蕭韓家奴。	幼遭乙辛之難，與兄天祚俱養于蕭懷忠家。後李氏進《挾轂歌》，文帝感悟，召還宮。			
天祚六女:	文妃生一女:	余里衍。	封蜀國公主。		爲金人所獲。			
	元妃生三女:				俱爲金人所獲。			
	宮人生二女:				俱爲金人所獲。[1]			

[1]俱爲金人所獲:【劉校】據中華點校本校勘記，"按《金史》卷七四《宗望傳》，天祚女爲金人所俘者有骨欲、餘里衍、斡里衍、大奧野、次奧野，惟長女乘軍亂逃去。餘里衍即余里衍"。

（李錫厚注　劉鳳翥校）

遼史　卷六六

表第四

皇族表

　　遼太祖建國，諸弟窺覦，含容誘掖，弗忍致辟，古聖人猶難之。雖其度量恢廓，然經國之慮遠矣。終遼之世，其出於橫帳、五院、六院之間者，[1]大憝固有，元勳實多。不表見之，莫知源委。作《皇族表》。

　　[1]橫帳：契丹以玄祖之後爲皇族，分爲三房：孟父房、仲父房和季父房。季父房一系太祖阿保機子孫爲"橫帳"。本書卷一六《聖宗本紀七》：開泰八年冬十月癸巳，詔"橫帳、三房不得與卑小帳族爲婚；凡嫁娶，必奏而後行"。卷四五《百官志一》："玄祖伯子麻魯無後，次子巖木之後曰孟父房；叔子釋魯曰仲父房；季子爲德祖，德祖之元子是爲太祖天皇帝，謂之橫帳；次曰剌葛，曰迭剌，曰寅底石，曰安端，曰蘇，皆曰季父房。"　五院、六院：契丹部族名，天贊元年（922），以迭剌部強大難制，析五石烈爲五院，六爪爲六院，各置夷离堇。會同元年（938），更夷离堇爲大王，部隸北府，以鎮南境。

一世	二世	三世	四世	五世	六世	七世	八世	九世
五院夷离堇房洽眚。[1]		五院夷离堇敵魯古。	北院大王圖魯窘。[2]					
六院郎君房葛刺。								侍中陳家奴。[3]
			不知世次：	太子太傅棠古。				

以上系出蕭祖昭烈皇帝。[4]

　　[1]夷离堇：契丹部族官名。源於突厥語官名“俟斤”（Irkin）。突厥各部的最高元首稱“可汗”（Qaghan），其他各部酋長則稱爲俟斤。初，契丹“其君大賀氏，有勝兵四萬，析八部，臣於突厥，以爲俟斤”（《新唐書》卷二一九《契丹傳》）。後，契丹首領自立爲可汗，其下所屬各部酋長則稱爲“俟斤”，亦即夷离堇。契丹立國後，大部族之夷离堇稱王，小部族之夷离堇則稱爲節度使。舉凡一部之軍政、民政皆由其統掌。參韓儒林《穹廬集》（上海人民出版社1982年版，第314—316頁）。

　　[2]北院大王：契丹官名。北院大王和南院大王即是五院部和六院部的首領，握有兵權。　圖魯窘：【劉校】據中華點校本校勘記，“按卷七五本傳：‘蕭祖子洽眚之孫，其父敵魯古。’行輩與此

不合。以下凡行輩舛誤及名字脫漏者，並存原式，不予移補"。

[3]侍中：唐官名。唐不設尚書令，最初以左、右僕射與中書令、侍中同爲宰相。中宗以後，不加同中書門下平章事者即不爲宰相。　（九世）侍中陳家奴：【劉注】據中華點校本校勘記，按本書卷九五本傳："懿祖弟葛剌之八世孫。"行輩不合。葛剌本人爲一世，陳家奴爲八世，行輩正合適。

[4]以上：【劉校】"以上"二字原本作"右"，因今注本屬橫排本，故如此。下同。　肅祖：爲遼太祖耶律阿保機之四代祖耨里思的廟號，重熙二十一年（1052）七月追封。耶律儼《紀》云，唐玄宗天寶年間，太祖四代祖耨里思爲迭剌部夷離菫，曾遣將只里姑、括里，大敗范陽安禄山於潢水。

六院夷離菫房帖剌。	夷離菫黿古只。					
	于越轄底。[1]	迭里特。				
六院部舍利房裏古直。			不知世次：	北院夷離菫斜涅赤。		姪右皮室詳穩老古。[2] 大王頗德。
				政事令撻烈。[3]		
				北院大王曷魯。[4] 南院大王吾也。		

簡獻皇帝兄匜馬葛。[5]	遙輦可汗時，本部夷离堇偶思。	阿魯敦于越曷魯。	惕剌。撒剌。				
			太師斜軫。	小將軍狗兒。			

以上系出懿祖莊敬皇帝。[6]

[1]于越：契丹語官名。爲契丹貴官，非有大功德者不授。位在北、南大王之上。

[2]皮室：契丹軍名。意爲“金剛”。初爲阿保機所置，稱“腹心部”。後有南、北、左、右皮室及黃皮室等，皆掌精甲。 詳穩：“詳穩”即漢語“將軍”的轉譯的説法似有值得商榷之處。在契丹小字中，“詳穩”作𘲽𘱤，“將軍”作𘲽𘱞 𘱝，或𘲽𘱞 𘱝、𘲽𘱞 𘱝。在契丹大字中，“詳穩”作𘰞 𘱣，“將軍”作𘰞𘱥。“詳穩”不是漢語“將軍”的轉譯，而是音譯的契丹語，契丹語中“將軍”是漢語借詞。

[3]政事令：遼朝南面宰相。遼世宗天禄四年（950）建政事省之前，漢人宰相無定稱；建政事省之後，南面宰相稱“政事令”，且多由契丹貴族擔任這一職務。

[4]曷魯：【劉校】據中華點校本校勘記，“《紀》大安八年十一月及卷一一一本傳作合魯，其弟吾也”。

[5]簡獻皇帝：即玄祖。爲遼太祖耶律阿保機祖父匀德實的廟

號，重熙二十一年（1052）七月追封。本書卷五九《食貨志》載：
"勻德實爲大迭烈府夷离菫，喜稼穡，善畜牧，相地利以教民耕。"

　簡獻皇帝兄匣馬葛：【劉校】中華修訂本校勘記云，"據契丹小字《耶律迪烈墓誌》《故耶律氏銘石》及漢文《耶律羽之墓誌》，匣馬葛當爲簡獻皇帝姪"。

　　[6]懿祖：爲遼太祖耶律阿保機的曾祖父薩拉德的廟號，重熙二十一年七月追封。

横帳孟父房巖木楚國王。[1]	迭剌部夷离菫胡古只。[2]	撻馬狨沙里神速。[3]					
	迭剌部夷离菫末掇。						
	迭剌部夷离菫楚不魯。	北院樞密使安摶。[4]					
		左皮室詳穩撒給。					

孟父房，不知世次：	惕隱朔古。[5]				
	于越屋質。[6]			節度劉家奴。	昭德節度孟簡。[7]
		党項節度使唐古。[8]			
孟父房楚國王之後，不知世次：	匡義節度大悲奴。				
	惕隱何魯掃古。				
	滌冽。		撒剌竹。[9]		
	漆水郡王頹昱。[10]				
	北院宣徽使敵禄。				
	右皮室詳穩奚低。				
	南院大王善補。				

[1]橫帳孟父房巖木楚國王：【劉校】據中華點校本校勘記，楚國王，本書卷七七《耶律頹昱傳》同。本書卷二〇《興宗本紀三》重熙二十一年（1052）七月、卷六四《皇子表》並作"蜀國王"。又"楚國王"三字應移"巖木"之前。

[2]迭剌部：契丹部族名。據本書卷三二《營衛志中·部族上》，遙輦氏時期，原來耶律（即世里）有七部，後合併爲一，成爲迭剌部。

[3]撻馬狨沙里：契丹官名的音譯。這是阿保機即位前首次擔任的官職，大概這一職位是爲契丹貴族子弟所獨擅，其地位高於一般撻馬（詳見楊志玖《元史三論》，人民出版社 1985 年版，第 32 頁）。一般撻馬爲扈從官。"沙里"爲契丹語"郎君"的音譯，指契丹貴族青年。【劉校】據中華點校本校勘記，"撻馬"前原有"捕"字，衍文從刪。

[4]北院樞密使：即契丹樞密院之樞密使，爲北面官之最高官職，掌軍事、部族。詳本書卷四五《百官志一》。 （三世）北院樞密使安摶：【劉校】據中華點校本校勘記，"按卷七七本傳：'祖楚不魯，父迭里，侄撒給。'表行輩不合，缺迭里"。

[5]惕隱：契丹官名。又稱梯里己，掌皇族政教。

[6]屋質：即耶律屋質（917—973）。遼宗室。字敵輦。會同間，爲惕隱。太宗死後，世宗初立，屋質調解太后與世宗的矛盾，得以避免大規模內戰。天祿二年（948），助世宗挫敗天德、蕭翰等謀反。三年，又表列泰寧王察割陰謀事，世宗不聽。後平定察割之亂及立穆宗，皆有功。本書卷七七有傳。

[7]昭德：即昭德軍，置於瀋州，治所在今遼寧省瀋陽市。《武經總要》前集卷一六下《戎狄舊地》：瀋州，德光所建，仍曰昭德軍，契丹舊地也，東至大遼水。水東即女真界。西南至東京一百三十里，北至雙州八十里。

[8]党項：中國古代族名。又稱党項羌，唐以後主要活動於靈、慶、銀、夏等州，即今甘肅、寧夏、陝西和内蒙古等省區交界地區。 唐古：【劉校】"古"字原闕，中華修訂本據明抄本、南監本、北監本、殿本補。中華點校本徑改。今從改。

[9]"滌洌"及"撒剌竹"：【劉校】據中華點校本校勘記，

"按'滌冽'與'撒剌竹'之間世次原不明確。檢卷一一四《撒剌竹傳》稱'孟父房滌冽之孫',今於二人之間空一格"。

〔10〕(不知世次)漆水郡王頹昱:【劉校】據中華點校本校勘記,"按卷七七本傳:'父末掇。'頹昱應在二世迭剌部夷离菫末掇之下,非不知世次"。

			侍中化哥。于越弘古。[1]	
			北院宣徽使馬六。[2]	南京宣徽使奴古達。
			燕王瑰引。[3]	于越仁先。[4] 惕隱許王義先。[5] 南面林牙信先。[6]

仲父房隋國王釋魯。[7]	滑哥。	痕只。			
	于越涅。	惕隱學古。			
		東路統軍使烏古不。[8]			
		國留。			
		昭德節度資忠。			
		昭。			

[1]“侍中化哥”及“于越弘古”：【劉校】據中華點校本校勘記，本書卷九五《耶律弘古傳》載，弘古爲化哥弟。二人應平列。

[2]北院宣徽使：遼朝官名。遼設北、南宣徽，分隸北南樞密院之下。宣徽北院使常執行軍事使命。

[3]瑰引：【劉注】耶律仁先父親的契丹語小名𮗰的音譯。耶律仁先之妹《蕭知微妻梁國太妃墓誌銘》又音譯爲鄮引。他還有契丹語第二個名𣃚，被音譯爲“查剌柅”。其全名爲“查剌柅·鄮

引"。《蕭知微妻梁國太妃墓誌銘》謂："曾大王父諱室羅，兼中書令。王父諱薩割里，左皮室詳穩。父查剌椊·郇引，南宰相，漆水郡王。"瑰引之上還有室羅和薩割里兩代。

[4]仁先：即耶律仁先（1013—1072）。字糺鄰，小字查剌。契丹皇族，孟父房之後。重熙三年（1034），補護衛。十一年，陞北院樞密副使。與劉六符使宋，定議增歲幣。既還，同知南京留守事。十八年，再舉伐夏，仁先與皇太弟重元爲前鋒。清寧初，爲南院樞密使。九年（1055），重元謀逆，仁先受命討賊。事後，加尚父，進封宋王，爲北院樞密使，加于越。本書卷九六有傳。【劉校】據中華點校本校勘記，本書卷九六本傳載，父瑰引，表誤爲祖。又有子撻不也，表缺。

[5]義先：耶律義先（1013—1052）。于越仁先之弟。重熙初，補祇候郎君班詳穩。十六年，爲殿前都點檢，討蒲奴里，多所招降，獲其酋長陶得里以歸，以功改南京統軍使，封武昌郡王。二十一年，拜惕隱，進王富春。本書卷九〇有傳。

[6]林牙：契丹官名。掌文翰，相當於翰林學士。　"燕王瑰引"至"南面林牙信先"：【劉校】據中華修訂本校勘記，"按《耶律仁先墓誌》《耶律慶嗣墓誌》及《耶律智先墓誌》均謂仁先爲仲父房之後，此處繫於孟父房，蓋源出《仁先傳》，又據《仁先傳》，瑰引爲仁先、義先、信先之父，《表》誤爲祖"。

[7]隋國王釋魯：即耶律釋魯。年五十七，爲子滑哥所弑。重熙中追封爲隋國王。《耶律仁先墓誌》稱他爲"述剌·實魯于越"。《耶律慶嗣墓誌》稱他爲"于越蜀國王述列·實魯，即太祖天皇帝之伯父也"。"述瀾""述剌""述列"爲同一個契丹語單詞的不同音譯。

[8]烏古不：【劉校】據中華點校本校勘記，本書卷八三本傳作"烏不呂"。

于越休哥。[1]	于越高十。				
		匡義節度馬哥			
仲父房，不知世次：	北院大王的禄				
	北面林牙韓留。				
	武定節度仙童。[2]				
	西北招討使塔不也。[3]				
太祖從侄，[4] 不知所出：	于越魯不古。	西平郡王賢適。	大同節度觀音。[5]		

以上系出玄祖簡獻皇帝。[6]

[1]休哥：耶律休哥（？—998）。字遜寧。出身皇族，應曆末，爲惕隱。乾亨元年（979），與耶律斜軫分左右翼，擊敗宋軍於高梁河。是年冬，休哥率本部兵從韓匡嗣等與宋軍戰於滿城。匡嗣敗績，休哥整兵進擊，敵乃却。詔總南面戍兵，爲北院大王。聖宗即位，太后稱制，令休哥總南面軍務，多有戰功。統和四年（986），封宋國王。本書卷八三有傳。【劉校】據中華點校本校勘記，“卷七七《耶律洼傳》及卷八三《休哥傳》並稱父綰思，又休哥有子高八、高九、道士奴，表並缺”。

[2]武定：即武定軍，奉聖州軍號。治所在今河北省涿鹿縣。【劉校】據中華點校本校勘記，“武定節度仙童”中“武定”原誤“定武”，據本書卷九五本傳及卷四一《地理志五》、卷四八《百官志四》改。今從改。

[3]西北路招討使：職官名。西北路招討司的軍政長官。西北路招討司又稱西北路都招討司，是遼朝統治漠北屬部的最高軍政機構。

[4]太祖從侄：【劉注】據本書卷七六《耶律魯不古傳》：“耶律魯不古，字信寧，太祖從姪也。”“太祖從侄”是耶律魯不古的定語。此四字在表中放入魯不古的上一輩的欄內，誤。應放在“于越魯不古”的欄內，加在“于越魯不古”五字之前。

[5]大同：即大同軍，雲州軍號。重熙十三年（1044）陞爲西京，治所在今山西省大同市。

[6]玄祖簡獻皇帝：遼太祖耶律阿保機祖父匀德實的廟號。重熙二十一年追封。本書卷二稱其“始教民稼穡，善畜牧，國以殷富”。

季父房夷离菫剌葛。[1]	賽保。[2]					
	中京留守拔里。[3]					
左大相迭剌。[4]		鎮國節度合住。[5]				
許國王寅底石。[6]		中書令阿烈。			混同郡王斡特剌。[7]	
	劉哥。[8]					
	盆都。[9]					
	化葛里。					
	奚塞					

　　[1]剌葛：即剌哥。爲阿保機兄弟中排行第二。關於他與諸弟謀反作亂事，《通鑑》卷二七〇後梁均王貞明四年（918）於事後追述此事："初，契丹主之弟撒剌阿撥號北大王，謀作亂於其國。事覺，契丹主數之曰：'汝與吾如手足，而汝興此心，我若殺汝，

則與汝何異！’乃因之期年而釋之。撒剌阿撥帥其衆奔晉，晉王厚
遇之，養爲假子，任爲刺史”；天祐十五年（918），晉軍渡河攻汴
州，與梁戰於胡柳，失利，撒剌携妻子奔梁。另據本書卷六四《皇
子表》，剌葛後南竄。所謂“撒剌阿撥”可能就是剌葛，爲後唐莊
宗李存勖所殺。《通鑑》卷二七二後唐莊宗同光元年（923）（冬十
月）詔：“契丹撒剌阿撥叛兄棄母，負恩背國，宜與［趙］巖等並
族誅於市。”

　　［2］賽保：【劉校】據中華點校本校勘記，本書卷一《太祖本
紀上》神冊二年（917）六月作“賽保里”。

　　［3］中京留守拔里：【劉校】據中華點校本校勘記，本書卷七
六本傳作“拔里得”。

　　［4］迭剌：阿保機弟，排行第三。聰明過人，是契丹小字的創
制者。曾參與其兄剌葛謀反。

　　［5］鎮國軍：治華州（治所在今陝西省渭南市華州區），另外
陝州（治所在今河南省三門峽市西）也設鎮國軍。此兩地均不在
遼境。

　　［6］寅底石：阿保機之弟。字阿辛。排行第四，參與叛亂，太
祖釋之，封許國王。太祖命輔東丹王，淳欽皇后遣司徒劃沙殺
於路。

　　［7］（八世）混同郡王斡特剌：【劉注】據中華點校本校勘記，
本書卷九七本傳：“許國王寅底石六世孫。”行輩不合。耶律斡特剌
（1036—1105），字乙辛隱，許國王寅底石六世孫。大安四年，遷知
北院樞密使事，賜翼聖佐義功臣。兩度出任西北路招討使，討伐耶
覩刮部，因功加守太保，賜奉國匡化功臣。本書卷九七有傳。據契
丹小字《許王墓誌》，封爵爲許王，死於乾統五年（1105），享年
七十歲。

　　［8］劉哥：阿保機弟寅底石之子。字明隱。本書卷一一三有傳。

　　［9］盆都：劉哥之弟。【劉校】據中華點校本校勘記，“盆都”

原作“盆哥”，依本書卷五《世宗本紀》天禄二年（948）正月、卷六一《刑法志上》及卷一一三本傳改。

明王安端。[1]	察割。[2]						
南府宰相蘇。[3]		尚父奴瓜。	北院樞密使頗的。	北院樞密使霞抹。[4]			
			惕隱蒲古。	鐵驪。			
鐸穩。[5]		太師豁里斯。	惕隱燕哥。				

			季父房，不知世次：	平章的烈。		
				中京路按問使和尚。		
				林牙高家。[6]	漆水郡王撻不也。[7]	
				南府宰相鐸魯斡。[8]	烏古部節度使普古。[9]	
				北面大王特麼。		
				先鋒都監張奴。		
				檢校太師吳九。	林牙庶成。	
					都林牙庶箴。	
				罨古只。		朗。[10]

以上系出德祖宣簡皇帝。[11]

[1]明王安端（？—952）：阿保機之弟。排行第五。字猥隱。阿保機即皇帝位，安端與兄剌葛謀亂，太祖誓而免之。復叛，兵敗，見擒，杖而釋之。神册三年（918），爲惕隱。太宗即位，有定策功。會同中，伐晉，率兵先出雁門，下忻、代。世宗初立，以兵往應，與李胡戰於泰德泉，敗之。天禄初，以功王東丹國，賜號明王。天顯四年（929），爲北院夷离堇。子察割弒逆被誅，穆宗赦安端通謀罪，放歸田里。

[2]察割（？—951）：遼皇族。其父即明王安端，爲阿保機同母弟。世宗即位，察割封泰寧王。天禄五年（951）九月，南伐途中行弒逆，隨即爲壽安王誘殺。

[3]南府宰相：契丹部族官名。契丹可汗之下有北、南二府，各部族則分屬二府，故北宰相亦稱北府宰相，南宰相亦稱南府宰相。蘇（？—926）：阿保機幼弟，名蘇。神册五年爲惕隱。次年，爲南府宰相。據本書卷六四《皇子表》，滄州節度使劉守文求救，蘇曾奉阿保機之命，前去解滄州之圍。天顯元年，從太祖征渤海還，卒。

[4]北院樞密使霞抹：【劉校】據中華點校本校勘記，本書卷八六《耶律頗的傳》："子霞抹，北院樞密副使。"

[5]鐸穩：【劉校】據中華點校本校勘記，本書卷四《皇子表》載，太祖異母弟蘇，字雲獨昆；卷一一〇《耶律燕哥傳》，稱"四世祖鐸穩，太祖異母弟"。疑鐸穩即是雲獨昆。

[6]林牙高家：【劉校】據中華點校本校勘記，"按《興宗本紀三》重熙十九年二月作南面林牙高家奴"。

[7]漆水郡王：遼宗室耶律氏的封爵。 撻不也：即耶律撻不也（？—1077）。字撒班，其世系出於季父房。清寧年間（1055—1064）補牌印郎君，累經陞遷爲永興宮使。大康三年（1077），授北院宣徽使。耶律乙辛謀害太子，撻不也知乙辛奸惡，想要殺乙辛及蕭特里得、蕭十三等人。乙辛知道這一消息後，令其同黨誣構撻不也參與廢立事，於是撻不也被殺。本書卷九九有傳。

[8]南府宰相鐸魯斡：【劉校】據中華點校本校勘記，"鐸"原作"釋"，依本書卷二六《道宗本紀六》壽隆二年（1096）十二月及卷一〇五本傳改。

[9]烏古部：部族名。又稱嫗厥律、于厥律，居契丹西北。據《新五代史》卷七三《四夷附録第二》："嫗厥律，其人長大，髡頭，酋長全其髮，盛以紫囊。地苦寒，水出大魚，契丹仰食。又多黑、白、黃貂鼠皮，北方諸國皆仰足。其人最勇，鄰國不敢侵。"

[10]"罨古只"及"朗"：【劉校】據中華點校本校勘記，本書卷一一三《耶律朗傳》："郎，祖罨古只，爲其弟轄底詐取夷离堇。"卷一一二《耶律轄底傳》："轄底，肅祖孫夷离堇帖剌之子。""異母兄罨古只。"罨古只、郎並應在帖剌欄內。

[11]德祖：阿保機父親撒剌的的廟號。重熙二十一年（1052）七月追封。

讓國文獻皇帝倍。[1]	平王隆先。[2]	陳哥。					
	晉王道隱。[3]						
	婁國。[4]						
章肅皇帝李胡。[5]	宋王喜隱。[6]	留禮壽。					
	衛王宛。						
惕隱牙里果。	南府宰相敵烈。						
	室魯。						
	北院大王奚底。						

以上系出太祖天皇帝。[7]

[1]讓國文獻皇帝倍（899—936）：遼太祖耶律阿保機長子。漢名倍，契丹名圖欲（突欲），生母爲淳欽皇后述律氏。天顯元年（926），遼滅渤海建東丹國，突欲被冊爲人皇王，主東丹國政。阿

保機死後，其母述律氏立德光，突欲被迫浮海投奔後唐。後唐明宗賜其姓名李贊華。清泰三年（遼天顯十一年，936）石敬瑭率軍攻入洛陽，後唐末帝李從珂約倍與之同死，倍不從，遇害。本書卷七二《義宗倍傳》也記載"神册元年春立爲皇太子"。然而，即使確有此事，耶律倍也是徒具"皇太子"名義而已。當時契丹皇太子並不被視爲法定繼承人，因此，阿保機死後，耶律倍還得與其弟德光一同參加選汗，而且最終被德光所排除。

[2]平王隆先：東丹王耶律倍之子。母大氏。景宗即位，始封平王。未幾，兼政事令，留守東京。本書卷七二有傳。

[3]道隱（？—983）：東丹王耶律倍之子。字留隱，母高氏。生於唐，人皇王遇害時年尚幼，洛陽僧匿而養之，因名道隱。太宗滅唐，還。景宗即位，封蜀王，爲上京留守。乾亨元年（979），遷南京留守。本書卷七二有傳。

[4]婁國（？—952）：東丹王耶律倍之子。字勉辛。天禄五年（951），遙授武定軍節度使。及察割作亂，婁國手刃察割。改南京留守。誘敵獵及群小遑謀逆。事覺，縊於可汗州西谷。本書卷一一二有傳。

[5]李胡（912—960）：阿保機第三子，一名洪古，字奚隱。爲其母述律氏所鍾愛。太宗即位後，天顯五年立爲皇太弟，兼天下兵馬大元帥。太宗死後，應天皇太后反對世宗兀欲而欲立李胡，失敗，母子被囚。穆宗時因參與其子喜隱謀反事而下獄死。興宗時，更謚"章肅皇帝"。本書卷七二有傳。

[6]喜隱（？—981）：阿保機幼子李胡之子。字完德，初封趙王。穆宗時曾兩次謀反，下獄。景宗保寧初，宥之，妻以皇后之姊，封宋王，授西南面招討使。稍見進用，復誘群小謀叛，囚於祖州。乾亨三年宋降卒二百餘人欲劫立喜隱，以城堅不得入，立其子留禮壽，上京留守除室擒之。留禮壽伏誅，賜喜隱死。本書卷七二有傳。

[7]天皇帝：遼朝開國皇帝耶律阿保機的謚號爲大聖大明神烈天皇帝。詳本書卷二《太祖本紀》。

冀王敵烈。[1]	蛙哥。							

以上系出太宗孝武惠文皇帝。

[1]冀王敵烈：即太宗德光庶子提離古（933—979）。宮人蕭氏生，保寧初，封冀王。乾亨初，北宋進攻北漢，敵烈往援，戰死於白馬嶺。

皇太弟隆慶。[1]	魏國王查葛。[2]							
	幽王遂哥。[3]							
	陳王謝家奴。[4]							
	遼西郡王驢糞。[5]							
	漆水郡王蘇撒。[6]	祗候郎君王家奴。						
		祗候郎君羅漢奴。						

齊國王隆祐。[7]	周王胡都古。[8]						
	魏王合禄。[9]						

以上系出景宗孝成康靖皇帝。

[1]隆慶（？—1016）：遼聖宗耶律隆緒的同母弟。統和中進封爲梁國王，拜南京留守，手握重兵，稱雄一方。統和十七年（999）南征，隆慶率軍爲先鋒，至瀛州（今河北省河間市），與宋將范廷召相遇，隆慶命蕭柳迎戰，將宋軍擊潰，並圍而殲之。十九年，他復敗宋人於行唐（今屬河北省）。他的權勢、地位不斷上升，威脅着遼聖宗。《宋朝事實類苑》卷七七引《乘軺録》稱其"調度之物，悉侈於隆緒"。【劉注】隆慶又名贊，《長編》卷五五宋真宗咸平六年（1003）七月己酉，李信云，景宗"凡四子，長名隆緒，即戎主；次名贊，僞封梁王"。追贈孝貞皇太弟。

[2]查葛（1003—1062）：【劉注】查葛是契丹語小名的音譯。據《耶律宗政墓誌銘》，查葛還有漢名宗政，字去回。其最後的官銜是資忠佐理保義翊聖同德功臣、武寧軍節度，徐、宿等州觀察處置等使，開府儀同三司、檢校太師、守太傅兼中書令、行徐州大都督府長史，判武定軍節度，奉聖、歸化、儒、可汗等州觀察、處置、屯田、勸農等使，上柱國、魏國王。其生平詳載《耶律宗政墓誌銘》。

[3]遂哥：【劉注】遂哥是契丹語小名的音譯。據《耶律宗允墓誌銘》，遂哥還有漢名"曰宗德，大内惕隱，同中書門下平章事，汧王"。

[4]謝家奴（1005—1064）：【劉注】謝家奴爲契丹語小名的音譯。據《耶律宗允墓誌銘》，謝家奴還有漢名宗允，字保信。其最後官銜是保順協贊推誠功臣、天雄軍節度、魏州管内觀察處置等使、開府儀同三司、檢校太師、守司徒、兼中書令行魏州大都督府長史、判匡義軍節度、饒州管内觀察處置等使、上柱國、魯王、追封鄭王。其生平詳載《耶律宗允墓誌銘》。

[5]驢糞：（992—1053）：【劉注】亦作"旅墳"，是契丹語小名 的音譯。據漢字和契丹小字《耶律宗教墓誌銘》，驢糞還有漢名宗教，字希古。其最後官銜是保義軍節度使、同中書門下平章事、判奉先軍節度使事、廣陵郡王。其生平詳載《耶律宗教墓誌銘》。

[6]蘇撒：【劉注】據契丹小字《耶律宗教墓誌銘》，蘇撒還有契丹語小名 （豬糞），身份是太師大王。

[7]隆祐：【劉注】《秦晉國大长公主墓誌銘》作"隆裕"。《宋會要輯稿》卷五二五七（中華書局1957年版，第7659頁）和《契丹國志》卷一四《諸王傳》亦作"隆裕"。

[8]胡都古：【劉注】契丹語小名 的音譯，漢語意思爲"福"。由他父親的第二個名 （胡都菫）轉化而來。即去掉體現父親的第二個名的尾音 z，即變成了兒子的小名。這是典型的父子連名習俗。據《契丹國志》卷一八，胡都古還有漢名宗業。"宗業，本齊國王隆裕之子。始封廣王，未幾徙封周王，歷中京留守，平洲、錦州節度使"。

[9]合禄：【劉注】合禄是契丹語小名的音譯。據《契丹國志》卷一八和《永清公主墓誌銘》，合禄還有漢名宗範。他"歷龍化州節度使、燕京留守，封韓王"。

重元。 [1]	涅魯古。 [2]							
燕王吳哥。 [3]			敵烈術烈，稱帝。 [4]					

以上系出聖宗文武大孝宣皇帝。[5]

[1]重元（1021—1063）：本名宗元，因避興宗諱，改重元，小字孛吉只，亦作孛己只，聖宗次子。太平三年（1023），封秦國王。聖宗死後，欽愛皇后稱制，曾密謀立重元。重元以所謀告於興宗，封爲皇太弟。賜以金券誓書。道宗即位，册爲皇太叔，爲天下兵馬大元帥，復賜金券。清寧九年（1063），與其子涅魯古謀亂，失敗自殺。卷一一二有傳。

[2]涅魯古（？—1063）：耶律重元之子。有傳附於本書卷一一二《耶律重元傳》後。

[3]吳哥：聖宗第四子。字洪隱。僕隗氏生。

[4]術烈：燕王吳哥四世孫。繼梁王雅里稱帝。

[5]聖宗：【劉注】遼代皇帝耶律隆緒的廟號。景福元年（1031）封。 文武大孝宣皇帝：遼代皇帝耶律隆緒的謚號。景福元年封。

皇太叔〔祖〕和魯斡。[1]	漆水郡王石篤。						
	匡義節度遠。						
	秦晉國王淳,[2]稱帝。						

以上系出興宗神聖孝章皇帝。[3]

[1]皇太叔祖和魯斡（1041—1110）：【劉注】“祖”字原脱，據漢字和契丹小字《義和仁壽皇太叔祖耶律弘本哀册》補。和魯斡爲耶律弘本契丹語小名的音譯。興宗第二子，字阿輦。重熙十七年（1048），封越王。乾統初，爲天下兵馬大元帥，加守太師，免拜，不名。三年，册爲義和仁壽皇太叔祖。其事蹟詳載漢字和契丹小字《義和仁壽皇太叔祖耶律弘本哀册》。

[2]淳：耶律淳（1063—1122）。世號爲北遼。小字涅爲，興宗第四孫，南京留守、宋魏王和魯斡之子。清寧初，太后鞠育之。既長，出爲彰聖等軍節度使。天祚即位，進王鄭。乾統二年（1102），加越王。六年，拜南府宰相，後又徙王魏。其父和魯斡薨，即以淳襲父守南京。冬夏入朝，寵冠諸王。天慶五年（1115），進封秦晉國王。保大二年（1122），天祚入夾山，在耶律大石等擁立下即位。號天錫皇帝，改保大二年爲建福元年，事未決，即病死，年六十。百官僞謚爲孝章皇帝，廟號宣宗，葬燕西香山永安陵。本書卷三〇

《天祚本紀四》附《耶律淳傳》。

[3]興宗：遼代皇帝耶律宗真廟號。　神聖孝章皇帝：遼代皇帝耶律宗真諡號。

（李錫厚注　劉鳳翥校）